The Relationship Cure

A 5 Step Guide to Strengthening Your Marriage, Family, and Friendships

by John M. Gottman, Ph.D., and Joan DeClaire

ゴットマン式
コミュニケーション術

自己診断テストでわかる改善と対策

ジョン・M・ゴットマン 著
ジョアン・デクレア

伊藤和子 訳

The Relationship Cure
A Five-Step Guide to Strengthening Your Marriage, Family, and Friendships
by John M. Gottman, Ph.D., and Joan DeClaire

妻のジュリー、娘のモライア、姉のバティア、友人で同僚のボブへ
彼らに関心を向けることで、いまなお多大な恩恵を受け続けている——J.G.

私の両親、オービルとフランシスのデクレア夫妻へ
深い慈しみに感謝を込めて——J.D.

目次

Step2

第4章 感情の指令システムを理解する

第5章 Step3 感情の自分史を探る 231

第6章

Step4 感情を上手に伝えるスキルを磨く　279

自己診断テスト（エクササイズ）一覧

① 「感情シグナル日記」をつける
② 自分の感情シグナルの出し方、シグナルに対する反応のしかたをチェックする
③ ラブマップを作成する
④ ふれあいの瞬間を集める
⑤ リラックス
⑥ 逆上しないために
⑦ たった一つの言葉で
⑧ 「ありがとう」を忘れずに
⑨ 指揮官システム――あなたにとって心地よい活性化レベルは？
⑩ 探検家システム――あなたにとって心地よい活性化レベルは？
⑪ 衛兵システム――あなたにとって心地よい活性化レベルは？
⑫ エネルギー管理システム――あなたにとって心地よい活性化レベルは？
⑬ 官能システム――あなたにとって心地よい活性化レベルは？
⑭ 道化師システム――あなたにとって心地よい活性化レベルは？
⑮ 母性システム――あなたにとって心地よい活性化レベルは？
⑯ あなたの指令システムの点数カード
⑰ あなたの感情ヒストリーは？
⑱ あなたが育った家庭の感情哲学を知る
⑲ 育った家庭といまの人間関係
⑳ あなたの感情的な弱点を知ろう
㉑ 表情を観察し、記録する
㉒ 動作やしぐさについて観察したことを書きとめる
㉓ スキンシップについて感じたことを書きとめる
㉔ 声の調子で気づいたことを書きとめる
㉕ 自分の気持ちを見つめる
㉖ メタファーを書きとめる
㉗ コミュニケーション・ゲーム
㉘ 対立の背後にある夢に気づく
㉙ 膠着状態から脱する
㉚ あなたの儀式を見つめなおす

はじめに

人と人を結ぶ絆は、小さな結び目が無数により合わさってできています。私たちの研究から、その結び目が何なのかが見えてきました。そこから、よりよい人間関係を築くベーシックな法則を引き出すことができ、対立を解消する方法についても、多くのことがわかってきました。日々のありふれた場面で、あなたが誰かと気持ちのふれあいを持とうとして、シグナルを出す。相手がそれに応える、あるいは気づかずに無視する。そんなささやかなやりとりが、人間関係の土台をなしています。

そうした日常的なシグナルは、さほどドラマチックなものではありません。見過ごすのはたやすいし、たいがい見過ごされてしまいます。にもかかわらず、シグナルはとても大きな力を秘めています。そうした感情のシグナルを意識し、関心を向けることで、親しみの気持ち、互いを支えたいという気持ちを表現し、受け止めることができ、深い絆をつむいでいけるのです。

感情シグナルとあわせて、本書では脳にある七つの基本的な感情の指令システムを紹介しています。この指令システムを理解することで、自分が求めているもの、居心地よく感じる状態を把握できます。それによって、いまの生活に何が欠けているかがわかるだけでなく、あなたが望むことと、あなたにとって大切な人が望むこととが、どうすれ違っているのかも見えてきます。自分の感情、そして相手との関係で生じる感情に気づくことで、より心豊かに生きるにはどうすればいいかが見えてくるはずです。

本書は、そのためのガイドラインと実践的なスキルを提供していきます。

第1章　私たちの感情はシグナルで伝わる

どこの職場にも、部下とうまくコミュニケーションがとれない上司が一人や二人はいるものです。シアトルのＩＴ関連会社もご多分に漏れず、仕事帰りにスタッフが仲間うちでこんな愚痴をこぼしていました。

「今度の部長、どうもとっつきにくいな」

「たしかに。デスクに男の子の写真が飾ってあったんで、『かわいいですね。息子さんですか』って聞いたら、たったひと言『ノー』って」

「それだけ？」

「それだけ。甥っ子なのか、再婚相手の子なのか、いっさい説明なし」

「あの部長がくることになって、僕らは喜んだんだよな。経歴を見るかぎり、優秀な人らしいし」

「頭はよくても、リーダーとしてはちょっと。例の企画もストップしたままだし」

「人づきあいが苦手みたいだな。管理職の中でも孤立してる感じだ」

「だから困るんだ。それじゃ僕らの企画を通せない。だいたい部長は僕らの話を聞こうとしない。挨拶さえまともにしないんだ」

「新しいビルに移ったときに、みんなと同じフロアにデスクを並べると言いだしたのは部長だったよね。コミュニケーションがとれるようにって。だけど、はなから部下と話す気なんかなかったんだわ」

「まあ、まあ、彼はかわいそうな人じゃない」

「かわいそう？　ストックオプションでごっそり稼いでいるのに？」

「部長はいい上司になりたいと思ってるのよ。やり方がわからないだけで」

「なんでわかるの？」

「ただの直感だけど、彼は私たちの不満にうすうす気づいていると思う。だからよけい声をかけにくい……どうしていいかわからないんじゃない？」


身内でもコミュニケーションの悩みはあります。たとえば広告会社の管理職として働く五四歳のクリスティン。母親が最近アルツハイマー病と診断され、実家の近くに住む妹のアリスが世話をしています。クリスティンも手伝いたいのですが、実家が遠いため何もできず、もどかしい思いをしています。姉妹の電話でのやりとりを聞いてみると――

「ママは元気？」クリスティンは遠慮がちに尋ねますが、アリスの返事はいささかそっけない感じです。

「医療保険が下りて、入院費が支払えれば元気になるでしょうね。ママはそのことばかり話してる」

「えっ、でも、入院したのは去年の一二月でしょ？　まだ保険が下りてないの？」

「それは前の話。このあいだの発作のときの入院費よ」

「発作？」

「話してなかった？」

「初耳よ。どういうこと？」

「先月、発作を起こして入院したの。そのときにいろいろ検査も受けたわ」

「なんで教えてくれなかったの。電話してくれたらよかったのに」

「こっちは大変で、電話どころじゃなかった。連絡しても姉さんはなかなかつかまらないし。東部に住んでいるんだから、どうせ何もできないでしょ」

「そんな……何かあったら連絡してって、あれだけ言ったのに」

「まあ、もう終わったことだから。新しい薬を処方してもらって、ママは前よりずっと落ち着いている。心配しなくていいの」

　そう言われても、クリスティンは心配でたまらず、妹の態度に怒りが収まりません。頼りにならない姉などいらないとばかり、自分だけで問題を抱え込んでいる。私だって病気のママを放っておくわけにはいかない。なんとか力になりたいのに、この調子では、いざというときに呼んでもらえないかもしれない。万一そんなことになったら、妹とはずっと仲たがいしたままになる。そんなもやもやを抱えたままです。

次は三〇代の夫婦、フィルとティナの場合です。仕事も安定しているし、かわいい子どもが二人いて、友だちも多く、絵に描いたように幸せなカップルなのですが、問題はこの半年ほどセックスレスになっていることです。

夫婦でセラピーを受けにきた二人は、次のように語りました。

「妻の会社でリストラが実施されることになり、彼女は毎日くたくたで帰宅するようになったんです」

「すごく気が重くて。組織再編について連日、何時間も会議で詰めているんですけど、私は部下のクビがつながるよう、必死に上役を説得しなければならない。家に帰っても、ストレスを引きずっているんです。誰とも話したくない。気持ちの余裕がない。夫はやさしくしてくれるけれど、でも……」

「僕としては力になりたい。だけど、どうもかみ合わなくて。ちょっとしたことなんですけどね、ベッドで妻のうなじにキスしたり、体にふれる。以前だったら、彼女はすぐその気になってくれたのに、近ごろは完全に無視される。けっこうきついですよ」

「彼が傷つくだろうな、と思うと、よけい体がこわばってしまって」

フィルにもティナの気持ちがわからないわけではないようです。

「会社では何人もの部下の運命をしょい込んで、家に帰れば帰ったで、ダンナが駄々をこねる。それじゃあ、彼女としてもやりきれないだろうなと」

フィルは自分のプライドが傷つかないよう、妻にセックスを求めるのをやめてしまいました。

「拒否されることに疲れたというか。こんな状態で、いつまでもつだろうかと思いますよ。毎回、拒否されるとね、こっちの気持ちも萎えてしまう。妻を愛しているけれど、もうもとのようにはなれないんじゃないかと」

「私もつらいのよ」と、ティナは泣きながら訴えました。「私だって、あなたに抱かれたい。前みたいに愛し合いたい」

「そこから、やりなおせるかもしれない」フィルが静かに言いました。「そんなふうに言ってくれたのははじめてだよ。いままできみは、そういう気持ちを全然話してくれなかったじゃないか」

ここでフィルが言ったことは、とても大事です。夫婦にしても、家族や職場の人間関係にしても、自分の気持ちを相手に伝えないと、うまく行かなくなる――〝感情の情報〟を分かち合わないと、心がつながっているという手応えが持てなくなるのです。

シアトルの会社の部長は、部下に自分の気持ちを伝えればいいだけです。「きみたちと一緒にサイトを立ち上げたいんだ。きみたちの仕事ぶりやアイデアは素晴らしいと思う」そう言えばいい。ところが彼は、部下のほうから求められても、自分の気持ちを伝えようとしない。これでは部下は彼を信頼できず、やる気をなくすでしょう。

同じことはクリスティンとアリスの姉妹にも言えます。クリスティンはアリスに母の容態を知らせてほしいと言ったのですが、ただ症状を知りたいということではありません。自分も家族の一員だと認めてほしいのです。アリスが母の入院を知らせなかったのは、彼女と母の二人の世界が出来上がっていて、クリスティンはそこに入れてもらえないことを意味します。「姉さんは遠くに住んでいるから」とアリスは言うかもしれませんが、クリスティンが感じている心の距離はそれ以上に遠いのです。

夫婦カウンセリングでは、フィルとティナのようなケースによく出くわします。セックス、家計、家事、子育てなど、揉めごとの原因は何であれ、妻も夫も相手に求めていることは同じです。自分の気持ちをわかってほしい、いたわってほしいと思っているのです。

私はこうしてほしい、あなたのことをこう感じている、いまの私はこういう気持ちだ――そうした〝感情の情報（シグナル）〟を言葉や行動できちんと伝えることが、人間関係改善のカギを握ります。カップル、親子、きょうだい、友人、同僚。どんな関係でもそうです。ただし、気持ちを伝えるための、ちょっとした働きかけがうまくできないと、どんなにがんばっても空回りになりかねません。

本書では、感情の伝達のしかたをマスターして、よりよい人間関係をつくるために必要な五つのステップを紹介します。その五つとは――

1 あなたの感情を表現するシグナルと、相手のシグナルに対するあなたの反応を分析する。

2 脳の感情的な指令システムが、あなたの感情シグナルにどう影響しているかを探る。

3 これまでの経験や意識に刷り込まれてきた事柄が、人間関係やシグナル伝達のスタイルにどう影響しているかを調べる。

4　気持ちを伝えるコツを習得する。
5　相手と深く共感できる何かを見いだす。

感情を伝達するためのシグナルは、問いかけであることもあれば、ちょっとした世間話、しぐさや視線、肩に手を置くなどのスキンシップで表現します。言葉やしぐさで「あなたと感情的な結びつきを持ちたい」という意思表示をすることです。ここまで説明すれば、シグナルに対する反応というのもわかっていただけるでしょう。相手の誘いなり呼びかけに対して、イエスやノーの反応をすることです。

ワシントン大学の私たちの研究チームの調査で、この感情伝達のシグナルが人間関係にどれほど深い影響を及ぼすかがわかってきました。たとえば、離婚寸前の夫婦間では、夫は妻のシグナルを一〇〇回中八二回、無視しています。夫婦関係が安定している場合は、無視の確率は一九パーセント程度にすぎません。妻の側が無視する確率も、夫婦関係が険悪な場合は五〇パーセント、うまく行っている場合は一四パーセントとはっきり差が出ます。

また夕食時の様子を比べると、仲のいいカップルは一〇分間に一〇〇回もお互いに関心を向けていますが、冷えきった関係ではこれが平均六五回になります。一見、たいした違いはないようですが、塵も積もれば山となる、です。幸福なカップルが視線を交わす瞬間、一緒に笑う瞬間は、一年もすれば長編小説一冊分にもなるでしょう。

このように日ごろからちょっとした気持ちのふれあいを積み重ねておくことは、人間関係にはかり知れないメリットをもたらします。喧嘩をしても、ユーモアのセンスや相手に対するやさしい気持ちをすぐに取り戻せます。言ってみれば、気持ちのふれあいの〝貯金〟があるようなもので、軋轢が起きたときにその貯金がものを言うのです。

「さっきの彼の態度はひどいけど、いつも仕事の愚痴を聞いてくれるし、あれでけっこう、いいところもある」とか「彼女には頭にくるけど、いつも僕のつまらないダジャレを笑ってくれるしな」といった具合に。

口論の最中にユーモアや愛情を取り戻すことができれば、不満や怒りでいっぱいにならずにすみ、相手の立場をよりよく理解できます。相手の気持ちを思いやる余裕があれば、喧嘩の原因になった問題を解決して、傷ついた感情を癒やし、より深い信頼関係が築けます。このように〝雨降って地固まる〟という結末になるかどうかは、私たちが感情シグナルと呼ぶ、日常的な何げない〝感情の情報〟のやりとりの積み重ねにかかっています。

私はゴットマン研究所でカウンセリングをしながら、そうした事例をたくさん見てきました。恋人やパートナー、友人など、大切な人が身近にいるのに、凍えるほど寂しいと感じている人たちです。「妻を愛しているんですが」と、あるクライアントが打ち明けました。「妻との関係がどうにもむなしく感じられるんです」彼は情熱が冷めつつあること、恋人同士のような気分が消えつつあることに気づいていました。でも、気づいていないことがあります。気持ちがふれあうチャンスはいくらでもあるということです。孤独感にさいなまれている人たちの多くがそうですが、彼は妻の感情シグナルをわざと無視しているわけではありません。シグナルがさりげない普段着をまとっているので、それがとても大切な瞬間だと気づけないだけです。

こういう人はたいがい、仕事でもトラブルを抱えています。彼らの多くは、最初に職場に入ったときは、難なく同僚の信頼を得ます。ですが、その後は目の前の仕事に没頭するあまり、同僚のシグナルを見過ごしてしまうのです。結果的に、昇進が遅れたり、大きなプロジェクトから締め出されたりします。そのため、同僚や上司に裏切られたように感じ、世をすねてしまう人もいます。友人や親戚との関係でも同じことです。わが子に裏切られた、人間不信になった、などと嘆くクライアントによくよく話を聞いてみると、相手の感情シグナルに気づいていない場合が少なくないのです。それでは家族や友人が遠ざかっていくのも無理はありません。

感情シグナルがうまく出せない人、またシグナルにうまく反応できない人は、人間関係以外の問題も抱えがちです。それらは、周囲の人の〝感情的なニーズ〟に気づいていたなら避けられた問題です。口論は、たいがい誤解から生まれます。ちゃんとコミュニケーションがとれていれば、衝突せずにすむはずです。

他者とつながれない人は孤独に苦しみ、人間関係のトラブルで仕事もうまく行かないことが多くなります。こうした問題はいずれも大きなストレスとなり、体や心の健康にも影響を及ぼします。

しかし、感情シグナルについての私たちの研究成果は、大きな希望を与えてくれます。絶えずシグナルを出し、周囲の人のシグナルに好意的に応えることで、人間関係は驚くほど好転します。

こうした発見を多くの人と分かち合いたいと考えて、本書を執筆しました。本書が、健全な人間関係をつくり、維持していくこと、心豊かな生活を送るために少しでもお役に立てば幸いです。

あせらず、一つずつ

作家のアン・ラモットがこんなエピソードを綴っています。一〇歳の兄が、鳥についてのレポートを書きなさいという宿題を出され、途方に暮れていました。テーマがあまりに大きく複雑で、どこから手をつけてよいかわからなかったのです。兄は父親に相談しました。「父は兄の肩に腕をまわし、こうアドバイスした。『まず、一羽の鳥について書くんだ。それからもう一羽。できるところから、少しずつやればいいんだよ』」

人間関係も同じです、複雑で豊かな関係がいきなり手に入るわけではありません。小さな出会いが積み重なって、次第に複雑な綾模様がつむぎ出されていくのです。

そうした小さな出会いを注意深く観察すると、それがさらに数々の小さなやりとりから成っていることに気づくでしょう。そこには感情を伝達するためのシグナルがあり、シグナルに対する反応があります。体の細胞や、家の煉瓦のように、こうしたやりとりも感情のコミュニケーションを構成する基本的な要素です。小さなやりとりには感情の情報が含まれていて、やりとりを通じて、つながりは強まりもすれば弱まりもします。いくつか例を挙げましょう。


「ママ、夕食は何時ごろになりそう？」

「用意ができたらよ！　せかさないで」


「また報告書の提出が遅れたな」

「メールをチェックしてないんですか？　ゆうべ送りましたよ」


「今夜は忙しい？」

「うーん、どうかな。場合によりけりだね」


頼みごとや呼びかけとそれに対する返事は、映画の一場面のように重大な意味を持つこともあります。たとえば――

「バイオレット、僕と結婚してくれる？」

「ジャック、はい、喜んで‼」

もっと日常的な些細な頼みごともあります。

「ベッドに入る前に、ビールを一杯持ってきてくれない？」

「いいよ。おつまみもいる？　ポテトチップス？」


他人にちょっとした頼みごとをすることもあれば――

「すみません、タクシーを呼んでいただけますか？」

友人にこっそり耳打ちすることもある。

「ゆうべね、とんでもないことが起きたの」


ちょっと声をかけることで、見知らぬ他人同士でもなごやかな雰囲気になることもあるし――

「ここに座ってもいいですか？」

長いつきあいの友人やパートナーと親密な関係を保つために欠かせない場合もあります。

「きみに会いたかった。さ、どこかに行って積もる話をしよう」


感情シグナルに対して、相手が好意的な反応をすれば、その後もやりとりが続き、一方のシグナルを受けて、もう一方がシグナルを返すというように、ちょうど上手なプレーヤーが卓球をしているような感じになります。

「ランチはどうする？」

「サンドイッチを持ってきたの。外で一緒に食べない？」

「いいね。じゃ、デリで何か買ってくる。きみは何かいる？」

「じゃあ、コーラを。このあいだ実家に帰ったときに撮った家族の写真、ランチのときに見る？」

「うん、ぜひ。それから、ペグのパーティーのことも相談しよう」

「そうね、そっちを先にしましょう」


これとは逆に、最初から否定的な反応が返ってくれば、話はそこから先に進まなくなります。ゲームはおしまい。ラケットをしまって出ていくしかない状況です。


「ランチはどうする？」

「忙しくてそれどころじゃないわ」

「じゃあ、いつかまた」

「そうね、いつかまた」


こうした場合の〝いつか〟は永遠に来ないと思ったほうがいいようです。一度、否定的な反応をされた人が、またシグナルを出す確率はほとんどゼロです。だからといって、ランチに誘われたら、何がなんでも応じろというわけではありません。誘いを断っても、シグナルそのものを受け入れることはできます。たとえば――

「ランチはどうする？」

「報告書を書いてしまわないと。あなたはどうするの？」

「サンドイッチを持ってきたんで、外で食べようと思うんだけど、デリで飲み物を買わなきゃ。ついでにきみにも何か買ってこようか」

「助かるわ。ハムサンドとコーラを買ってきて。それに――外で食べるなら、私のぶんも、いっぱいいい空気を吸ってきて」

「わかった、そうするよ」


普通は関係が深まるにつれて、感情表現のシグナルも深く踏み込んだものになり、頻繁に交わされるようになります。新しい職場で同僚と親しくなるプロセスを考えてみましょう。最初の日はコンピューターのソフトについて質問する程度かもしれません。その後、デスクのパーティション越しに冗談を言うようになります。相手はあなたの冗談に笑い、ランチに誘うでしょう。この段階ではまだ、仕事に関連した当たり障りのない会話止まりです。でもそのうちに、会社帰りの一杯を二、三度ともにし、あなたは思いきって相手に聞くでしょう。「うちの部長をどう思う？」

彼はそれに率直に答え、あなたは彼に仕事上のアドバイスを求めます。数カ月後、あなたが力を入れていたプロジェクトが中止されました。頭にきたあなたは誰に愚痴を聞いてもらうでしょう？　もちろん、彼です。彼なら信用できます。本音をぶちまけても、それが上司に伝わる心配はありません。

何年かたつうちに、あなたは彼と週末に野球の試合を観戦したり、彼と奥さんを夕食に招いたりするようになります。彼はあなたの家族のこと、子ども時代の思い出、あなたの夢や不安を知るようになり、お互いになくてはならない存在になります。

友だちは一朝一夕でできるわけではありません。ちょっとしたやりとりを積み重ねていくことです。「あなたと絆を持ちたい」という意思表示をすること、お互いにシグナルを重ね、相手のシグナルに好意的に反応することです。

こう言えばごく簡単なことのようですが、誰にでも心当たりがあるように、感情シグナルをうまく出せなかったり、相手のシグナルにうまく反応できないと、関係はぎくしゃくしたものになります。

そんな悲劇的なシナリオをいくつか紹介しましょう。まず、失敗例を挙げます。シグナル交換がうまく行かないために、関係がそれ以上進展しないケースです。そのうえで、〝修正バージョン〟をお教えしましょう。表現をちょっと変えるだけで、気持ちが響き合い、よりよい関係がつむげるのです。

最初に登場するのは、クリスティンとアリスの姉妹。クリスティンは疎遠になっている妹との関係を修復したいのですが、そのためには努力が必要です。何しろいまの二人は生活状況がまったく違います。クリスティンは大学卒業後、ニューヨークに出て、キャリアウーマンになる道を選びました。独身で、子どももなし。仕事中心の生活です。一方、アリスは高校卒業後、すぐに結婚。故郷の町で暮らしています。四人の子どもの母親で、生活は家族中心です。お互いに姉妹の絆を再確認したいと思っていますが、共通の話題がほとんどないので、なかなかうまく行きません。

ある木曜の晩、クリスティンが思い立ってアリスに電話をかけました。アリスは姉からの突然の電話に少し驚いた様子です。

「ええ、元気よ。こっちはみんな元気。姉さんは？」

「おかげさまで」

「何かあったの」

「いえね、ちょっとうれしくて。そう……前から狙っていた大物の顧客がやっと獲得できたの」

「いつか言ってた化粧品関係の？」

「いえ、あの化粧品会社はずっと前に獲得ずみで、今回のはＩＳＰなの」

「えっ？」

「あ……インターネットのプロバイダーよ」

「コンピューター関係？」アリスは戸惑ったように笑って「私の苦手な？」

「えっ、ええ……コンピューター関係よ」

「そう」

「で、そっちは暑い？」

「ええ、毎日三〇度を超えてるわ」

「子どもたちはどう?」

「元気よ。ダニーの野球チームが州大会の決勝に進出したのよ」

「よかったわね」

「すごくがんばったの。やるじゃないって感じよ」

「そうでしょうね」

「ええ……」


この調子で会話が続きます。まるで穴の開いたラケットで卓球をしているようなもの。一方が打った球をもう一方はちゃんと受けることができず、絶えず台の下に球が落ちてしまいます。これでは二人とも、この人とは住む世界が違うと思い、よい関係を築くのをあきらめてしまうでしょう。でも、相手の生活にちょっと関心を示すだけで、会話の流れはまったく違ってきます。〝修正バージョン〟は、アリスが「コンピューター関係?」と言ったところからです。


「そうなの、コンピューター関係」クリスティンはくすくす笑いながら答えます。「わけのわからない用語がいっぱいあって、ついていくのが大変」

「よくついていけるわねえ」

「実は私も苦手なの。新聞のテクノロジー欄を読むようにしてるんだけど、チンプンカンプンだったりする。あなたとラリーはどう? 子どもたちのほうがパソコンに詳しいんじゃない? ダニーは新しいソフトを買ってとか言わない？」

「そうなの、ラリーがしょっちゅうダニーのために新しいゲームソフトやケーブルやらを注文してるわ。ああ、そうだ、ダニーといえば、あの子の所属する野球チームが州大会の決勝に出るのよ」

「それはすごいわ！　試合はいつ？」

「今月末。ラリーも会社を休めるので、家族みんなで応援に行くつもり」

「楽しそうね。ダニーにツキがあるように、何かお守りを送るわ。ヤンキースのキャップはどうかしら」

「あの子、喜ぶわ。前に姉さんにヤンキー・スタジアムに連れていってもらったこと、いまでも話してるのよ」


クリスティンにしてもアリスにしても、相手への関心を示すには、時にはちょっと努力が必要です。でも、一方が努力することで、もう一方もそうしようという気になります。この会話からは、二人が相手と話をしたがっていること、お互いの関係を大切にしたがっていることが伝わってきます。

次に紹介するのは、気まずい結果に終わりやすい会話、つまり彼（彼女）を口説くときのやりとりです。ポールは離婚経験のある四〇代後半の男性。もう何年もデートをしていません。自分の弱さを見せるのが怖いし、いい女はみんな結婚しているか、恋人がいると思っていたからです。そんな彼が友人の誕生パーティーでマーリーという女性に出会いました。冗談の通じる——ちょっとはにかみ屋ですが——魅力的な女性です。意外にもつきあっている人はいないというのです。ポールは友人から彼女の電話番号を聞き出し、勇気を奮い起こしてお茶に誘いました。すると、なんと彼女はオーケーしてくれたのです。

実はマーリー自身、オーケーした自分に驚いていました。彼女は数カ月前に失恋したばかりで、「デートは当分パス」と決めていました。でも、共通の友人のグレッグが、ポールはいいやつだと言うので、誘いに乗ったのです。それでもマーリーは重い気分でいました。親しい相手ならいいのですが、知り合ったばかりの人と軽い会話をするということが、彼女はどうも苦手なのです。

ポールは約束のコーヒーショップに一五分前に着きました。マーリーは一〇分遅れて到着。彼女が店に入った瞬間、二人の目が合いました。自信なげな、こわばった笑顔を浮かべて、彼女は彼の待つテーブルに向かいました。

「やあ、来てくれたんだね」席に着く彼女にポールが言いました。彼女はパーティーで会ったときよりも小柄に見えました。レインコートの前をかき合わせるしぐさが、どこか脅えた子どものようでした。

「お待たせ」

彼女はカウンターの上にかかっているメニューに目をやりました。

「この店はセルフサービスなんだ。何か持ってくるよ」

「ありがとう」

「何がいい？」

「そうね、コーヒーでいいわ。ブラックで」

彼は戻ってくると、紙コップをテーブルに置きました。「どうぞ」

「ありがとう」

「あの……このあいだのパーティーは楽しかったね」

「そうね、いい雰囲気だったわ」

「グレッグはいいやつだ」

「そうね、面白い人だわ」

「スーザンもだ」

「スーザンのことはよく知らないの」

「きみはこの近くに住んでるの？」

「いいえ、イーストサイドよ」

「だけど、職場はこの近くなんだ？」

「ええ、六番街とメープル通りの角」

「アルタガードがあるとこ？」

「そう」

「あそこで働いてるの？」

「ええ、まあ」

「仕事は？」

「データ入力」


これではまるで……不合格間違いなしの面接試験のようです。ポールは心の中でつぶやいていました。「彼女が内気なのはわかっていたけれど、これほどとは。ここにいるのが苦痛みたいじゃないか。おれのせいだな。彼女は来たことを後悔しているようだぞ」

尋問のような会話が続くにつれ、ポールの内心のつぶやきはどんどん絶望的なものになっていきました。「これじゃ、だめだ。誘うんじゃなかった。グレッグもひと言忠告してくれたらよかったのに。どうやったらここから抜け出せるだろう？」

いい質問です。ポールが少し質問のしかたを変え、マーリーがもう少し詳しい情報を提供すれば、二人の会話は変わります。ポールがコーヒーを持ってきたところから見てみましょう。


「どうぞ」

「ありがとう」

「あの……このあいだのパーティーは楽しかったね」

「そうね、いい雰囲気だったわ」

「グレッグとは長いつきあいなんだ。話したっけ？　大学のルームメイトでね」

「ええ。オハイオ州立大学でしょ？」

「きみは、彼ら夫婦とはどこで知り合ったの？」

「以前、グレッグと同じ会社で働いていたの」

「イーストサイドの保険会社？」

「そう、セイフコアよ」

「グレッグがよく愚痴ってたよ。とんでもない女の上司がいるって……おっと、失礼、きみがその上司かな？」

マーリーは笑って「いいえ、ありがたいことに私じゃないわ。ロバータよ」

「ああ、そうだ、女王陛下ロバータだ！　で、きみはまだ彼女の下で働いてるの」

「いいえ、いまはアルタガードにいるわ」

「同僚の男どもが、『よくぞ耐え抜いた、ロバータの支配を』と書いたTシャツをプレゼントしてくれたかい？」

マーリーはにっこりして、「いいえ、でも会社を辞めたあと、グレッグとスーザンが豪勢なランチをごちそうしてくれたわ」

「辞める決心をしたきっかけは？」

「よくわからないけど、ある朝目がさめて、もう我慢できないって思ったの。病欠の連絡をして、その日から職探しを始めたわ」

「きみなら、すぐに新しい仕事が見つかったろう？」

「一カ月ほどでね」

「いまの職場はどう？」

「楽しいわ。前の会社よりいい」

「どんなところが？」

「自分をつくらなくてもすむから」

「どういう意味で？」

「そうねぇ、なんていうか、いやなことがあった日に、無理に機嫌よくしなくてもいい」

「たとえば？」

「たとえば、先週の木曜日、前期の成績表を受けとったんだけど……」

「きみ、学校に行ってるの？」

「ええ。保険の仕事は辞めたくて。私ね、人類学に興味があるの」

「そりゃいい。僕も人類学を専攻しようかと思ってた」

「あなたも？」

「土壇場で経営学を選んだけどね。後悔してるよ。ああ、ごめん。きみの話の腰を折ってしまった。

それで？　保険の仕事を辞めたい？」

「そうなの。なんていうか、保険業務って……退屈なんだもの。でも人類学の修士号を取得したら、たぶん……」

前とどこが違うでしょう。まずポールは少しばかりユーモアを交えました。でも、それ以上に大きな違いは、マーリーの生活に関心を示すやり方です。はにかみ屋の彼女はなかなか人に打ち解けません。そこで、彼のほうが質問をして、彼女を殻から出さなければなりません。彼が質問する人、彼女が答える人になるのは同じですが、修正バージョンの会話で、彼は単純なデータを求めているわけではありません。彼女の価値観や夢が聞き出せる〝自由解答式〟の質問をしています。彼が自分に関心を持っているのがわかるので、彼女の気持ちもほぐれ、彼に対して好印象を抱きます、彼にもそれが伝わり、それによって彼は自信を持ち、冗談を言う余裕も出てきます。修正バージョンの会話では、彼は自分にではなく相手に、つまりマーリーに関心を向けています。そこが肝心なところです。

最後に、一番難しい組み合わせを見てみましょう。親と一〇代の子どもの関係です。

ロジャーはセールスマンで、車で長期間各地を回っていることが多く、久々に家に帰ると、そのたびに娘のハナの成長ぶりに驚かされます。

ハナはいま一三歳。たまに帰ってきたパパに「会いたかったよ」と言われると、本心から出た言葉だとわかります。ハナもまた、以前は同じ気持ちでしたから。でも中学生になると、そうでもなくなりました。考えることが多すぎるのです。友だちのこと、学校の行事や陸上チームのこと、高校進学の準備……。パパのことは大好きだけれど、一番の関心事ではなくなった。それが正直なところです。

ある晩、自宅がある町に向かう飛行機で、ロジャーがたまたま開いた雑誌にシルク・ド・ラ・リュンヌというサーカスの広告が載っていました。動物は使わず、大テント式サーカスの大がかりなパフォーマンスと大道芸の親しみやすさを合わせたショーが楽しめる、というのです。チケットは高額でしたが、ハナが喜ぶだろうと、ロジャーは思いました。動物を使わないところがミソです。ハナは近ごろ、〝動物の権利〟について熱っぽく語っていたからです。ロジャーは広告のページを引きちぎってポケットに入れました。

翌日、朝食のテーブルで彼は娘に話しかけました。

「シルク・ド・ラ・リュンヌって聞いたことがある？」

「ううん」

「サーカスなんだけど」

「パパ、私がサーカスをどう思っているか、知ってるでしょ？」

「これは違うんだ。動物の芸はない。アクロバットとか、華麗なパフォーマンスが楽しめる。気に入ると思うよ」

「ふーん……どうかな」

「あそこに掛かってるパパのジャケットのポケットに広告が入ってる。とってきて見るといい」

ハナは広告の写真やキャッチコピーを見て、興味を引かれたようでした。

「ほんと、おもしろそう」

「チケットを買おうと思うんだ。パパときみと二人で行こう。今度の土曜日の夜」

「今度の土曜？」

「お熱いデートでもあるのかね」

「レイチェルのうちでパジャマパーティーをする約束なの」

「パジャマパーティーなんて、しょっちゅうやってるじゃないか。サーカスの興行中にパパが家にいるのはこの晩だけなんだ」

「でも、レイチェルのパーティーにはどうしても行きたいの」

「きみたちは毎週末、誰かのうちでパジャマパーティーをやってるだろ」

「そんなにやってないよ」

「わかった。毎週じゃないだろうけど、これは特別な晩だ。パパはきみと二人で出かけたい」

「でも、土曜はだめ」

「友だちのほうが大事ってことか」

「そうじゃないけど。レイチェルのパーティーだから。レイチェルはいままで私を呼んでくれたことはなかったの」

「そっちのほうが大事なんだろ。わかったよ。行けばいい」

「そう言われても。どうしたらいいの」

「困ることはないさ。パパはがっかりしたけど、まあ、それだけだ。二人で過ごす時間はあまりないからね」

「私のせいなの？」

「いや、おまえのせいじゃない。誰のせいでもない。忘れてくれ。パパが言ったことは忘れろ。そして、そのばかげたパジャマパーティーに行けばいい」

そう言うとロジャーは広告の紙をくしゃくしゃに丸め、ハナは泣きながら朝食のテーブルから去っていきました。こんなことになるとは！　ロジャーは頭を抱えます。


どこをどう間違えたのでしょう。ハナがレイチェルのパジャマパーティーに行く予定だと話したときから見直してみましょう。


「パジャマパーティーなんて、しょっちゅうやってるじゃないか。サーカスの興行中にパパが家にいるのはこの晩だけなんだ」

「でも、レイチェルのパーティーにはどうしても行きたいの」

「誰のパーティーだって？」

「レイチェル・イアネリよ。新入生の……。最近デーナはいつも彼女とつるんでる。めちゃくちゃセンスがいいって言うの」

「あのデーナ？　きみの親友の？」

「そう。デーナはレイチェルの家にしょっちゅう泊まっているの。ケリーとローラも」

「で、レイチェルがきみを招待したのは、今回がはじめてなんだね？」

「うん」

「それで、きみはどうしても行きたいんだね。デーナと遊びたいから。ケリーやローラとも」

「そうなの。近ごろ、なんか、みんなに嫌われているみたいな気がするから。でも、たぶんレイチェルは私のことをよく知らないだけだと思う。今回は招いてくれたから、行きたいの」

「それがこのショーの晩と重なるってことか。パパとしては、ちょっと残念だが」

「私も。だって、このショー、すごく楽しそうだし。パパが誘ってくれたことも、とってもうれしい」

「一緒に行きたかったけどね、何か別のことを考えよう。日曜の昼間に出かけるとか」

「ほんと？」

「うん。それなら、きみはレイチェルのパーティーに行ける」

「じゃ、パパ、私の代わりにママを誘ったらどう？　ママも喜ぶと思う」

「そうだね。いい考えだ。じゃあ、きみは来週の日曜の午後、パパとどこに行きたいか、考えておいてくれ。パパはきみと二人で出かけたいんだ」

「わかったわ、パパ。ありがとう」

サーカスを見にいく計画は不発に終わりましたが、娘と二人で過ごす時間を持ちたいというロジャーのたっての願いはかないました。しかも彼は、一〇代の子を持つ親がめったにできないことをやってのけました。ハナに自分が彼女を大切に思っていること、彼女の気持ちをちゃんとわかっていることを伝えたのです。感情が伝わるコミュニケーションとは、まさにこういうことです。

分かれ道――シグナルに反応する場合の選択肢

私は長年、人々のやりとりを観察し、感情シグナルについて多くを学んできましたが、とりわけ興味を引かれたのは〝結婚の達人〟と呼ばれるような人たちです。彼らは、夫婦間の摩擦に実にうまく対処し、夫婦喧嘩まで毎日の生活の楽しいひとコマに変えてしまいます。もちろん、彼らも腹を立てることはあります。互いの見解がくい違うこともあるでしょう。ただ、そんなときも絆を断ち切らず、互いに関心を示せるのです。自己防御的になって相手を傷つけるのではなく、互いを尊重する気持ちを喧嘩の最中にさえ、表現できるのです。舌を巻くのは、彼らがどんな場面でもユーモアを忘れないことです。そのために、喧嘩をしてよかったという結果になります。喧嘩が新たな発見や問題解決の手段になり、二人の関係を大切にしたいという気持ちを表現する機会になるのです。

どうしたらそんなことができるのでしょう。どうやら彼らは、人間関係の大敵――軽蔑、批判、自己防衛、言い逃れ――に対処する術《すべ》を知っているようです。それはどういうものなのか。その答えは、夫婦だけでなく、親子や友人関係にも大いに役立つはずです。

　私たちのチームは、ボランティアで研究に協力してくれる六〇組の夫婦をワシントン大学の研究施設に招き、二人だけで週末を過ごしてもらいました。この施設は通称「結婚ラボ」と呼ばれている、キャンパスの緑地に建つワンルームマンションです。マンションの居室の大きな窓からは、シアトル自慢の風景の一つ、モンレイク運河に浮かぶ遊覧船が見えます。

　部屋は快適な週末の隠れ家といった趣で、キッチン、ダイニングエリア、折り畳み式ベッド、テレビ、ＤＶＤプレーヤーがあります。被験者のカップルは自炊するための食料品、ゲームや映画のソフトを持ち込めます。彼らにはリラックスして、いつものように週末を過ごすよう求められます。ただ一つ違うのは、キッチンにマジックミラーがあり、そこでのやりとりを研究者が観察していることです。壁には四台のカメラが設置され、カップルの服につけたマイクが二人の会話をすべて拾います。また、心拍数、発汗などでストレス度を調べるため、センサーを体につけています（ただし、被験者のプライバシーを守るため、夜九時から朝九時までは記録を控え、バスルームは撮影しません。また実験棟の周囲の公園を散歩する三〇分間は二人だけの時間です）。

　この実験で、感情シグナルに対する反応は、次の三パターンに分類できることがわかりました。関心を向ける、逆らう、背を向ける、です。この分類結果と一〇年後の夫婦の関係を比べることで、こうした反応パターンが長期的に夫婦関係にどんな影響を及ぼすかが明らかになりました。

1　関心を向ける

相手のシグナルに対して、肯定的に反応することです。たとえば、一人が冗談を言えば、もう一人が笑う。一人が走り去る高級車を指さすと、もう一人が「うーん、たいした車だ」というようにうなずく、などです。あるいは、父親が息子に「ケチャップをとってくれ」と言うと、息子がすぐに渡す。職場で誰かが次の休暇はどう過ごそうかと考えていると、同僚が「何を考えているの」と声をかけ、それがきっかけで休暇の話題で盛り上がるなどなど。

互いのシグナルに絶えず関心を向けていると、どうなるでしょう？　私たちの分析では、互いに相手によい感情を抱くようになり、長続きする安定した関係を築けることがわかりました。こうした関係にあれば、私たちが〝結婚の達人〟と呼ぶカップルのように、喧嘩をしてもユーモアを忘れないし、互いに愛情と関心を持ち続け、相手の気持ちがわかっているので、問題を解決できます。売り言葉に買い言葉で負のスパイラルに陥り、関係が壊れてしまうといった事態は避けられます。

2　逆らう

喧嘩腰になったり、頭から相手の言うことを否定するような態度です。たとえば、一人が走り去るスポーツカーを見て、「ああいう車が欲しいなあ」と言うと、もう一人が「あなたの給料で？　一生無理でしょう」と鼻で笑う。

そこには往々にして皮肉や嘲笑が含まれます。あるカップルを例にとると、妻が「新聞を読むのをやめて話しましょうよ」と、穏やかに夫に頼むと、夫はこう答えました。

「話って、何を話すんだ」

「そうねえ、たとえばテレビのこと。新しく買う予定でしょう？　どんなテレビを買う？」

「おまえにテレビのことなんかわかるか」そう言われて、妻は黙り込んでしまいました。

この妻の沈黙は典型的な反応です。誰だって、話しかけるたびにばかにされたり、ガミガミ言われたら、貝のように口を閉ざしてしまうでしょう。このように一方が敵対的な反応をし、その結果として、もう一方が自分の感情を抑えるようになると、二人の関係は冷たいものになります。夫婦であれば、こうした関係が続けば離婚につながりかねず、成人したきょうだいの場合は、互いに疎遠になり、何かあっても助け合うことは望めません。多くの研究が示しているように、友人や同僚、夫婦、きょうだい以外の親族でも同様のことが起きます。

興味深いことに、私たちの研究によれば、こうした冷えた夫婦は、次に紹介する「背を向ける」パターンと違って、すぐには離婚に至らない場合が多いようです。しかし、最終的には多くの夫婦が離婚しています。

3　背を向ける

相手のシグナルを無視するか、ほかのことに没頭しているふりをすることです。たとえば、一人が「あの車、かっこいいなあ」と言っても、もう一人は目を上げもしないか、目を上げても、「いま、何時？」とか「五ドル札、くずせる？」などと、関係のないことを言います。

子どもの〝ごっこ遊び〟を観察すると、こうした例によく出くわします。一人が「海賊ごっこをやろう」と言いだす。「ここが船だよ」すると、もう一人が、おそらく悪気はないのでしょうが、「私がママになるね。さ、一緒にスーパーに行きましょ」と答える。これでは楽しく遊べないのは言うまでもありません。

夫婦間では、はたで見ていても気の毒になるようなケースがありました。夕食の味付けに失敗したことを、妻が夫に謝ったのです。その晩、彼女は夫の注意を引こうと三回もその話を持ち出したのですが、そのたびに夫は返事をしないか、そっぽを向いていました。

また、別の夫婦ですが、夫が夕食の支度をし、「そろそろできるよ」と、妻に声をかけると、妻は雑誌を読みながら、ときどき目を上げてテレビを見ている最中で、返事をしません。夫がリビングに入り、妻が座っているソファの横に座って、「何を読んでるの」と聞いても、妻はそれを無視。夫は妻の頰に二度ばかり軽くキスしますが、妻はまたもや無視。「そんなに面白い？」と聞くと、ようやく妻は「うん。写真が素敵なの」それで会話はおしまいです。

日常的にこうした態度をとっていれば、相手との関係は確実に壊れます。子ども同士の関係を調べた私たちの研究でも、〝ごっこ遊び〟で共通の空想の世界に入れないと、長続きする遊び友だちになれないことがわかっています。

夫婦であれば、離婚は時間の問題でしょう。「結婚ラボ」での観察でも、こうしたパターンのやりとりをしていたカップルは、多くの場合、険悪ムードになり、互いに身構えていました。これは早期の離婚に至る夫婦の典型的な特徴です。

親子、大人の友だち、成人したきょうだい、職場の同僚などの関係を調べた複数の研究からも、互いに無関心であることは人間関係を壊す決定的な要因であると言えます。

関心を向けても報われない

一方は相手のシグナルに常に関心を向けるのに、もう一方は背を向けたり、逆らう場合、二人の関係はどうなるでしょう？　すでにおわかりでしょうが、これは健全な関係とは言えません。考えてみてください。あなたは誰かの気を引こうと、絶えず努力しているのに、相手は逃げてばかり。時には拒絶するような態度までとるのです。

親が子どものシグナルを常に無視すると、子どもはネガティブな感情を持ち、心理的な後遺症を引きずるようになります。人間関係のスキルを身につけることができず、友だちとうまくつきあえないばかりか、学力が低下する、病気がちになるなどマイナスの影響は多岐に及びます。

夫婦でも同じです。私たちの研究では、お互いのシグナルを双方で無視し合っている夫婦のほうが、一方（たいがいは妻の側）が絶えず相手に関心を向けているのに、もう一方が無視するケースよりも、まだしも関係がうまく行っていました。

また、人は一度無視されたり、拒絶されると、その人に近づこうという気持ちが萎えてしまいます。私たちも実験結果を見て驚きました。多くの人は、一度は拒否されても、辛抱強く相手の反応を引き出そうとするだろうと思っていたのですが、そういうケースはまれでした。結婚生活がうまく行っているカップルでも、相手に無視されて、ふたたびシグナルを試みる確率は二〇パーセント。離婚に至ったカップルとなるとゼロです。

さらに、シグナルの頻度からも、二人の関係がわかります。うまく行っている夫婦は、険悪な夫婦よりも、感情シグナルを交わす回数がはるかに多いのです。前に述べたように、夕食時の会話で、仲むつまじいカップルは一〇分間に一〇〇回もシグナルを交わしますが、冷めた関係では、それが六五回程度になります。

といっても、仲のよいカップルがいつもお互いの感情シグナルに関心を向けているわけではありません。そんなことをすれば、疲れてしまうでしょう。それでも、うまく行っているカップルの場合、シグナルの回数も多いので、シグナルが受け止められ、信頼が育まれるチャンスも多くなります。

大切な人に関心を向けることも一つの才能です。関心を向けるには、意志が必要です。それには多くのファクターが絡んでいます。その人の脳がどのように感情を処理するか、育った家庭で感情がどう扱われていたか、その人自身の感情的なコミュニケーション能力などです。こうしたファクターについては、次章以降で詳しく検証していきます。その前にまず、気持ちが通わなかったときに、人間関係がどうなるかを見ておきましょう。

つながりを断つ――感情的な絆を持たずに暮らすこと

相手が家族であれ、伴侶であれ、友人、同僚であれ、人が感情を伝達するシグナルを出すときは、すべての人間に共通の、次の三つの欲求のどれかを満たそうとしています。

1 仲間入りしたいという欲求
2 自分の人生を自分でコントロールしたいという欲求
3 人に好かれたいという欲求

こうした欲求が満たされれば、誰でも満足し、生きる意欲が湧いてきます。

しかし、うまくシグナルが出せない、あるいはシグナルに反応できないと、どうなるでしょう? 感情的な絆を育めない、また、これまでに育んだ絆が断ち切れてしまうのを防げなくなります。こうした状態は数々の問題を生みます。

親子の絆が築けないと

親子の感情的な絆の大切さはいくら強調しても足りません。親子関係はあらゆる人間関係の基盤になるからです。親（または親代わりの人）との関係を通じて、人と心を通わす方法を学ばなかった子どもは、大人になってからさまざまな場面で人間関係に苦労することになります。

感情シグナルを発信し、また、相手のシグナルに反応して、よい関係を築けるかどうか。それにはさまざまなファクターが絡んできますが、性格もその一つです。誰でも、社交的であるとか、内気とか、のんきとか、生まれつきの性格があります。性格も感情シグナルの出し方にある程度まで影響してきますが、やはり家庭環境に左右される部分のほうが大きいでしょう。意識するしないにかかわらず、親は子どもとのやりとりを通じて、また子どもにお手本を示すことで、シグナルの出し方を教えているのです。

赤ちゃんが泣くのも一つのシグナルです。親が抱いたり、背中をさすったり、やさしく話しかけるなど、気持ちをしずめてやれば、やがて子どもは自分で自分の気持ちをしずめるコツを覚えます。また、スキンシップや赤ちゃん言葉での〝会話〟を通じて、乳幼児は双方向の複雑な感情的コミュニケーションを学びます。

親との関係で人と気持ちを通わすことを学べないと、成長するにつれて雪だるま式に問題がふくれ上がっていきます。こうした子どもはストレスに対処する方法が身についていないので、注意散漫で人の言うことをちゃんと聞けないなど、幼児期にいろいろな〝問題行動〟を見せます。たとえば、ネガティブな衝動を抑制できず、表情などから友だちの気持ちを読みとれないため、いじめっ子になったり、逆にひどく内気な子になったりして、いずれにしても仲間はずれにされてしまいます。

中学、高校生くらいになると、また別の問題が出てきます。一〇代の子どもたちのつきあいには暗黙のルールがありますが、こうした子どもにはそれがわかりません。ひどく不器用だったり、やり方がわからないために、〝派閥〟にうまく対処し、友だちをつくり、異性とつきあうことができないのです。その結果、疎外感を抱いたり、ひどい場合は精神に異常をきたします。女の子は自分の感情を内に閉じ込め、うつになるケースが多いのですが、男の子は往々にして怒りを表に出し、反抗的になったり、暴力的になったりします。

そうした一〇代の疎外感でも、最も人目を引いた、最も悲劇的な例が、一九九九年春にコロラド州リトルトンのコロンバイン高校で起きた事件です。生徒のエリック・ハリスとディラン・クレボルドが銃を乱射し、生徒一二名と教師一名を殺害。二四人に重軽傷を負わせた挙げ句、銃口を自分たちに向けて自殺しました。その後何日も続いたメディアの報道を見て、私が驚いたのは、二人の少年を無差別殺人に駆り立てた要因にほとんど目が向けられていないこと。この事件の前にアーカンソー州ジョーンズボロやオレゴン州スプリングフィールドで起きた未成年による銃乱射事件でもそうでしたが、メディアが注目したのは、犯人の少年たちが暴力的な映画やゲームに夢中になっていたこと、そして銃が手に入りやすい環境にあったことです。そうしたことも彼らを無差別の発砲に駆り立てたのは確かですが、それよりはるかに大きな要因が見過ごされています。事件を起こした少年たちが家族や教師、友だちとの感情的なつながりを断たれていたこと、彼らの味方であるはずの人たちが、彼らの苦痛や疎外感に気づいていなかったと思われることです。

コロンバインの事件は極端なケースであり、ごく例外的なケースでもあります。けれども、つながりを求めて子どもがシグナルを出したときに、私たちがそれにどう応じるかがとても大きな意味を持つこと、子どもの心を癒やしもすれば蝕みもすることを、この事件は教えてくれます。

発達のどの段階でも、親が日常的に子どもの感情シグナルに関心を向ければ、子どもは大きな進歩を見せます。そのためには、ゆったりと子どもに接し、子どもの気持ちをこまやかに感じとることです。子どもの感情シグナルがそれと気づきにくいものでも、ちゃんと察して応えてやること。子どもが無表情で、無気力であっても、また頑固に抵抗するようなときも、忍耐強くサポートすることです。子どもの心の声に真剣に耳を傾ければ、子どもの信頼を得ることができ、子どものほうから進んで絆をつくろうとするでしょう。

カップルの絆が築けないと

人との関係が築けないという問題は子ども時代で終わるわけではありません。大人になっても問題を引きずり、伴侶を見つけ、絆を維持する能力に支障をきたしかねません。

感情シグナルの出し方が、デートにどう影響するかはあらためて指摘するまでもないでしょう。感情的な絆をつくるため、上手にシグナルを発することが、デートの目的だといっても過言ではありません。相手の出すシグナルを敏感に読みとり、適切に対応できれば、二人の関係はうまく行きます。失恋ばかりしている人も、希望を持ってください。第6章で詳しくふれるように、感情的なコミュニケーションのスキルは何歳になっても学ぶことができるし、磨きをかけることができます。

こうしたスキルが最も試されるのは、関係が一段と深まるときです。この段階で、二人が互いの感情シグナルにちゃんと関心を向けていれば、絆は強まります。

相手と感情的なつながりを持てないこと、それこそが離婚の背景にある最大の問題ではないでしょうか。いまのアメリカでは、初婚のカップルの五〇パーセントが四〇年以内に別れます。再婚であれば、この確率は一〇パーセント上がります。

離婚したり、不幸な結婚生活を続けていると、心ばかりか健康まで損ねます。不幸な結婚生活を送っている人は、病気にかかる確率が三五パーセント以上も高くなり、寿命が四年縮むという統計もあります。長い間のこうしたストレスは、うつやアルコール依存、薬物依存といった心理的な問題だけでなく、高血圧、心臓病など身体的なトラブルを引き起こします。免疫系にも影響を与え、感染症やがんにかかりやすくなります。

夫婦関係がうまく行っていなければ、子どもが深刻なストレスを受けます。私たちの研究では、夫婦喧嘩が絶えない家庭で育った子どもは、慢性的にストレスホルモンの血中レベルが高く、風邪やインフルエンザなどの感染症にかかる確率が高いことがわかりました。その子たちが一五歳になった時点での再調査でも、同年代のほかの子どもと比べて、友だちがいない、攻撃的になりやすいなど、心理的な問題や人間関係のトラブルの多さが際立ち、学校の成績が悪く、欠席が多い傾向も認められました。

夫婦のあり方次第で、こうした問題は避けられます。相手の感情シグナルに気づき、関心を向けるようになれば、安定したあたたかい家庭が築けます。離婚を考えているカップルも、いまからでも遅くはありません。子どもがいる場合は、離婚届を提出しても、それで二人の関係がきれいさっぱり終わりになるわけではありません。

友人、きょうだいと絆が築けないと

親子、夫婦関係と比べ、大人になってからのきょうだい、友人関係については、あまり問題にされませんが、よい関係を持つことで得られるものは非常に大きいのです。

大人同士が気持ちを通わせるのは、なかなか難しいものです。特にきょうだい間では、競争心や嫉妬が邪魔になります。また、心から信頼できる気のおけない友人をつくるのも、そう簡単ではありません。

まず時間がないという現実があります。現在は共働きの家庭が多く、しかも二五年前と比べ、労働時間は平均一〇パーセント延びています。共働きの夫婦は、仕事から解放されるわずかな時間を子どものために使います。また老親の介護をしなければならない場合もあります。こう忙しいと、何かを犠牲にせざるを得ず、友人やきょうだいと過ごす時間は限られてきます。

しかし、こうした関係を犠牲にすると、意外な落とし穴があります。多くの統計で、よい友人を持つ人は、ストレスが少なく、長生きするという結果が出ています。健康状態がよく、感染症にかかりにくく、免疫機能が強く、病気からの回復もより早いのです。長寿を保てるかどうかは、遺伝的な要因以上に、人間関係に左右されるという研究報告もあります。一万人の高齢者を対象にしたイェール大学の研究チームの調査では、孤独な老人は、親しい友人がいる老人に比べ、五年以内になんらかの病気で亡くなる確率が二倍も高いことがわかりました。

職場の人間関係がうまく行かないと

最近、仕事上での心の知能（ＥＱ）がよく話題になります。仕事で成功するには、ＩＱテストで測定できる知能だけでは不十分だというのです。ＥＱの定義はいろいろありますが、感情伝達のシグナルを出し、シグナルに応じる能力が大きな部分を占めると、私は考えています。そうした能力があれば、同僚とうまくつきあえるし、他人の視点から問題をとらえ、協力して問題解決にあたり、他人の描くビジョンに資金なり労力を投ずることができます。

このような能力は技術の進歩とともに重要性を増しています。単純な雑務はコンピューターやロボットにもできます。いまの時代、仕事で成功するには、コミュニケーション、共同作業、動機づけ、絶えず変化する状況への適応といったことが求められます。それには、他人を理解し、他人と気持ちを通わす能力が必要です。

職場の人間関係がうまく行かないと、個々の社員、あるいはチーム全体が疎外感を持ち、やる気をなくしたり、会社を敵視するようになります。重要な情報が入ってこないし、会社の中枢とのつながりも断たれていると感じたら、仕事に意欲が持てなくなるでしょう。管理職は部下の気持ちを把握できなくなり、部下は管理職に理解されていないか、人間扱いされていないと感じるようになります。現場のスタッフは組織全体の中での自分のポジションが見えず、士気が低下し、離職率も高まるでしょう。

組織内でよりよい感情的な絆を育むことのメリットを、純粋に経済的に実証するのは困難です。社員の人間的な欲求を無視しながら、巨額の利益を上げている経営者は掃いて捨てるほどいますし、個人のレベルでも、自分の感情や家族の感情的な欲求を無視して、仕事の鬼となることで高収入を得ている人はいくらでもいるからです。

しかし、組織内の人間的なつながりを大切にする経営者や社員が、金銭的な見返り以上の大きなメリットを得ていることは否定できません。そのメリットとは、ストレスの少ない職場環境であり、離職率の低さ、生産性の向上、そして生活の質の向上です。

そうしたつながりが育まれるかどうかは、上司の態度次第という面が大きく、個々の社員だけではいかんともしがたいところです。ですが、一人ひとりが日々の仕事の中でどういう姿勢をとるかで、職場の雰囲気は変わってきます。職場でよりよい人間関係を築き、維持できるかどうかは、いま気持ちよく働けるかどうかだけでなく、キャリアの将来をも左右するのです。

いまからでも遅くない

感情的なつながりが持てないと、キャリアの妨げになり、友だちもできず、子どもを含む家族との絆もつむげず、結婚生活もうまく行きません。

でも、安心してください。人と気持ちを通わせることは、魔法でもなんでもないのです。ほかのさまざまなスキルと同じように、学び、練習し、身につけることができます。私たちは、長年の観察結果と、脳の感情の指令システムについての最新の研究成果を踏まえて、よりよい人間関係を築くためのステップをまとめてみました。

人間関係がよくなることで、問題がすべて解決するわけではありません。たとえば、仕事上で大きな変化があった女性が結婚カウンセリングに来ました。彼女は大きな試練に直面していました。経済的に厳しくなるし、将来への不安もあります。いままで一緒に働いてきた仲間と離れるのもつらいでしょう。そんな彼女に結婚生活について聞くと、こう答えました。「夫とはとてもうまく行っています。なのに、なぜこんなに不安で、気持ちがふさぐんでしょう」

私はこう言いました。「夫婦関係がうまく行っていても、それですべての問題が解決するわけではありません。それだけで、銀行の口座残高が増えるわけでもないし、望みの仕事に就けるわけでもない。仕事仲間と離れるつらさも解消しません。でも、あなたがこの変化を乗りきるときに、夫婦の絆はいっそう深まるはずです。これほどよいことはないと思いませんか」

心の通う相手がいるというのは、そういうことなのです。重い病気、離婚、失業、愛する人の死など、生きていくうえでさまざまな試練にあったときに、あなたはたった一人で耐えなくてもすみます。自分の経験を他の人と分かち合い、理解し、わかってもらえることは、大きな救いになるでしょう。たとえばがん患者の生存率を調べた研究で、ほかの条件がすべて同じなら、患者同士のサポートグループに参加している人は、そうでない人より長く生きられることがわかっています。

感情的な絆はそうした癒やしの効果があります。でも、何もせずに得られるわけではありません。強い意欲と意識的な努力が必要です。よい例が、母親と赤ちゃんのコミュニケーションでしょう。ある研究によると、母親はむずかる赤ちゃんの要求を一〇回のうち七回は正しく察知できないそうです。空腹でないのにミルクを欲しがっていると思ったり、不安で泣いている赤ちゃんに「高い、高い」をして、よけい怖がらせたりします。でも、泣きやまなければ、母親は赤ちゃんを落ち着かせるために別の方策を探るでしょう。そうしながら、母子は互いの出すシグナルについて、より深く学ぶようになります。すぐにはうまく行かなくても、母親が努力し続けようという意志を持てば、時間がたつうちに関係は深まっていきます。

伴侶や友人、親戚、同僚との関係でも同じことが言えます。双方が相手に関わり続ける意志を持ち、相手に関心を向け、間違ったときはやりなおせば、関係はよくなっていきます。相手に謝る、調整する、仲直りするといったことが必要になるのは、相性が悪いからとは限りません。むしろ互いを大切に思っているからこそ、ぶつかることがあっても、それを乗り越えて、関係を維持しようと努力するのです。夫婦、家族、友だち、仕事仲間。どんな関係でも、揉めごとはあります。それを乗り越えることで絆は強まります。

次章では、感情的なつながりを持つための第一のステップを詳しく見ていきます。あなたの感情シグナルの出し方、他の人のシグナルに対するあなたの反応のしかたを分析します。

第3章「やってはいけない六つのこと」では、感情的なつながりを妨げるものを一つひとつ取り除いていきます。第4章から第6章までは、それに続く三つのステップです。脳の感情指令システムの特徴を知る、子どものころから引きずってきた感情的なパターンを知る、あなたの感情的なコミュニケーション能力を知る、の三つです。こうしたファクターが感情シグナルの出し方に影響を与えていることがわかるでしょう。それがわかれば、よりよいシグナルの発し方を習得し、よりよい関係を築くことができます。

第7章は最後のステップ。互いの夢やビジョンを分かち合い、〝儀式〟をともにすることで、共通の目的を見つけるプロセスを学びます。

人生の大切な目標はすべてそうですが、よりよい感情的な絆を築くにも、それに心を傾け、絶えず努力する必要があります。ですが、努力がこれほど大きな実を結ぶことは、ほかにはそうそうありません。絆を築いていくなかで、私たちは互いの経験を共有し、それぞれの人生の物語に共通の意味を見いだし、それを理解し、表現できるようになるのです。

第2章

Step 1

自分の感情シグナルを見直す

一九九〇年にワシントン大学に「結婚ラボ」を開設してまもなく、私はまさに目からウロコが落ちる体験をしました。長年、私が追い続けてきたテーマは夫婦です。破綻するカップル、深い絆をつむいでいくカップル。その違いはどこにあるのか。当時は、多くの心理学者がシドニー・ジュラードの説、「よい関係を築くカギは、自分をさらけ出すこと、言い換えれば、心の奥に秘めた思いや体験を相手に打ち明けること」だという説を支持していました。したがって、「結婚ラボ」での観察を始めたとき、そうしたケースに出会うことを期待していました。カップルの会話を分析すれば、とても親密な深い絆を築く方法が見えてくるだろう、と。

ところが、何百時間にも及ぶビデオを見ても、内面をさらけ出すような会話はほとんどなかったのです。挫折した夢や心の奥に潜む不安などが語られることは皆無といっていいほどでした。代わりに私たちが耳にしたのは、次のような会話でした。

「コーヒーを持ってきてくれるかな」

「ちょっと待って。まずこのパンケーキをひっくり返してからね」

「お姉さんに電話した？　この前はひどく落ち込んでるみたいだったけど」

「いや。何かあったのかな？」

「このコミック、最高！」

「ちょっと静かにしてくれる？　読書中なんだ」

「いまのダブルプレー、見た？」

「うん、息ぴったりよね」


仲むつまじいカップルも、朝食のシリアルや住宅ローンの利息、野球の話など、そのときどきに頭に浮かんだ、たわいない会話を交わしていました。

正直言って、私はがっかりしました。この程度の会話しか集められないなら、こんな研究は時間の無駄だとさえ思ったのです。

しかし、その後何カ月も学生たちとビデオを見ているうちに、はたと思い当たることがありました。会話の中身は問題ではない。二人の考えが一致しているかどうかさえ、問題ではないかもしれない。

話題が何であれ、互いにどれだけ関心を向けているか。重要なのはそれだと気づいたのです。

大学院生に、このことを頭に入れてビデオをもう一度チェックするよう指示しました。すると、思ったとおり、カップルのやりとりにいくつかのパターンがあることがわかりました。

たとえば、雑誌を読んでいた妻が、面白い記事を夫に読み聞かせたとします。夫は顔を上げてにっこりするか、無視するか、「うるさい」と言うか、です。

あるいは夫が新聞に載っているオーディオ機器の広告を指さしたときに、妻が「あら、よさそうね」という顔をするか、その横にある婦人靴の広告に興味を引かれるか、「無駄遣いはだめ」とばかりに眉をひそめるか。

妻が「サラダにドレッシングをかけすぎよ」と言ったときに、夫がウィンクをして、「サラダが少なすぎるんじゃない?」とユーモアで切り返すか、むっとして黙り込むか、「どっちみちまずいサラダだ」と嫌味を言うか。

問題は、相手と気持ちを通わせる意思があるかどうか。なかには、相手がなんの話をしようと、まったく興味を示さない夫や妻もいます。夫が外国で起きた軍事クーデターを目撃したという話をしても、眉一つ動かさない妻もいれば、たわいない話に目を輝かせて聞き入る妻もいます。たとえば、妻が自分の母親はこうやってパンを焼いていたという話をすると、夫はそれを聞いて「へええ」と驚いた顔をし、自分の母親はこうやっていたと話すと、妻も興味津々でそれに聞き入る、といった具合。

相手に話しかけられたとき、関心を向けるか、背を向けるか、喧嘩腰で応じるか。いつも相手のシグナルにどう反応しているかで、夫婦の関係は大きく変わってきます。

また結婚生活の研究で、私は長年、不思議に思ってきたことがあります。仲のよいカップルは喧嘩の最中でも冗談を言い、愛情を表現します。ユーモアは、言わば傷ついた感情の〝修復ツール〟です。どうしたら、このツールを手に入れられるのか、答えはなかなか見つかりませんでした。

それが、「結婚ラボ」での観察で見えてきました。日ごろユーモアを交えて感情伝達のシグナルを出し、相手のシグナルに応えているカップルは、喧嘩をしてカッとなったときもユーモアのセンスを取り戻しやすいのです。相手が話しかけてきたときに、ちゃんと関心を向け、あたたかく応じる習慣がついていれば、摩擦が生じたときも（どんなに仲のよいカップルでも摩擦は生じます）、やさしい気持ちを取り戻せます。口論になったときに、日ごろの習慣を生かすことができれば、むっとした気持ちが収まり、落ち着いて解決策を考えることができて、よりよい関係が築けます。

この章では、感情を伝えるコミュニケーションのごく基本的な単位、シグナルとそれに対する反応を詳しく見ていきます。夫婦、友だち、親子、きょうだい、同僚など、さまざまな関係でシグナルがどう使われているか、強固で健全な関係を築くには、どんなふうにシグナルを出し、相手のシグナルにどう応じればよいのか、人間関係を悪化させる攻撃的でネガティブなやりとりを避けるためにシグナルをどう活用できるかを、具体例を挙げて説明します。それによって、あなた自身、そしてあなたにとって大切な人のシグナルの出し方・応じ方を評価できるようになるでしょう。この章での学びを周囲の人とのやりとりで実践し、他者とつながるよりよい方法を実感してください。

感情シグナルはどのように伝わるか

人が感情シグナルを出すのは、他の人と気持ちを通わせたいという、ごく自然な欲求があるからです。この欲求には、愛想のいいスーパーの店員さんと冗談を交わすといったものもあれば、共通の大切な人が亡くなったときに悲しみを分かち合うといった深いレベルのものもあります。

感情的な欲求をどう見るかは人によって千差万別で、あなたにとって重要な欲求が、他の人にはそうでもないかもしれず、いまは非常に切実な欲求が、何年か後にはどうでもよくなるかもしれません。いずれにしても、いまのあなたにとってどんな欲求が重要か、優先順位ができているはずです。一例として、一人の男性がどんな絆を欲しているか、重要な順に一から一〇まで並べてみました。

1 妻に対してついカッとなることがあっても、あとで謝ったら許してほしい。
2 妻といつまでもラブラブでいたい。
3 仕事で不愉快なことがあったとき、親友にわかってもらいたい。
4 毎晩、子どもを寝かしつけるとき「パパ、大好き」と言われるとうれしい。
5 教会関係の知り合いに、信者の一員として受け入れられたい。
6 たまに電話をするきょうだいと、よい関係を保ちたい。
7 いい仕事をしたとき、上司や同僚に認めてもらいたい。

8 ジムでバスケットボールをやっている仲間とよい雰囲気でつきあいたい。
9 バス停で顔を合わせた近所の人たちと気さくに会話を交わしたい。
10 買い物をしているとき、店員さんに感じのよい態度で接してもらいたい。

このリストからわかるように、この男性は最も親しい人たち、家族や親友との絆を優先順位のトップに置いています。近所の人や買い物に行く店の従業員との関係などはさほど重視していません。これは典型的なパターンです。このように、親しい間柄であればあるほど、感情シグナルの深さや頻度も増します。

また、友人や伴侶など親しい間柄でも、シグナルの出し方には一定の順序があります。意識しているかどうかはともかく、人は誰かにアプローチするとき、最も当たり障りのない事柄から、つまり最もリスクの少ない事柄から始めるものです。そのレベルで感情伝達のシグナルが成功すれば、もう少し踏み込んだシグナルを出します。整理すれば、こんな順序です。

- 軽いおしゃべり、〝雑談〟
- 冗談
- 罪のないゴシップ
- 愛情表現

・支え合い
・問題解決
・将来の目標、悩み、価値観、生きがいなど、深いレベルでのつながり

このような〝梯子〟を使って、より深いレベルに入る前に、リスクの低いシグナルでの関係の土台を築くことができます。相手がどんな反応をするか、ちょっと試してみるわけです。

人はどんなふうに感情シグナルを発信するか

誰もが招待状のような形で感情シグナルを出したらどうでしょう。シグナルの背後にある期待や感情がはっきり表現されていれば、シグナルを受けた側はいろいろ気をまわさずにすみます。彼（彼女）は私に気があるのだろうか？　このクライアントからまた仕事がもらえるだろうか？　ゆうべの喧嘩を夫（妻）はまだ気にしているだろうかなどと、考えなくてすみます。そこには緊張感もなければ、腹の探り合いもありません。

しかし実際は、良し悪しはともあれ、人と人とのコミュニケーションはもっと豊かで複雑です。相手の意図が透けて見えることもあれば、真意がさっぱりわからないこともあります。また、感情伝達のシグナルには、言葉を使ったものだけでなく、無言のものもあります。身体的なものもあれば、そ

うした要素がまったくないものもあり、性的な要素が入るものもあれば、そうでないものもあります。エネルギーを注ぎ込んだシグナルもあれば、省エネのシグナルもあり、冗談めかしたものも厳粛なものもあります。感情シグナルには、次のような内容が盛り込まれます。

考えていること
感じたこと
観察したこと
意見
誘い

次のような言葉を使わない感情シグナルもあります。

スキンシップ――背中をたたく、握手、軽くたたたく、抱きしめる、キス、肩を抱く、背中や肩をなでるなど
表情――笑顔、投げキッス、白目をむく、舌を出すなど
遊び心を交えたスキンシップ――くすぐり、げんこで殴るまね、レスリング、ダンス、軽く体をぶつけたり押したり
人と人を結ぶジェスチャー――誰かのためにドアを開ける、席を譲る、何かをとってあげる、共

通の興味の対象となるものなどを指さす

言葉にならない発声——笑う、くすくす笑い、ブーイング、ため息、うなるなど

求めているものがすぐわかる、単純明快なシグナルもあります。

「ロバート、あなたの会社で働きたいんです」

「ハーヴェイ、私を食事に誘って」

「やあ、ウエンディ、僕と一緒にフランスを自転車でまわるってプランはどう?」

しかし、こんなにわかりやすいのは、むしろ例外で、もっと遠回しなシグナルのほうが一般的です。

リチャード　「ウエンディ、きみにとっての最高の休暇ってどんな感じ?」

ウエンディ　「私の夢はカリブ海でセーリングすること。どうしてそんなことを聞くの?」

リチャード　「いや、ただ、なんとなく……」

デイブ　「あなたの会社については雑誌などで読んでいます。急成長されて、素晴らしいベンチャーですね」

ロバート　「おかげさまで、この一年は需要に追いつけないありさまだ。うれしい悲鳴を上げて

いるよ」
デイブ　「それでいろいろな分野の人材を募集しているんですね。もしかしたら僕にもお役に立てることが……」
ゲイル　「ハーヴェイ、私に何か頼みたかったんじゃない？」
ハーヴェイ　「うん。でも、なんだったか思い出せないんだ」
ゲイル　「よく考えてみて。思い出せるわよ」

あいまいなシグナルがもたらすものは？

なぜ人はこんなふうに遠回しにものを言うのでしょう。理由はいろいろありますが、一番多いのは「傷つきたくない」ということです。単刀直入に言えば、「ノー」のひと言で突っぱねられるかもしれません。特に、仕事上の感情伝達や異性を誘うときは、拒絶されれば自尊心が傷つけられます。そのためにジョークを交えたり、二重の意味にとれる表現を使って相手の反応を見るわけです。相手がにっこり笑ったり、ジョークを返すなど肯定的な反応を見せたら少し大胆になれるし、そうでない場合もシグナルを出した側はプライドを失わずにすみます。

このように〝観測気球〟を打ち上げてみることは、長く続いた男女関係でもよくあることです。

たとえば、メアリーとジェフがソファの両端に座って、それぞれ本を読んでいるとします。メアリーはジェフにくっついて甘え、そのままの流れでセックスすることになるとしたら、それでもいいと思っています。でも今日のジェフはなんだかイラついているようです。近づいてスキンシップを求めたら、うるさいと拒否されそうな感じ。そこで、それとなくこう言ってみます。「なんか寒くない？」メアリーとしては、ジェフが「こっちにおいで。あたためてあげるよ」と言ってくれるのを期待しているのですが、代わりに自分の後ろにあるソファブランケットをよこす可能性があることもわかっています。さりげないアプローチでは、相手が真意に気づいてくれない可能性もあるのですが、それでもこの場合、メアリーはあからさまなアプローチでジェフに拒絶されるよりも、この方法をとるでしょう。

子どもも遠回しに何かをねだることがあります。特に、自分の欲求をはっきり伝えるのはよくないと教わってきた子どもはそうです。「アニーのママは、アニーの髪を毎朝、フレンチ三つ編みにするんだって」そんなふうに言う子どもは、忙しいママに「もっと私に注意を向けて」と訴えているのかもしれません。

大人になるまでに、多くの人がこうしたやりとりに慣れて、相手の気持ちを察するようになります。たとえば、「そのうちに」とか「今度」というあいまいな約束。はっきりと断りにくい場合は、こうした約束をすることで、やんわり逃げを打つことができますし、相手もあからさまに断られるよりは面目を保つことができます。仕事の相手をランチに誘って、相手がオーケーすれば、こんな会話になるでしょう。
ジェイ　「今度、一緒にランチでもどうかな」
ゲーリー「いいねえ。来週は？」
ジェイ　「月曜ならあいてる」
ゲーリー「こっちもだ。じゃあ、一二時ごろ」

こんなふうに話がまとまることもありますが、一方が乗り気でない場合は──
ジェイ　「今度、一緒にランチでもどうかな」
ゲーリー「いいねえ。だけど、このところばたばたしているもんで」
ジェイ　「そうか、じゃあ、都合がいいときに電話してくれ」
ゲーリー「わかった。そうするよ」

ジェイはゲーリーに確約を迫っているわけではないので、ゲーリーがどう答えようと、不愉快な思いをしないですみます。ただし、このアプローチには難があります。ゲーリーがどう考えているか、わからないことです。本当に忙しいのか。それともジェイとは食事したくないのか。仕事が落ち着いたら電話をしてくれるのか。ジェイには予想がつかず、時間がたたないとわかりません。それでも、次のようなパターンよりは無難かもしれません。

ジェイ　「一緒にランチでもどうかな。来週は？」
ゲーリー「悪いが、来週は予定が詰まっている」
ジェイ　「そうか、じゃあ、再来週はどうかな？」
ゲーリー「再来週もいっぱいだ」
ジェイ　「じゃあ、いつがいい？」
ゲーリー「ばたばたしてるもんでね。どうだろう、めどがついたら電話するよ」
ジェイ　「そうか。じゃあ、そうしてくれ」

　このやりとりでは、ジェイが次第に弱い立場に追い込まれ、ゲーリーは心ならずも、そっけない態度をとるはめになっています。だからといって、こうしたアプローチは絶対に避けるべきだとは言いません。多少のリスクがあっても、こんなふうに白か黒かはっきりさせたい場合もあるでしょう。「待たされたのはこれで三度目。約束をすっぽかして、電話もしない。私のことが大事じゃないなら、もう私たちは終わりね」「二年前から昇進させるとおっしゃっていましたよね。今回も延期なら、転職を考えなくては」こういう言い方をするには、破綻を覚悟する必要があります。

　あいまいな受け答えは、意図的なものとは限りません。的確な表現ができないために、自分の意図が相手に伝わらないこともあります。

　また、遠回しに言ったために、誤解を招くこともあります。たとえば夫が妻に「そろそろ休暇の計画を立てなきゃ」と言ったとします。夫は、夫婦二人でゆっくりしたいと思っているのに、妻の側は、夫の真意を深読みしすぎて、夫の両親やきょうだいと休暇を過ごすことになるのかなどと考えるかもしれません。あるいは、営業チームに入りたいと思っている女性が、上司に「新しいことに挑戦してみたいんです」と言ったら、上司は彼女が営業職志望とは気づかず、データベース管理の講習を受けさせるかもしれません。

また、時にはストレートに自分の気持ちを伝えるべきなのに、それをせずに相手をなじってしまうこともあります。次に挙げるのは共働きのあるカップルの場合。夫は日中も妻とちょっと話がしたいと思っています。

夫「今日はどうだった?」
妻「忙しかった。いつもどおり」
夫「だから、僕に電話しようとも思わなかったってわけか」

ちょっと言い方を変えるだけで、相手を責めずに、自分のニーズを伝えることできます。

夫「今日はどうだった?」
妻「忙しかった。いつもどおり」
夫「きみの声が聞きたかった。電話でちょっと話せればね」

妻「それなら、電話してくれればよかったのに」
夫「きみが忙しいのはわかっているから」
妻「だけど、私もあなたの声を聞くと、元気が出るわ」
夫「そりゃ、うれしいね。じゃあ、今度から電話するよ」

シグナルを出す側に、相手と感情的なふれあいを持ちたいという欲求がありながら、その欲求に自分で気づいていないときも、シグナルはわかりにくいものになります。こうした場合、感情シグナルは何か別のもの——たいがいは怒りや悲しみ——の形をとります。

これは、特に子どもによく見られる現象です。親や教師、友人、家族との関係で何かが欠けていると感じながら、まだ人生経験が浅いため、自分の抱えている問題や、その解決方法がつかめないのです。その結果、手に負えない問題行動をとることがあります。たとえば、転校や引っ越し、両親の不和などでストレスを受けたときにすぐカッとなる、発作的に泣く、友だちと喧嘩をする、反抗的になるといった態度を見せる子がいます。ストレスを抱えた子どもは、自分の気持ちを落ち着かせるために、周囲の大人とのふれあいを求めています。「私（僕）が感じていること、思っていることを、ちゃんと受け止めて」と助けを求めているのです。

大人も、こうした混乱したやり方で自分の欲求を表現することがあります。とりわけ、自分の気持ちを見つめ、自分を大切にすることができない人によく見られる現象です。ゴットマン研究所に夫とともにセラピーを受けにきたセーラの場合もそうでした。

セーラは、夫のリックと平穏なあたたかい関係を築きたいと思っていました。しかしリックに言わせると、夫婦二人でいるとき、彼女は不機嫌に黙り込んでいることが多いというのです。

「で、僕が何かちょっと彼女の気に入らない行動をすると……つまりゴルフクラブを手にしたり、テレビをつけると、すごい剣幕で怒るんだ。僕が何をしても、妻の気にさわるらしい。どうしたら機嫌を直してくれるのか、さっぱりわからない」

面会を重ねるうちに、セーラの抱える問題が見えてきました。彼女は他人が自分に関心を払うことなどないと思い込んでいたのです。原因は家庭環境にありそうです。セーラは七人きょうだいの中で育ちました。父親はアルコール依存症。母親は子どもたち全員に目を向ける余裕がなく、セーラの欲求は日常的に無視されてきました。深刻な問題を抱えていなければ、関心を向けてもらえない――彼女はそう思い込むようになったのです。

結婚後もセーラはそんな思い込みを引きずり、愛してほしい、自分に関心を向けてほしいという思いを胸の中に閉じ込めてきました。リックが残業で疲れて帰ってきて、夫婦の会話がないと、彼女は不満でしたが、それを自分の中にためていました。金曜の夜、彼が同僚と飲みに行くと、さらに不満がつのりましたが、それでも彼女は自分の感情にしっかり蓋をしていました。週末に彼がゴルフの練習に行ったり、テレビで野球を見たり、パソコンにかじりついていても、不平を言わないようじっと我慢していたのです。とはいっても、不満がたまりにたまると、二、三週間に一度くらいの割合で、一気に爆発します。

「もう我慢できないわ!」夫が自分をないがしろにしたこと、自分を締め出したこと、過去二、三週間に起きたつらい出来事を逐一思い出して、セーラは夫を激しくなじります。それはもっともな怒りであり、リックは言いわけできません。

突然の爆発に驚いて、彼は逃げるばかり。アパートから出ていってしまうこともありますが、それができないときは別の部屋に行って、テレビをつけるか、ヘッドフォンをして、嵐から逃れようとします。そうした態度がまたセーラの怒りをあおり立て、彼女はますます自分が正しくて、夫が悪いと思い込みます。

セーラは夫との感情的なふれあいを求めているのですが、このような感情シグナルの出し方では、それは不可能です。そこで、セラピーでは二つの目標を設定しました。一つは、不満をため込まないで、そのつどシグナルを出せばいいのだとセーラにわからせること。感情的な欲求を抱くたびに、素直に、かつ穏やかにリックに自分の気持ちを話せばいいのです。二つ目の目標は、セーラの怒りの背後に潜む願望をリックに理解させること。妻のヒステリーは、自分との感情的なつながりを求めるシグナルなのだと気づかせるのです。たしかに彼にとっては不愉快な形をとっていますが、シグナルはシグナルです。それに気づけば、彼は妻がもっとやさしい効果的な方法で自分の願望を表現できるよう、手助けするでしょう。

シグナルの出し方・応じ方は人によって違うことがわかってくると、適切な対応がとれるようになります。相手の怒りや悲しみ、不安の下に隠されたニーズを察知することで、関係修復への新しい可能性が見えてきます。たとえば、むっつりと黙り込んでいる同僚は、自分の仕事に影響を及ぼす決定に関わりたいのかもしれません。ヒステリックな姉は、家族のなかで疎外感を抱いているのかもしれません。駄々をこねて、暴れる三歳児も、ただおもちゃを買ってほしいのではなく、おもちゃが手に入らない不満をなだめてほしいのです。

人があいまいなシグナルを出す理由は、まとめると次のようになります。

傷つくことを恐れて、意図的に遠回しな言い方をする。
言葉が足りないなど、コミュニケーション不足。
ネガティブな形でしか表現できず、相手を困惑させる。
シグナルを発する以前に、自分の欲求がわかっていない。

感情シグナルに気づくには、相手の真意を読みとらなければならないのでしょうか？　もちろん、そうではありません。エスパーでもなければ、相手の心理を読むことなど不可能です。相手にいきなり怒りや欲求不満をぶつけられて気分を害しても、大目に見なさいということでもありません。それでも、怒りや不安の背後に潜む、ふれあいの欲求に気づくことが大切です。ちょっとした理解が大きな違いをもたらします。相手がふれあいを求めているとわかれば、そこから絆づくりの第一歩、感情シグナルに関心を向けるという作業が始まるのです。

先にも述べたように、シグナルに対する反応は大きく分けて三つあります。

1　関心を向ける

シグナル　「休暇はどうでした？」

反応　「よかったよ。サン・マウンテンのゲレンデは最高だ。きみもあのスキー場に行ったことがある？」

2　背を向ける

シグナル　「休暇はどうでした？」

反応　「私に何か伝言がきてないか」

3　逆らう

シグナル　「休暇はどうでした？」

反応　「どうだっていいだろう。興味もないくせに」

表1は、シグナルに対するさまざまな反応をまとめたものです。この三つの反応パターンの一つひとつについて詳しく検討し、それが人間関係にどう影響するか見ていきましょう。

感情シグナルに関心を向ける

関心を向けるといっても、関心の度合いには幅があります。

・**ほとんど無関心に近い関心**　ひと言かふた言の短いコメント、または無言でちょっと反応のジェスチャーを見せる。相手はあなたと会話するために、いまやっていることを中断しようとはしないが、あなたの言うことを聞いてくれたという手応えはある。

親　「今日、学校どうだった?」
子ども　「別に」

ジェスチャーのみの場合は、
友人A　「また雨か、いやになるな」
友人B　(無言で、まったくと言うように首を振る)

表1　感情シグナルに対する３つの反応

	関心を向ける	背を向ける	逆らう
どういう形をとるか	ほとんど無関心：うなずく、「ああそう」	ほかのことに没頭：返事をしない	侮蔑的：相手をののしる、侮辱する
	エネルギーレベルが低い:「わかった」「いいよ」	無視：関係のない返答、または返事をしない	好戦的：突っかかるようなもの言い、喧嘩腰
	注意を集中：確認、意見、思考、感情、質問	話をさえぎる：関係ない話をする、またはシグナルにシグナルで応じる	反抗的：その必要もないのに、議論をふっかける
	エネルギーレベルが高い：一心に聞き入る、目を輝かす、共感	「気づかない」か、わざと無視しているか	支配的：管理する、威圧する
			批判的：人格攻撃、なじる
			自己防衛的：弱いふり、“被害者”の立場
人間関係にどう影響するか	さらにシグナルと反応のやりとりを重ねる	シグナルの回数が減る	シグナルの回数が減る
	関係が生まれ、発展する	軋轢が増す	軋轢を避ける
		感情が傷つく：信頼が失われる	感情の抑圧
		わりに早く関係が終わる	関係が終わる（ただし、多少時間がかかる）

・エネルギーレベルが低い反応　短いコメント、またはシグナルの意味を確かめるための質問。

社員Ａ　「シカゴでのプレゼン、うまく行ったよ」
社員Ｂ　「それはよかった」

夫　「この服、どう？　変じゃない？」
妻　「素敵よ」

友人Ａ　「土曜は何してる？」
友人Ｂ　「今度の土曜？」

・思いやりのある反応　意見や考え、気持ちなどを返す。

姉　「これ、バーゲンで買ったのよ」
妹　「いいじゃない。この色はお姉さんに似合うわ」

相手をいたわるコメントも含まれる。

妻「今日は一日じゅう電話が鳴りっぱなし」

夫「大変だったね。疲れただろう？」

相手を笑わせることもできます。

子ども「パパ、僕、お昼はサンドイッチがいい」

父親「よぉし。チチンプイプイ、おまえはサンドイッチになったぞ」

的を射た質問もできます。

兄「今日の午後、ロジャーズ先生のクリニックに行ってきた」

弟「で、検診の結果はどうだった？」

しぐさを入れることも。

子ども「おやすみ、パパ」

父親（おでこにキスをして、カバーをたくし込みながら）「おやすみ、カウボーイ」

妻「背中がかゆい！」

夫（背中をかいてやる）

一方が冗談を言ったら、それがあまり面白くないものでも、相手はちょっと笑うか、せめてにっこりします。何もコメディアンとしての才能を評価しようというのではありません。笑わせようという、相手の気持ちを受け止めることが大切なのです。

・エネルギーレベルが高い反応 しっかり目を合わせて、相手に関心を集中する。熱っぽい反応。

友人A「ドナと結婚することにした。式はこの秋だ」
友人B「そいつぁすごい。おめでとう！ うれしいよ」

相手と一緒に悲しんだり、怒ったりすることもある。

友人A「なんでクビになったのか、全然納得がいかないわ」
友人B「フェアじゃないわよね。こんな有能な経理担当を切るなんて。上司があなたの能力をねたんでいたとしか思えない」

エネルギーレベルの高い反応は普通、ハグをする、キスをする、力強い握手、パンチを打つまねをするなどの動作を伴うものです。シグナルを出す人がジョークを言った場合、熱っぽい反応をする人は、お腹から笑います。相手がジョークを言いだしたときから、いまにも吹きだしそうな顔をします。

感情シグナルに対する三つの反応パターンのうち、「関心を向ける」が一番建設的です。この反応はシグナルを出した人に次のようなメッセージを伝えるからです。

- あなたの話を聞いています。
- あなたに関心を持っています。
- あなたの気持ちがわかります（わかりたいと思っています）。
- 私はあなたの味方です。
- あなたの役に立ちたい（立てるかどうかは別として）。
- あなたのそばにいたい（いられるかどうかは別として）。
- （あなたの行為をすべて受け入れることはできないにせよ）あなたという人は受け入れています。

相手が出すシグナルに注意を向ければ、相手は自分の存在をちゃんと認めてもらえたと感じ、あなたとのやりとりに好印象を持ちます。結果的に相手はさらにやりとりを交わそうとし、互いに対する理解が深まり、信頼関係が生まれます。

こうしたやりとりは、二人のジャズ・ミュージシャンが繰り広げる即興演奏のようなものです。演奏がどう展開していくか、二人ともわかっていませんが、互いが奏でる音に耳を澄まし、それに応じます。一方の音楽的なアイデアに刺激を受けて、もう一方が新しいアイデアを生み出す。息の合った共同作業から生まれるマジックは、一人ではとうてい実現できないものです。ポジティブで協調的なやりとりが音楽に命を吹き込み、旋律とリズムが生き生きと躍動しはじめます。

どんな関係でも、互いに関心を向けることで健全なパートナーシップが育まれます。遊び友だちに関心を向ける子どもは仲のいい友だちをつくりやすいでしょうし、子ども時代に互いに関心を向ける習慣があったきょうだいは、大人になってからも仲がよく、何かあったときには助け合うでしょう。同僚であれば、日ごろから互いに関心を向けていることで、大きなプロジェクトでも円滑に協力し合えるし、夫婦や友人同士でも、軋轢が減ります。

こうした関係では、不信や不満は生まれにくく、何かあったらこの人が味方になってくれる、支えてくれるという安心感があるので、おのずと揉めごとは少なくなります。

私たちの調査で、夫婦が互いに関心を向ければ、子どもにとってよりよい家庭環境が保たれることがわかっています。こうした環境で育った子どもは情緒が安定していて、混乱したときも自分を落ち着かせることができ、ほかの子どもたちともうまくつきあえます。

私たちの研究室のジョアン・ウー・ショートが一〇代後半から二〇代初めのきょうだいを対象に行った調査では、話をしているときに互いにちゃんと関心を向けるきょうだいは仲がよく、相手を大切に思い、支え合う傾向が顕著に認められました。

職場で行われた調査でも、日ごろから互いに関心を向け合っている社員たちは、チームワークでより大きな成果を上げ、士気も高いことがわかっています。

結婚ラボでは、ほほえましい例をたくさん目にしました。感情シグナルには遊びの要素も含まれます。たとえば夫が新聞をまるめて妻をポンとたたき、「やったぞ。一日じゅうチャンスを狙ってたんだ」と言うと、妻も仕返しをしようと新聞をまるめ、ソファのまわりで夫婦で追いかけっこを始めるといったケース。

こういうおふざけは、絆づくりにとても役立ちます。そのためには何が必要でしょう？　相手の遊び心を察して、その場の興に乗り、一緒に楽しむ気分的な余裕です。

クッキーを焼いているときに、一〇歳の子どもが棚の上にあった小麦粉の缶に手を伸ばし、缶を倒したとします。子どもは頭から粉をかぶり、そこらじゅうに白い粉が散らばります。雪だるまのように真っ白になった自分の顔を見て、子どもは笑いだすでしょう。さあ、あなたはどうしますか。よけいな仕事をつくった子どもを叱りますか？　子どもと一緒になって大笑いしますか？

同僚と真剣に仕事の話をしているときに、同僚がふと、意図せずしてダジャレを言ったことに気づき、思わず吹き出しそうになりました。あなたは「こんなときに不謹慎な」とばかり、にこりともせず、仕事の話を続けますか？　それとも、仕事の話を一瞬忘れて、彼女と一緒に笑いますか？

二番目の選択――日常的な場面で相手のユーモアのセンスを感じとることは、絆を深めるだけではありません。生活がぐっと楽しくなります。

感情シグナルは遊び心たっぷりのものとは限りません。前にも述べたように、怒りや不安、悲しみのカモフラージュということもあります。そうした場合、シグナルは愚痴や批判、嘆きの形をとるでしょう。それに対しては、関心を向けるどころか、相手の気持ちに気づくことさえ難しいでしょう。気づいたところで、忍耐強さ、創造性、信頼がなければ、相手の気持ちにうまく応えられません。

それでも、どんな場面でも互いのシグナルに関心を向けることが大事です。だからこそ、結婚の誓いには「病めるときも貧しいときも」というフレーズがあり、「いいときだけの友だち」は疎まれるのです。疲れているとき、機嫌の悪いとき、不安だったり落ち込んだりイライラしているとき、そんなときにもそばにいてくれる相手を、人は求めています。

敵意すら感じさせるシグナルやこちらの腰が引けてしまうようなシグナルも含め、さまざまな感情シグナルに対して、私たちは関心を向けることも、無視することも、逆らうこともできます。81ページの表を見てください。いろいろな反応を比べれば、関心を向けることが、関係強化にどれほど重要かがおわかりいただけるでしょう。

とはいえ、忙しい生活の中で、周囲の人の感情シグナルに常に気持ちを傾けるのは困難です。体が二つ欲しいようなときもあります。一日二四時間、他人に関心を向けていられるようなスタミナは誰も持ち合わせていません。

人のキャパシティには限界があります。それに関連して、研究に協力してくれたある夫婦のエピソードを紹介しましょう。いま二人の結婚生活はうまく行っていますが、二人目の子どもが生まれた直後にぎくしゃくした時期がありました。

「ある晩、ベッドに寝ていてふと気がついたんだ」と夫のアレン。「僕とベッカの間には、二人の人間がいる。文字通り、二つの体。二歳の上の子と、生まれたばかりの赤ん坊だ。二人が僕らの間を遠ざけていると思うと、なんとも複雑な気分になった。ベッカをとられたような気がした」

それから数日後、子どもたちと一緒にソファに座っているときに、妻のベッカが「どうしたの？」と聞きました。

「みじめな気分なんだ」と、アレンは打ち明けました。「僕ら、このところ一緒に何かすることがまったくないだろう？　二人きりでさ。きみは子どもにかまけてばかりで、僕のことは二の次だ」

ベッカはどう応じたでしょう？　「それを聞いて、完全にキレたんです」と、ベッカ。「赤ちゃんにおっぱいをやっているときも、上の子がまとわりついてくるのに、そのうえ、大きな赤ん坊がいて、『こっちを向いてよ』と駄々をこねている。もう耐えられないと思いました。だから、彼にこう言ったんです。『私にどうしろというの？　あなたこそ、なんとかしてよ！』」

アレンはどうしたでしょう？

「彼を見直しました」と、ベッカは話してくれました。「私にそう言われると、さっと立ち上がって上の子を公園に連れていったんです。それも、その日だけじゃない。それから毎日、上の子と遊んでくれました。動物園、水族館、マクドナルドと。私はやっと落ち着いて赤ちゃんの世話ができるようになりました。それができなくてストレスがたまっていたんです。下の子を産んでからはじめて、私はリラックスできました」

それでも、アレンの気持ちを思いやれるようになるには「数週間かかりました」という。「気持ちの余裕が出てきてはじめて、『このあいだ、あなたが言ってたことだけど、どうしたらいいか二人で考えましょう』と言えるようになったんです」

「待つのは苦にならなかった」と、アレン。「大事なのは、ベッカが落ち着きを取り戻すことでした。彼女はいつだって取り戻してきたんです」

アレンが夫婦のつながりを求めたのは、当然の要求です。しかも彼はそれを穏やかなトーンで表現しました。でも、ベッカはその時点では彼のシグナルに関心を向ける余裕がありませんでした。それどころか、彼女のほうが彼に「なんとかしてよ」と要求しました。それでも、この二人の場合は結果的にはうまく行きました。なぜでしょうか。それまでの積み重ねがあったからです。アレンとベッカは、長い間、互いのシグナルに関心を向けてきました。時間がかかっても、二人で問題を解決できるという自信があったから、危機を乗り越えられたのです。

誰かとより深い感情的な絆を築きたければ、できるだけその人に関心を向けること。もちろん、互いに自立しているか、どの程度親密な間柄かによって、関心の向け方も変わってきます。仕事の同僚よりも、自分の子どもに関心を向けることが多いでしょうし、大人の場合は、きょうだいよりも、パートナーに関心を向ける機会が多いはずです。それでも一般的に、自分にとって大切な人に関心を向ければ向けるほど、その人とあなたの絆は強くなります。怒っているときも不満があるときも、愚痴を言いたいときや落ち込んでいるときも、相手に関心を向ける。そうすれば、互いに余裕がなくなって相手の気持ちに気づけなくなったときにも、それまでに蓄積してきた信頼感だけで、その時期を乗り越えて、以前よりもさらに深い絆を築けます。

大人と子どもの関係では、大人が関心を向けても、子どもは必ずしも同じように応えてくれないことを頭に入れておいてください。それは成長過程では自然なことです。親や教師は、自分が一方的に子どもに関心を向けるだけで、子どもはこちらのシグナルに気づいてくれないと感じるかもしれませんが、焦らないこと。すぐに返してもらえなくても、子どもが出すシグナルには毎回しっかりと注意を向け、あたたかく応える。長い目で見れば、その努力は報われます。子どもはあなたを信頼するようになります。そして、あなたを見習って、自分も他者の気持ちに目を向けるようになる。成長するにつれて、あなたのシグナルに関心を向ける頻度も増すでしょう。

気持ちに余裕があるときには、ただ相手の気持ちに気づくだけでなく、遊び心やユーモアを交えて対応すること。相手に関心を持ち、愛情のこもったユーモラスな対応をするには、それなりにエネルギーがいりますが、それを惜しんではいけません。ふだんからちょっとしたやりとりにもユーモアを交え、心のこもったあたたかな言葉やしぐさを交わしていれば、考えがぶつかったときにも、ふとしたきっかけで笑いが漏れて、険悪ムードが一気にほぐれたりするものです。いつもあなたを応援し、あたたかく接してくれる相手であれば、口論のさなかでも、ふと頭に浮かんだジョークを口にできるでしょう。ユーモアは、互いに対するさらなる関心や愛情、サポートや共感を引き出す魔法の杖なのです。

感情シグナルに背を向ける

相手のシグナルを無視する反応には、次の三つがあります。

・ほかのことに気をとられている　新聞を読んだりテレビを見ていて、シグナルに応えない。

部下「あのう、ちょっと、ブラディさん、このあいだの件なんですが……」
上司（コンピューターの画面から目を離さず、「いまはだめだ」と言うように手を振る）

母親　「さあ、みんな、夕食ができたわよ」
子どもたち　（テレビの前から動かず、反応しない）

夫　（妻の腰に手をまわし、首筋にキスする）
妻　（夫を押しやって、子どものお弁当づくりを続ける）
友人A　「金利が上がっていると、ここに書いてあるな」
友人B　（新聞の紙面をじっとにらんだまま、反応なし）

・**無視する**　シグナルを完全に無視するか、シグナルの中のあまり重要でないことにこだわる。

元夫　「ミーガンの春休み、どうする？　僕と過ごすか、きみと過ごすか」
元妻　（沈黙）
恋人A　「これは僕の曽祖母の結婚指輪なんだ。きみが気にいると思って」
恋人B　（無言）
母親　「夕食、何がいい。ツナとヌードルのキャセロール、それとも豆腐のパテ？」
子ども　（黙りこくったまま）

友人A「僕の原稿、どうだった？」
友人B「行間を広く開けて印刷してあるところがいいと思った」

・話の腰を折る　関係ない話題を出したり、シグナルに対して別のシグナルで応える。

子ども「うさちゃんを小屋に入れなきゃいけないのに、どこにもいないんだ」
父親「なんだ、その靴は。家じゅう泥だらけにしてるじゃないか」
社員A「顧客サービスが受けた苦情、誰か対応してくれませんか」
社員B「次の会議の日程を決めよう」
妻「ねえ、見て、夕日がすごくきれい」
夫「僕の姉さんから電話がなかった？」

感情シグナルに背を向ける場合、問題になるのは意識して無視しているのか、単純に気づかないだけなのかです。私たちの研究で多かったのは後者でした。相手のシグナルをわざと無視する人はまずいません。たいがいは自分の態度が相手にどう映るか気づいていないのです。

たとえば約束に常に遅れる、あるいは毎朝オフィスに入るなり、部下に挨拶もせず、次々に指示を出す。こんなことが何カ月も続けば、この上司は自分たちのことを気にかけていないんだと、部下に思われてしまいます。

友だちや学校のことで頭がいっぱいの一〇代の女の子は、お小遣いをもらうか車を借りるときでもなければ、両親と落ち着いて話そうともしません。親のほうがそれに気づいて、娘とゆっくり過ごす時間を持たなければ、親子の距離はどんどん離れていくでしょう。

「うっかりして気づかない」という場合は、もっと互いのやりとりに意識を向けるようにすれば、関係を改善できます。それについては第3章で詳しく述べます。

ところが、理由があって無視している場合もあります。相手に束縛されていると感じ、相手の存在を疎ましく感じるようなときです。そういう場合は、感情シグナルに背を向けることで、自立と相互依存のバランスをとろうとしているのです。このバランスの調整は、どんな人間関係でも非常に重要です。一番の解決法は、双方が居心地のよい距離の置き方を見いだすことですが、それには時間がかかります。また、時間がたち、お互いが成長したり、変化するにつれて、このバランスも変わってきます。どちらかが相手に過剰な期待をかけ、バランスが崩れると、一方は絶えずつながりを持ちたがり、もう一方は絶えず背を向けるという状態に陥りかねません。

一方が絶えず背を向けているような場合は、一度自分たちの気持ちをじっくり見つめることです。双方がつながりを持ち続けたいと思っているなら、もっと互いの要求を察して、関心を向けるよう努力すべきでしょう。束縛を息苦しいと感じているなら、お互いがどの程度の自由を求めているか、距離のとり方を話し合う必要があります。それを避けていたら、互いの気持ちを傷つけ、やがては関係が壊れることになります。本人が意識しているかどうかはさておき、シグナルに対して背を向ければ、次のようなメッセージを発信することになるからです。

- あなたのシグナルなどどうでもいい。
- あなたのシグナルは迷惑だ。
- あなたが興味のあることに、私は興味がない。
- 私にはもっと重要な関心事がある。
- あなたのシグナルに注意を向けている暇はない。
- あなたのシグナルは、時間を割くだけの価値がない。
- あなたは私を束縛しようとするが、私はもっと自由でいたい。

こういうメッセージを、感情シグナルを出した側はどう受け止めるでしょう？　もちろん、人によって違いますが、共通のパターンはあります。まず、ほとんどの人が傷つきます。拒否されたと感じ、寒々とした気持ちになるでしょう。たかがそのくらいで、と思われるかもしれませんが、友だちに「おまえなんか、仲間に入れてやらないよ」と言われた子どものようなものです。私たちの中にはいくつになってもそんな子どもが潜んでいて、シグナルが無視されたり、見過ごされると、すねてしまうのです。

その挙げ句、被害妄想的になり、周囲の人の態度に過剰反応する場合もあります。ネガティブな感情に押し流され、悪いほう悪いほうに考えて、よい面が見えなくなってしまいます。自分のシグナルに他人がどう反応するか、客観的に見られなくなり、他人が自分を冷たくあしらっている証拠を探しはじめます。まずいことに、そんなときはアンテナが過敏になっているために、たいがい〝証拠〟を見つけてしまうのです。

ただ無視されたときと、相手が逆らった場合とでは、感情シグナルを出した側の反応はまったく異なります。相手が逆らえば、シグナルを出した側はむっとして、怒りのパワーが湧いてきます。でも、ただ無視されると、自信を失い、しょんぼりしてしまう。結婚ラボで撮影したビデオでも、パートナーに無視された人は、はたで見ていて気の毒なくらい肩を落とし、風船がしぼむようにしょんぼりとしていました。ひどい場合は、怒る代わりに自分の中に引きこもり、無力感にとらわれ、相手とのふれあいをあきらめてしまいかねません。

子どもの場合はもっと深刻です。子どもはよく親の顔色を見ます。親の表情を見て、安心したり、どうすればいいかを判断するのです。だから、投げたボールを親がちゃんと受けとって返してくれないと、子どもは途方に暮れます。自分にどこか悪いところがあると思い込み、一人で悩んだりします。一度拒否されたり、無視されると、もう一回シグナルを発信しようという気力は失せてしまいます。

うまく行っているカップルでさえそうです。相手が受けそこなったボールを、もう一回投げてみることはまずありません。「投げたって無駄だ。どうせ受けとってもらえないんだから」というわけです。こういうことが重なると、ますますシグナルを出さなくなり、ふれあいのチャンスは失われていきます。

何度もシグナルを無視されると、だんだんと不満がたまり、相手をなじるようになります。相手はそれに対して自己防衛的になり、二人の間で攻撃・防御というパターンが出来上がります。そうなるとあとは悪循環で、どんどん関係は悪化し、ひどい場合は関係解消に至ります。

アナとフランクのケースを見てみましょう。オプラ・ウィンフリーが司会を務めるテレビのトークショーに私が出演したときに、番組の企画の一環で、この夫婦から相談を受けました。

夫婦の間には双子がいて、双子が幼いころは、子育てが大変でした。アナは専業主婦、フランクはコマーシャルアートの仕事をしていますが、それは本来彼がやりたいことではなく、相当ストレスを感じています。そのため仕事を終えて帰ってくると、パソコンの前に陣取り、自分が好きなアートの制作に取りかかります。それが唯一の楽しみです。でも一日じゅう双子の世話に追われていたアナは、彼に手伝ってもらいたい。フランクは自分の作業に夢中になっていて、呼ばれても返事をしないことがよくあります。アナの声は聞こえているのですが、すぐに返事しなければ、彼女はあきらめて、一人でやるべきことを片づけ、それ以上彼に声をかけません。それがわかっているから、聞こえないふりをしているのです。ある晩、フランクはいつものようにこの手を使って、自分がやりたかった作業をすませ、キッチンで夜食をつくったあと、双子の様子を見に子ども部屋に行きました。

双子の寝顔を見て、安心して下りてきたのもつかの間、キッチンから怒り狂った妻の叫び声が聞こえ、バターナイフが吹っ飛んできて、フランクは肝をつぶしました。彼のあとにキッチンに入ったアナは、カウンターにマヨネーズのついたナイフが転がっているのを見て、頭に血が上ったのです。家に帰っても自分の趣味に没頭して、なんの手助けもしてくれない夫。しかも、自分が食べるサンドイッチをつくって、キッチンを汚したまま……。抑えていた怒りが一気に爆発したのですが、番組に出たときは、すでに冷静になっていた彼女は、自分のしたことを恥じていました。

「なんでこんなことをしたんだろうと、自分でもあきれています。ナイフを投げるなんて。ちょっとマヨネーズがついていただけ。ただ流しに浸けておけばよかったのに、つまらないことでヒステリーを起こして、どうかしていたんだと思います」

「いやいや、つまらないことではないですよ」と、私は彼女に言いました。そのとき、汚れたナイフは、彼女を無視し続けた、これまでのフランクの身勝手な振る舞いを象徴するものに見えたのでしょう。突然、噴出した怒りは降って湧いたものではありません。ちゃんと理由がある。それは彼女の寂しさです。彼女は夫とのつながりが断たれたように感じていました。彼女が彼の手助けを求めても、彼は自分のことに手いっぱいで、その呼びかけに背を向けていました。

親子でも、そういうことがあります。親が仕事に追われていたり、家族の病気や離婚などの問題を抱えている場合、親は子どもを無視したり、傷つけるつもりはないけれど、自分の問題で手いっぱいなので、子どもに対してつい「静かにしなさい」とか「向こうに行って」などと言ってしまいます。子どもは、常に大人の関心を引こうとするものです。時には反抗したり、非行に走ってまで、親の関心を引こうとし、それによって親はさらにストレスを抱え込むことになります。

エイミーの場合もそうでした。小学生の二人の男の子を抱えて離婚した彼女は、法律の専門職に就くためロースクールに入学しました。子どもたちの将来を考えての選択でしたが、それによって生活は一変しました。課題をこなすのが大変で、子どもとじっくり向き合う時間がとれなくなったのです。「宿題を手伝ってとか、兄弟喧嘩をして、お兄ちゃんが悪い、弟が悪いと、私に訴えてきますが、相手をする余裕がなくて。つい、あとにしてとか、自分たちで話し合ってと言ってしまいます。そんなことが続くうちに、私のところにはパッタリこなくなりました」

そんなある日、長男のジョシュの担任から連絡がありました。ほかの子とつかみ合いの喧嘩をしたというのです。「学校に迎えにいくと、先生が『ちょっとお話したい』と言うんです。最近ジョシュの様子がおかしい。成績も下がっているし、表情も暗い。何かあったのではないか、と。そう言われて、びっくりしました」

車で家に向かいながらエイミーはジョシュに次々に質問をしましたが、彼はずっと黙りこくっていました。そして突然、たまりかねたように、「うるさいよ。ママには関係ないだろ。ママは勉強ばかりじゃないか。僕らのことなんか、どうだっていいんだろ！」と叫んだのです。

「ショックでした。息子たちのことを思っているからこそ、必死にがんばっているのに」

それでも、その夜じっくり考えて、エイミーは息子たちと会話らしい会話もしていなかったことに気づきました。「顔を見れば、宿題はやったかとか、部屋を片づけなさい、テレビばかり見ないで、などと小言ばかり。以前はこんなふうじゃなかったのにと、情けなくなりました」

エイミーは家族カウンセラーに助言を求めました。カウンセラーは息子たちにもっと関心を向けるように言いました。その日に何があったか聞くこと。うるさく小言を言うのではなく、興味を持ち、共感して耳を傾け、彼らがよいことをしたり、賢明な判断をしていたら、ちゃんと褒めること。大学院の課題をこなしながら、それを実行するのは大変でしたが、エイミーは二人の息子のそれぞれと一対一で向き合う時間をつくりました。サッカーの練習に行く息子を車で送るときに話をしたり、短時間で終わるビデオゲームを一緒にプレイするなどです。そのおかげで少しずつ息子たちとの関係が修復できました。「一番大きな変化は、息子たちに勉強の邪魔をされると感じなくなったこと。彼らと過ごす時間は、勉強の合間に息抜きできるご褒美の時間と感じるようになりました」

このように、忙しさにかまけて相手のシグナルを無視すれば、あとになってそのツケがまわってきます。無視した回数が多ければ多いほど、相手との関係は悪化するでしょう。もちろん、時たま相手の感情シグナルを見過ごすくらいで、関係が悪くなるわけではありません。誰でも時にはボールを受けそこねます。それでも日ごろ、ポジティブなやりとりが十分にできていれば心配ありません。ただし、相手のシグナルを無視するのが習慣になっていたら、関係が長続きすると思うのは、虫がよすぎます。

結婚ラボでの観察を通じて、わかったことがほかに二つあります。一つは、相手の話に口をはさむのは、相手の話に耳を貸さなかったり、反応しないよりは害がないこと。心理学者は、相手の話に口をはさむのは、二人の関係に問題がある証拠だと言います。双方が主導権をとろうとして張り合っていたり、一方がもう一方を強引に黙らせようとして、話をさえぎるというのです。しかし、途中で口をはさむのは、相手の話に深く共感し、その気持ちを早く伝えたいという思いのあらわれでもあります。パートナーが話し終わるまで待ちきれなくて、思わず〝飛び入り〟してしまうのです。こういう場合、相手が話をさえぎられたことでイライラしないかぎり、二人の関係が損なわれる心配はありません。

もう一つわかったことは、夫婦の場合、相手の感情シグナルを無視するといっても、夫の側と妻の側で意味合いが違うということです。夫のシグナルを無視する妻は、結婚生活に不満を持っていることが多いのですが、夫の側は必ずしもそうではありません。なぜこうした違いがあるかは簡単には言えませんが、〝無視する〟という行為に対し、男と女では解釈が違うからではないでしょうか。女性は〝無視する〟ことは敵意のあらわれだと考えています。一方、男性はそんなふうにはとらえません。妻のシグナルを無視したとしても、不満を表すつもりなどなく、気づかずにそうしてしまうケースが多いようです。

いずれにせよ、感情シグナルを無視すれば、シグナルを出した側は傷つくし、それが習慣になれば、どんな関係でも大きく損なわれます。

感情シグナルに逆らう

シグナルに逆らうとは、否定的な反応をすることですが、それには次のようなタイプがあります。

・**侮辱的な反応**　相手を見下し、傷つけるようなコメント。往々にして偉そうな態度を伴う。相手を突き放すような言い方をする。わざと傷つけることも。

子ども　「数学の宿題、全然わかんない」
父親　「そりゃそうだろう。おまえはママの血を引いているからな」

夫　「ランチに行こうよ」

妻　「あなたって食べることしか頭にないの？」
社員Ａ　「今朝のプレゼン、よかったです。すごく勉強になりました」
社員Ｂ　「へえー、意外だね。きみらの層に向けたものじゃないのに」

・喧嘩腰の反応　挑発的で、喧嘩を売るようなコメント。相手の言うことを頭から否定しにかかる。悪意を込めて相手をからかったり、挑発する。

子ども　「ねぇ、これ見て、面白いよ」
母親　「わからないの？　ママは読書中なの」

夫　「今夜はテレビを見るのかい？」
妻　「私にはそれしか能がないと思ってるんでしょ。朝から晩までテレビの前に座って、くだらない番組を見るしか……」
夫　「そうじゃないよ。何がしたいんだい？　芝居でも見にいく？」
妻　「そう言ったら、私が機嫌を直すと思ってるの？（嘲るように）芝居でも見にいくって、何それ。とってつけたみたいに」

父親　「おまえは、ちっとも人の言うことを聞かない。どうしていいかわからないよ」
子ども　「殴ればいいじゃん。それで気がすむんでしょ。殴りたくてたまらないんでしょ」

・反抗的な反応　喧嘩腰の反応ほど敵意むき出しではないが、相手の出鼻をくじく。

友人A　「タンジェリン・オレンジ食べる？」
友人B　「それ、タンジェリンじゃないわ。サツマ・オレンジよ」

社員A　「このレポート、金曜までにコメントをいただけますか？」
社員B　「金曜？　月曜でいいんじゃない？」

・支配的な反応　相手を支配しようとする意図があるもの。あきらめさせるか、こちらの言うことを聞かせようとする。親子関係でなくても、親が子どもに対するような口調になりがち。

友人A　「車を修理に出しているんだ。家まで乗せてもらえないかな？」
友人B　「いいけど、五時きっかりに出るからな。一分でも遅れたら、おいてくぞ」

子ども　「ママ、お願いだから、友だちの前で僕のことを〝天使さん〟って呼ぶのやめて」
母親　「だって、あなたはママのかわいい天使さんでしょ。これからもずっとそうよ」

・批判的な反応　特定の事柄や行為に対してではなく、相手の人格全体に対する攻撃。「きみはいつも……」とか「あなたはけっして……」といった表現をすることが多い。

妻　「あーあ、疲れた。限界かも。今日の午後は一人にさせて」
夫　「そんなことだろうと思ったよ。疲れた、疲れた、それがきみの口癖だな。いつだって自分のことだけ。まわりの迷惑なんか考えたこともないだろう」
社員A　「すみません、ちょっと聞いてもいいですか？　ここ、よくわからないんですけど」
社員B　「いいけど、手短にね。こっちも暇じゃないんだから、あなたの面倒ばかり見ていられないわ」
子ども　「パパ、車とめられる？　おしっこしたくなっちゃった」
父親　「なんで出かける前にトイレに行っておかないんだ。おまえを乗せると、いつもこうだ。うんざりだよ」

・自己防衛的な反応　目の前にある問題の責任を負うまいとする姿勢。相手が動転していれば、自分のほうが被害者だと主張するか、自分を責めるのはお門違いだという態度に出る。

夫「今日は大変だった。くたくたさ」
妻「私が遊んでいたとでも思ってるの？　私だって、くたくたなのよ」
妻「車のローン、今月分は払えないかも」
夫「新車を買うって言いだしたのは俺じゃないからな」

感情シグナルを無視する場合は本人が意識していないことが多いのですが、逆らう場合は、明らかに悪意が働いています。相手にもそれは伝わり、「いやな感じだな」「そういう言い方はない」と思うはず。それでも、家族や同僚との関係を壊そうとして、わざとそういった態度をとる人はそう多くないはずです。長年の習慣で、イライラした態度でしか人と接触できなくなっているのかもしれません。その原因はいろいろです。限られた時間でやらなければならないことが多すぎる、心が安らぐことがない、満足のいく目標や人生の方向性が見えないなど……。それも、問題の根は遠い過去にさかのぼる場合が多いようです。うつ病など、病気と関連している場合もあります。

いずれにせよ、毎回相手の感情シグナルに逆らっていれば、よい関係を築くのは困難です。シグナルに逆らえば、次のようなメッセージを発信していることになるからです。

- あなたが私の関心を引こうとするとイライラする。
- あなたを疎ましく思っている。
- あなたを尊重していない。
- あなた、またはあなたとの関係は私にとって重要ではない。
- あなたを傷つけたい。
- あなたは目ざわりだ。

無視される以上に、こうした反応は感情シグナルを出した側を傷つけます。特に、シグナルに応える側が、シグナルを出した側より優位に立っている場合、つまり上司や教師、親であったり、夫婦間で支配的な立場にある場合は、シグナルを出した側は相手を恐れて、感情を押し殺し、摩擦を避けようとするでしょう。相手が常に上から目線だったり、攻撃的だったりすれば、そうなるのは当然です。たとえば、上司が常に不機嫌で、ちょっとした頼みごとにもイライラした態度で応じるようであれば、部下は心を閉ざしてしまいます。意識するかどうかはともかく、本能的に身構えるのです。「タイムカードにサインしてもらうだけでも、いつ雷が落ちるかわからないのに、この人と腹を割って話すことなどとてもできない」と。

こうした関係でも、事を荒立てるのを避けて、感情を押し殺しながら、驚くほど長く続くことは珍しくありません。親子や成人前のきょうだいの場合は、関係を切りたくても、切れないという事情があります。夫婦の場合でも、別居や離婚の話し合いをずるずる先延ばしにして、不幸な結婚生活を続けるケースは少なくないでしょう。上司に不満を抱きながら、必要以上に長くその会社で働く部下もいます。

しかし、その途中のどこかで、シグナルを出す側は「話しかけても無駄だ。こっちが傷つくだけだ」と達観してしまいます。その時点で、感情的なふれあいを求める行為は、ぱったりなくなり、お互いの気持ちは離れてしまいます。表面上、関係は続いていても、感情的なやりとりはなくなってしまうのです。

エクササイズ 「感情シグナル日記」をつける

どんな感情シグナルを発したか、シグナルにどう応えたか、感情的なコミュニケーション能力をアップするため、日々の進歩を記録するのが「感情シグナル日記」です。それは探検家の日記のようなもの。目と耳をよく働かせて気づいたことを書きとめましょう。あとで意味を持つかどうかは気にしなくていいのです。片っ端から書いていくうちに、興味深いパターンが浮かび上がってくるでしょう。

次に挙げた質問の一つ、またはそれ以上に答えるつもりで、その日の感情シグナルを記録しましょう。

表2　シグナルに対する反応の例

相手と感情的に結びつくためのシグナル	関心を向ける	無視する	逆らう
「キッチンのペンキ塗りがやっと終わったよ」	「ご苦労さま、プロ並みの仕上がりね」	「私のメガネ、知らない？」	「ずいぶん時間がかかったわね」
「今日、食事に行かない？」	「いいわよ」または「行きたいなあ、だけど今夜は彼の家に行くことになってるの」	「悪いけど、そんな暇はないわ」	「ノー。今夜は乾燥機の糸くず掃除をすることになってるの」
「今夜もまた出かけるですって？信じられない！」	「8時にブライアンと会う約束なんだ。だけど、きみは怒ってるみたいだね。少し話し合おうか」	「ああ、8時にブライアンと会うんだ。じゃあな」	「なんだ、その口のきき方は。どこに行こうとおれの勝手だろう」
「今夜のパーティー、ちょっと遅れるけど、できるだけ急いで行くわ」	「よかった、来てくれるのね！」	「私、まだどのドレスにするか考え中なの」	「あなたのために食事を出すのを待たなきゃいけないわけ？」
「ねえ、私を散歩に誘おうなんて思わないわよね？」	「そうだなあ、誘ってみるのも悪くないな。僕と一緒に散歩に行きませんか？」	「考えてみたこともないね」	「ああ、思わないね。きみのそういう態度じゃね」
「ゆうべ、面白いジョークを耳にしたんだ」	「どんなの？」	「あら、あなた、帰ってたの」	「あなたの“面白い”ジョークはもうたくさん」
「このコンピューターときたら、まったくバカだ！この仕事はいい加減うんざりだよ」	「そういうときはちょっとひと息入れて、コーヒーでもいれてくるといい。その間にサポートセンターの電話番号を調べておくよ」	「ふーん、使っていいUSBメモリはあるかい？」	「たまにはマニュアルを読むことだな。そうすりゃ、そんなトラブルにたたられずにすむ」

相手と感情的に結びつくためのシグナル	関心を向ける	無視する	逆らう
「ママ、退屈だよ」	「ママも退屈するのはいやよ。何か楽しいことができないか考えてみましょうか」	「ママは忙しいの」	「誰のせいだっていうの？」
「あんたみたいな教師は大嫌いだ」	「おっと、きつい言い方だね。そうせっかちにならずに考えてみよう。きみがさっき言ったことで、私が誤解したところがあるのかな」	「返事をする必要もない」	「こっちもきみのような生徒は願い下げだ」
「こっち、こっち。席をとっておいたわよ」	「ありがとう、助かるよ」または「ありがとう。でも、キムの横に席をとってあるんだ。きみも僕らのところに来ない？」	「プログラムは？」	「なんできみはいつも一番前の席をとるんだ」
「この歌、いいでしょう？」	「はじめて聞いたよ。誰が歌っているの？」	「ボリュームを下げてくれ」	「どこがいいんだ」

- 今日一日、大切な人にシグナルを出して気づいたことは？
- 相手の反応をどう感じたか。
- 関心を向けるか、無視するか、逆らうかの反応に気づいただろうか。
- あなたの感情シグナルの出し方により、相手の反応に影響を与えたかもしれない何かがなかったか。次回は違った形でシグナルを発してみてはどうか。
- 今日一日、誰かのシグナルに対し、あなたはどう反応しただろう。気づいたことは？

- あなたは、関心を向けるか、無視するか、逆らうかの反応をしただろうか。
- 相手のシグナルの出し方に、あなたの反応に影響を与えるようなものがなかったか。違った形での反応ができなかったか。その場合、会話の展開はどう変わったか。

男と女の違い

感情シグナルの出し方、シグナルに対する反応のしかたに影響を与えるものはいろいろありますが、男女差もその一つです。夫婦を対象にした私たちの調査で、面白いことがわかりました。

結婚生活がうまく行っているカップルでは、夫は妻の感情シグナルに関心を向けることが多いようです。でも妻の側は、夫婦仲が良くても悪くても夫のシグナルに関心を向ける回数は同じです。

つまり、カップルがうまく行っているかどうかを判断するには、夫の態度が重要なカギになるということです。妻が夫のニーズに注意を向けることは重要ですが、夫の気遣いがそこに加われば、夫婦の絆は並はずれて強くなり、末長く幸福な夫婦生活を送れる確率が大幅に高まります。

もちろん、妻の貢献も大事です。夫婦間で揉めごとが起きたときに、夫が冷静な態度を保てるかどうかは、夫婦関係が長続きするかどうかを占う重要な指標ですが、それは妻のユーモアのセンス、関心、愛情に大きく左右されることが、私たちの研究でわかっています。妻のポジティブな態度は、夫に大きな影響を与えます。とはいえ、夫婦関係がぎくしゃくしたときにも、妻がユーモアを忘れず、夫に関心を持ち、やさしく接するとしたら、それは夫が常日頃から妻の思いに気づき、こまめにコミュニケーションをとっているからです。

また、双方が相手の感情シグナルを無視しがちな夫婦は、夫婦ともに口論ではとげとげしい態度になります。しかし、シグナルに逆らうケースでは、夫の側は自分の感情を押し殺すタイプと、とげとげしくなるタイプの二つに分かれるのに対し、妻の側は例外なく自分の感情を押し殺します。

なぜそうなるかは一概には言えませんが、夫婦の力関係も一因です。自分の感情シグナルに対して、夫からいつも否定的な反応をされると、妻は夫の怒りを恐れるようになり、口論のときも黙り込んでしまいます。

もう一つ言えるのは、ストレス下では、男性のほうがイライラしがちだということです。最近の調査によれば、ストレスを感じたとき、男性は〝闘うか、逃げるか〟の反応をしがちですが、女性は誰かに話し、支えてもらうことが多いようです。感情を押し殺すのとは違いますが、少なくとも敵対的な反応はとらないと言えます。

エクササイズ　自分の感情シグナルの出し方、シグナルに対する反応のしかたをチェックする

テストをする前に考えてみましょう。パートナー、友人、子ども、親、きょうだい、同僚――自分にとっ

て大切な人で、関係があまりうまく行っていない人がいませんか？

気心の知れた相手であれば、その人にもテストをしてもらって、結果を見せ合うといいでしょう。お互いのやりとりのパターンがよくわかり、絆を深めることにつながるはずです。

そこまで頼めないなら、あなた一人がテストをするだけでも、相手の立場に立ってこれまでのパターンを見直すことで、二人の関係にはプラスになるはずです。

1 以下の項目に自分の気持ちがどの程度当てはまるか、AからEまでのいずれかに○をつけてください。

A よく当てはまる
B 当てはまる
C どちらとも言えない
D 当てはまらない
E まったく当てはまらない

2 相手にも協力してもらう場合は、テストの結果と、それを見て気づいたことを二人で話し合うといいでしょう。一人でテストする場合は、最初は自分の気持ちで、次は相手の立場に立って、二度やってみましょう。相手が二人の関係をどう見ているか、わかってくるはずです。いずれにせよ、テストを通じて何に気づいたか、今後のシグナルの出し方や反応のしかたに改善の余地がないか、考えてみてください。

感情シグナルを発信するとき

1 こちらを向いてほしいのに無視されることがときどきある　A B C D E
2 話しかけても気づいてくれないことがよくある　A B C D E
3 私の気持ちを察してくれない　A B C D E
4 支えを求めても得られない　A B C D E
5 求めているものをはっきり言わなくても、わかってほしい　A B C D E
6 この人とは有意義な会話をすることが難しいとよく感じる　A B C D E
7 気持ちのふれあいを持とうとしても、うまく行かない　A B C D E
8 求めているものがわかってもらえないと、私は自分の中に引きこもってしまう　A B C D E
9 この人は忙しすぎて、私に気持ちを向ける余裕がないとよく感じる　A B C D E
10 私が彼（彼女）に求めているもの、望んでいるものに、この人はなかなか気づかない　A B C D E
11 この人は私から関心をそらし、自分に関心を向けることがよくある　A B C D E
12 この人の世界から私は締め出されていると感じることがよくある　A B C D E
13 この人との関係では、私の要求はなおざりにされている　A B C D E
14 ちゃんと関心を向けてもらえないと、私は腹が立つ　A B C D E
15 この人の態度や言葉で落ち込んだときは、はっきりそう言う　A B C D E
16 何度も無視されて、もう我慢ならないときは、怒りを爆発させる　A B C D E

17 この人にしてほしいことははっきりと、強く主張する　A B C D E
18 この人を相手にしているとイライラすることがよくある　A B C D E
19 してほしいことを口に出して言わなければならないのが不満だ　A B C D E
20 気持ちの支えが必要なのに、支えてもらえないことが不満だ　A B C D E
21 私の味方をしてくれないので苛立つ　A B C D E
22 この人は協調性がない。それを本人に自覚させる必要がある　A B C D E
23 この人とは気持ちのふれあいが持てない　A B C D E
24 私の言うことをちゃんと聞いてくれない　A B C D E
25 私になかなか話しかけてくれない　A B C D E
26 私をなかなか信用してくれない　A B C D E
27 私になかなか心を開いてくれない　A B C D E
28 自分の本当の気持ちを話してくれない　A B C D E

採点　次のように点数をつけます。A＝2　B＝1　C＝0　D＝-1　E＝-2

項目1から12までで、シグナルを発することに消極的かどうかがわかります。点数が6点以上なら、自分が求めていることをはっきり言わない傾向があるということです。相手はあなたの真意を読みとるのに苦労しているでしょう。6点未満なら、自分の要求を相手にきちんと伝えていると言えます。

項目13から22までは、きついトーンになっていないかを見る設問です。6点以上であれば、あまりに攻撃的な口調で相手を遠ざけていると思われます。これまでの関係で相手に不満を持っているか、あるいはあなたの性格によるものなのか、原因はわかりませんが、相手をなじるような口調や、自分だけが正しいといった口調になっているはずです。6点未満なら、それほど強引に自分の要求を聞いてもらおうとしていない、ということです。その場合、相手は抵抗感を持たずに、あなたの求めていることを聞いて、理解しようとしますから、関係性はよくなるはずです。

項目23から28は、信頼に関するもの。特に大人と子どもの関係では重要です。4点以上なら、もっと相手の信頼を得る必要があり、そのためには自分の感情シグナルに応えてもらおうとするより、相手のシグナルにもっと関心を向けるといいでしょう。4点未満なら、信頼関係にあると考えられます。

感情シグナルに反応する

1 相手が話しかけてくるのが煩わしく、疎ましく感じられる　A B C D E

2 「自分に関心を向けてほしい」という態度をとられると、逃げ出したくなることがよくある　A B C D E

3 この人の話にじっくり耳を傾ける気になれない　A B C D E

4 この人の話はうわの空で聞いている　A B C D E

5 あまりに感情的になられると一緒にいるのが苦痛になる　A B C D E
6 悲しいとかつらいという感情は、自分の心の内にしまっておいてほしい　A B C D E
7 人に頼ってばかりいないで、もう少し自分で問題を解決してほしい　A B C D E
8 忙しいときに、話しかけられるとイライラする　A B C D E
9 この人に煩わされず、一人になれる場が欲しい　A B C D E
10 何かに集中したいときに話しかけられて腹が立つことがよくある　A B C D E
11 この人があまりに多くを求めてくるときは避けようとする　A B C D E
12 この人の気持ちに気づかないことが多い　A B C D E
13 私はこの人を失望させてばかりいるようだ　A B C D E
14 この人が話しかけてきたとき、どう応えればいいのか私にはちっともわかっていないらしい　A B C D E
15 この人を精神的に支えるのはとても気が重い　A B C D E
16 この人の気持ちを理解しようと努めている　A B C D E
17 この人の状況についてよく質問する　A B C D E
18 この人の求めにはたいていい喜んで応じる　A B C D E
19 この人の話を聞くのは楽しい　A B C D E
20 この人が私を必要とするとき、そばにいたいと思う　A B C D E

21 この人が私の時間と関心を求めるときはたいがい応じる A B C D E

22 この人が動揺したときは、すぐに気づいて対応する A B C D E

23 この人が心配したり、不安になっているときは、そばにいて安心させる A B C D E

24 この人がつらい思いや悲しい思いをしているときは、その気持ちをわかって支えになる A B C D E

25 この人がただ話したがっているときは聞き役になる A B C D E

26 この人に私の時間と関心を求められると迷惑に感じがちだ A B C D E

27 近ごろは、この人がそばにいるとイライラすることが多い A B C D E

28 この人が絶えず私の関心を求めているので疲れる A B C D E

29 この人の行動をしばしば批判的な目で見ている A B C D E

30 この人が長々と会話をしたがるとイライラする A B C D E

31 この人に対してはせっかちになりがち A B C D E

32 この人は私にあまりに多くを求めすぎる A B C D E

採点 前のテストと同じように点数をつけます。A＝2 B＝1 C＝0 D＝-1 E＝-2

項目1から15までで8点以上なら、あなたはこの人のシグナルを無視する傾向があります。16から25までで6点以上であれば、この人のシグナルに十分関心を向けていると言えます。26から32までの得点が4点以上なら、この人のシグナルに対して、あなたは喧嘩腰の反応をしています。

エクササイズ

ラブマップを作成する

ラブマップは、私の造語で、あなたの脳にストックされている家族やパートナーに関する情報を確認するためのものです。この作業は、お互いのことをよく知っていれば、いい関係が築けるという考えに基づいています。これは夫婦にも、それ以外の親しい関係にも当てはまります。パートナーや子どもであれ、友だちや親族、同僚であれ、その日その日にあったこと、いまの気持ちや好き嫌いを知っていればいるほど、気持ちが通じ合い、確かなつながりを持ちやすくなります。

相手に代わって、以下の質問に答えてください。それによって、親しい人や親しくなりたい人のラブマップがつくれます。

一人でやってもいいですが、二人で一緒に、相手はあなたのこと、あなたは相手のことを答えてみるのもいいでしょう。その場合は、競争と思わないこと。ゲームのつもりでやってみればメリットがあるはずです。答えられない質問があれば、しるしをつけておき、あとで相手に聞きます。新しい発見があったり、勘違いに気づいたり、お互いの答えを見ながら話がはずむでしょう。コミュニケーションを促すことも、このエクササイズの大きな目的です。

一度きりで終わりにせず、年に一回、どちらかの誕生日にやるとか、ときどきやってみるといいと思います。時がたてば、人は変わります。お互いの変化に気づくためにもラブマップづくりが役立つはずです。

1 好きな食べ物
2 趣味、興味がある事柄
3 親しい友人（二人）
4 一番いやな敵、またはライバル
5 尊敬する人（二人）
6 好きな映画
7 好きなテレビ番組
8 好きな動物
9 休暇を過ごしたい場所
10 よく観戦するスポーツ
11 宝くじが当たったら真っ先に買うもの
12 この人があなたに変えてほしいと思っていること（一つ）
13 この人との関係をよりよくするため、あなたにできること（一つ）
14 お気に入りのファッション
15 親戚の中で苦手な人
16 親戚の中で好きな人
17 好きな休暇の過ごし方

18 最悪の休暇の過ごし方
19 憧れの職業
20 家にいるときのお気に入りの夜の過ごし方
21 好きな本
22 好きな音楽グループ、作曲家、楽器
23 好きな週末の過ごし方
24 いままでに直面した一番つらい試練
25 お気に入りのレストラン
26 好きな雑誌
27 一番居心地のいい場所、イベント
28 病気のときの一番の気晴らし
29 いままでの人生で一番悲しかったこと
30 いままでの人生で最悪の出来事
31 いままでの人生で最高に幸せだったこと
32 好きなエクササイズ
33 誕生日プレゼントに欲しいもの
34 一番恐れている事態

35　最近で一番好運だった日
36　最近で一番ツイてなかった日
37　この人を非常に怒らせること（二つ）
38　いま、ストレスに感じていること、心配ごと
39　いまの仕事（または学校生活）で一番楽しいこと
40　いまの仕事（または学校生活）で一番いやなこと
41　友だちと一緒のときのお気に入りの過ごし方
42　悲しいときのお気に入りの気分転換法
43　いままでの人生で最高の休暇
44　あなたの関心を引くための、お気に入りのやり方
45　誇りに思っていること（二つ）
46　この人があなたの誕生日にプレゼントしそうなもの
47　まだ実現していない一番大切な夢
48　一番得意なこと
49　自分で直したいと思っている欠点
50　人には言わない野心

よりよい感情のシグナルを目指して

自分のシグナルの出し方をもっと意識するようになり、特定の関係でそれがどう機能するかがわかってくれば、いままで見過ごしてきたふれあいのチャンスに気づくはずです。また、失われたチャンス――つながりを持とうとしたけれど、うまく行かなかった――にも、目が行くようになるでしょう。長年の観察を通じて、私たちは感情的なふれあいを妨げる、いくつかの行動パターンに気づきました。次章ではそうしたパターンとそれを変える方法を紹介します。

第3章　やってはいけない六つのこと

この章では、私がシグナル・バスターと呼ぶ六つの問題を取り上げます。これは感情シグナルやシグナルへの対応がうまく行かない場合によく見られる行動パターンです。思い当たるものがないかチェックしてみてください。こうした習慣が関係づくりの障害になっていないでしょうか。それを克服する簡単で実践的な方法があります。

1　相手に十分な関心を向けない

この関係はだめになるだろうと思いながら、結婚したり、友人をつくったりする人はいません。それでもだめになることが多いのは、相手の感情的なニーズに十分な関心を払わないからです。わざとそうするのではなく、ほかの問題に気をとられていて、相手の気持ちに気づかないのです。相手に関心を向けなければ、気持ちは通じず、気持ちが通じなければ、互いを無視するようになり、果ては批判、自己防衛、攻撃、引きこもりといったネガティブなパターンに陥って、関係が壊れていきます。

一方で、相手の気持ちに気づくことは、安定した満足のいく関係につながるでしょう。相手に関心を向けていれば、相手の感情シグナルに気づき、それに応えられます。自分の抱えている問題から相手の問題へと関心をシフトできます。それによって、相手の気持ちが理解できます。あなたの関心はすべて相手と分かち合う気づきや体験に注がれます。二人で発見の旅をし、互いの人生の物語を読みとっていく創造的なプロセスです。

こうした出会いは、心理学者のミハイ・チクセントミハイが著書『フロー体験 喜びの現象学』（世界思想社）で述べている〝最適経験〟のようなものです。このような経験をしているときには、「集中力が非常に高まり、気が散って無関係なことを考えたり、いま抱えている問題について悩んだりすることがなくなる」と、チクセントミハイは書いています。自意識は消えて、時間の感覚も変わる。こういった経験を生む活動はとても深い充足感をもたらすので、それが何かに役立つかどうかを気にせず、もっとその活動をしたいと思うようになります。

これ、恋に落ちる経験とちょっと似ていませんか？　恋したときは、全身全霊で相手と関係を築こうとしますから。けれども、恋人に限らず、友だちでも家族や同僚であっても、相手の感情にしっかりと関心を向ければ、とても深い絆を育むことができます。

そんな深いふれあいを妨げるのは何でしょうか。ほかの問題に気をとられてしまうことです。夫婦であれば、子どものこと、家の改築のことなどで頭がいっぱいになり、お互いに関心を向けるエネルギーが残っていない状態です。夫婦の会話がないわけではありません。ただ、会話の内容が子どものサッカーの練習スケジュールのことだったり、地下室の改修のこと、車をなるべく安く購入すること だったりで、お互いのことを聞かない。目の前にある問題が優先されてしまうのです。

また、職業柄、相手の気持ちに気づくことが苦手な人もいます。客観性や冷徹な分析力が求められる専門職の人によく見られる特徴です。会議室や手術室ではそうした資質が必要でしょうが、親密なふれあいでは邪魔になります。たとえば私のクライアントの外科医。彼は仕事では常に冷静に病巣を観察し、適切な処置をしなければなりません。その判断が患者の生死を分けるのですから、そこに感情が入り込む余地はありません。そうやってまる一日を過ごし、仕事を終えて帰宅しても、その冷静な仮面をはずせないのです。あるとき私も同席している場で、彼の妻は彼にこう聞きました。「私たちは夫婦としてうまく行ってると思う?」すると彼はまるで他人事のように客観的な分析を長々と述べ、評価を下しました。妻の質問の意図をちっともわかっていなかった。妻は安心感を与えてくれる言葉、愛情のこもった言葉を求めていたのです。夫の返事を聞いて、彼女は泣きながら部屋から走り去りました。「僕が何を言っても、妻は満足してくれない」彼はそう言って頭を抱えました。

彼の問題は人の気持ちがわからないことではありません。心理テストをしてみると、彼は妻の感情をよく汲みとれる夫であることがわかります。ただ、仕事柄、感情を切り離して、物事を分析する癖がついているために、とっさに妻の求めているものがわからなかった。妻がいま、どんな思いで、何を訴えているか気づけなかった。心ここになしの状態で対応していたのです。

こうした状況から脱するにはどうすればいいでしょう。簡単に言えば、自分にとって何が大事かを見極めることです。立派に子育てすること、物を手に入れること、自分の正しさを証明すること、相手より優位に立つことなのか。あるいは理解し合うこと、気持ちを通わせること、感情的な絆を育むことなのか。もし後者であれば、そのためにどんなステップを踏めばよいかは、本書全体で述べるとおりです。ただ、とりあえずは、ともに過ごす〝いまこの瞬間〟を大切にすることです。いまこの瞬間、自分にとって大事なのは何か、自身の胸に聞いてみてください。「相手のシグナルに背を向ける、否定してかかる、あるいは関心を向ける。どうすることが自分の目的に近づく結果になるのか」と。

一つの方法として、〝ふれあいの瞬間のコレクター〟になることをお勧めします。この言葉を教えてくれたのは、私の友人で子どもの発達について多くの本を書いている心理学者のロス・パークです。彼はこんな話をしてくれました。「僕は、自分の人生を真珠の連なりと考えるようになったんだ。一粒一粒の真珠は、いま、僕らが過ごしているようなひとときだ。とても打ち解けて、いま、この瞬間をかけがえのないときと感じ、深いところで心がふれあっている。僕は意識してそんなひとときを集めようと思った」

それによって、いろいろな関係で相手にもっと関心を向けるようになり、その結果、家族や友人との絆がぐっと深まったというのです。

誰でもふれあいの瞬間を集めることができます。そのためには言葉や表情、しぐさから、相手の気持ちを察すること。そして、相手に寄り添う思いを言葉や表情で伝えることです。それがとっかかりになります。ちょっとしたことで、気持ちは誰とでも通じ合うものです。家族でも、友人や同僚でも、行きつけのスーパーの店員さんとも、心あたたまるひとときを共有できます。

個人的な例を挙げさせてください。わが家の一〇歳の娘モライアと私の関係です。妻のジュリーがネパールにトレッキングに行くことになり、一週間家を空けることになりました。母親がいなくてモライアは寂しいだろうと気がかりでした。私はときどき、彼女に声をかけました。「今日はどうだった？ママがいないと寂しいねえ。きみはどう？　だいじょうぶかい」

そのたびに彼女は「だいじょうぶ」と答えます。「私は平気。心配しないで」

ところがある晩、「そろそろ寝る時間だよ」と言うと、モライアは二階に向かい、しばらくしてジュリーのバスローブを着て、階下《した》に下りてきました。

親は子どものことを思っていても、日常にかまけて、ついつい子どもの気持ちに無頓着になるものです。私も例外ではありません。そのときも下手をすればモライアの気持ちに気づかず、それどころかイライラして、「ママのクローゼットを勝手に開けたのか。だめじゃないか」と叱りつけるところでした。

けれども、数日前からモライアのことが気がかりで、彼女の気持ちを知りたいと思っていましたから、ようやく話してくれる気になったのだなと気づきました。

「ママのバスローブを着てるんだね」わかりきったことですが、あえてそう言いました。

「うん、なんか、これを着てると、いい気分なの」

「安心するのかな」

「うん。ママの匂いがするっていうか。ママがここにいるみたいで、落ち着くの」

その晩、ジュリーが衛星電話をかけてきて、モライアと少しおしゃべりしました。ベッドに入るとき、モライアはうれしそうでした。寝かしつけながら、私は言いました「きみがママに会いたいと思っていることが、ママに通じたんだよ。だから電話をかけてきたんだ。ママはきみを愛しているし、もうじき帰ってくるよ」

モライアは「うん。わかってる」と言いました。

感情的なつながりを求めていれば、相手がなんらかの形で気持ちを表したときに、そのシグナルを見逃さず、相手の気持ちに寄り添うことができます。その積み重ねが、安定した実り多い関係を築くことにつながります。次に挙げるエクササイズを日常的に試みて、そうしたスキルに磨きをかけてください。

エクササイズ　ふれあいの瞬間を集める

一日のはじまりに、今日はジムで汗を流そうとか、延ばし延ばしの仕事を片づけようなどと、目標を決めることがありますね。もう一つ、つけ加えてください。「少なくとも三回、ふれあいの瞬間を持とう」と。そして一日の終わりに、その日の出来事を振り返ってみるのです。「感情シグナル日記」に書いてもいいでしょう。そのときに、次のようなことを思い返してください。

・気持ちのふれあいを求めるような感情シグナルを受けたか。そのシグナルの背後にあった相手の要求は？
・何がきっかけで相手がふれあいを求めていることに気づいたか。言葉、表情、しぐさ？　それとも、それ以外の方法？
・相手のどんな感情に気づいたか。幸せ、悲しみ、怒り、恐怖、軽蔑、嫌悪、それ以外の感情？
・相手はあなたに何を望んだか（ただそばにいてほしかった、話を聞いてほしかった、わかってほしかった、笑わせてほしかった、話をしたかった、等々）
・「わかりますよ」という思いをどう表現したか。言葉で伝えたのなら、なんと言ったか
・それに対して相手の反応は？
・二人のやりとりは、相手に、また相手との関係にどんな影響を与えたか
・この交流はあなたの感情にどんな影響を与えたか
・その他、気づいたことは？

ふれあいの瞬間を集める。それを意識して二、三日やってみただけで、以前より相手に関心を向けている

自分に気づくはずです。それを長い間、積み重ねれば、人間関係は大きく変わってくるでしょう。

2　とがめるようなもの言い

誰かと話をしている最中に、時間を巻き戻して、最初から会話をやりなおせたらいいのに、と思ったことはありませんか？　最近こんなことがありました。夕食後、妻のジュリーがメールの返事を書くために書斎に行ってしまったのです。娘と私は親子三人で過ごすつもりだったので、がっかりしました。

私は大声で言いました。「ジュリー、仕事なんかするなよ。家族団らんの時間だろう？」

私の言い方にむっとしたのか、彼女は怒ったような口調で答えました。「そうはいかないのよ。大事な仕事のメールなの」

妻は自分が批判されているように感じたのです。

最初に私がこう言ったら、どうだったでしょう。「ジュリー、僕らはきみと一緒に過ごしたいんだ。仕事を片づけたら、できるだけ早くおりてきてくれ」

私の言い方は〝喧嘩腰で始める〟やりとりの典型でした。話がしたいのに、いきなり相手を責めるような批判的なトーンで切り出したのでは逆効果です。

言い方一つで相手に受け入れてもらえたはずなのに、切り出し方がきついと、その時点でいきなり壁ができてしまいます。それはどんな関係でも同じ。たとえば倉庫作業員のジョージと上司の関係を見てみましょう。ジョージは作業の安全確保や新たな休暇制度など、仕事上のさまざまな心配ごとを抱えていますが、いま一番気になっているのは一年以内にコンピューターの在庫管理システムが導入されることです。自動化で職を失う作業員がいるのではないかと、ジョージも同僚も気が気ではありません。そこで、社員食堂で倉庫責任者と顔を合わせたときに思いきって聞いてみようと考えました。ところが、チャンスがめぐってきたときにジョージがまず切り出したのは、新しい休暇制度のことでした。この制度は彼の一番の関心事ではなかったのですが、労使間で非常に揉めている問題でした。そのため、倉庫責任者はジョージがその話を始めると、いきなり身構えてしまい、「きみの態度が気にくわない」と言いだしました。ジョージはそう言われるとむっとし、売り言葉に買い言葉で、一気に険悪ムードに……。まともな話し合いなどまったくできず、双方とも腹を立てたまま話を打ち切ることになりました。ジョージは知りたいことを確認できず、かえって不安がつのるばかりです。もしも最初に、いまの仕事にやりがいを感じていると話し、自動化の影響が心配だと打ち明けていたら、会話はまったく違ったトーンになっていたでしょう。

もう一つの例はカレンです。一〇代の娘コートニーが最近、新しい仲間とつきあいだし、家に帰るのが深夜になることもしばしば。カレンは心配で、一度ちゃんと話し合わなければ、と思っています。

母娘のつながりを大切にしたいのです。ところがある朝、朝食のテーブルで、ついつい娘をとがめるような口調で話を切り出してしまいました。

「ゆうべ、何時にうちに帰ったの？」

「ママは知ってるくせに」コートニーは口をとがらせました。「まだ寝室の明かりがついてたよ」

「ええ、知ってますよ。午前二時よね」

「じゃ、なぜ聞くの」かみつくような言い方です。

「ママに対して、そういう言い方はないでしょ！」

たったこれだけのやりとりで、二人は相手を逆上させてしまい、意味のある会話などできなくなりました。カレンは娘に自分が心配していること、そしてその理由を話すチャンスを失い、コートニーは新しくできた友人たちのことを母親に話すチャンスを失ってしまったのです。

相手を責めたり、批判したりするようなネガティブな調子で切り出すと、会話はたいがいこういう結果に終わります。カップルを対象にした私たちの研究でも、一五分間の会話がどう展開するかは、最初の三分間のやりとりでほぼ（九六％）決まってしまうことがわかりました。会話をうまく切り出すコツと、きついトーンとやわらかなトーンの具体例をまとめたのが表3です。

話し合いがこじれたときの、もう一つの解決策として、少し時間を置いてまた話をしてみるという手もあります。こんなふうに切り出したらどうでしょう？「昨日は気まずい雰囲気になって反省しています。言いたいことをうまく伝えられなかったようです。だから、あなたに謝って、しこりをな

表3　どう話を切り出すか

上手に切り出すコツ	きついトーン	やわらかなトーン
ポジティブに切り出すこと	「僕ら近ごろ、一緒に楽しむ時間が全然ないね。もっと冒険をしようよ」	「ほら、この記事、夫婦で太平洋岸の尾根トレッキングに挑戦した人たちの話だよ。僕らも前はよくやったよね。どう、また何か計画しないか」
	「もうこの仕事にはうんざりです。私なら奇跡を起こせると考えておられるようですが、それは無理です」	「先月、業績目標を話し合いましたよね。すごく役立ちました。また話し合いたいんですが」
感謝の気持ちを表現する	「手紙も電話もなし。家族から連絡があるのは誰かが死んだときだけよ」	「去年はヘンリー叔父さんのパーティーに招いていただいて、とてもうれしかったわ。家族で集まるときはぜひ知らせてください」
	「なんで私が報告書を見せてくださいと頼まなきゃいけないんだ。コピーをまわすべきだろう」	「報告書を見せてくれてありがとう。この手の情報は役に立つ。次からコピーをまわしてもらいたいんだが、誰に頼めばいいのかな」
「あなた」ではなく「私」で始める	「あなた、なんで電話してくれなかったの。心配でひと晩じゅう眠れなかったわ」	「電話がなかったから、私はすごく心配で、ひと晩じゅう眠れなかったわ」
	「きみはプロジェクトの進行をちっとも報告してくれないじゃないか。今後は水曜の朝に必ず報告に来てくれ」	「私はこのプロジェクトがどうなっているか知りたいんだ。毎週水曜の朝、報告に来てくれないか」
不満をため込まない	「こういうことは言いたくないけど、もう黙ってるわけにはいかないわ。私たち、もう半年もセックスレスなのよ。私のこと、好きじゃなくなったとしか思えないわ」	「あなたから誘ってくれるとうれしいわ。でも、このところちょっとご無沙汰でしょ？　そのことで話をしたいんだけど」
	「弟とずっと遊んでやってないでしょ。成績はこの新学期からどんどん落ちてるし、ここ1カ月半、家の手伝いもしてないわよね」	「成績表を見たんだけど、どの科目も下がっているわね。どうしたのかな（ほかの問題は別の機会にひとつずつ話し合う）」

くしたいと思ったんです」

相手が受け入れてくれる感じかどうか、見極める必要がありますが、友人やきょうだい、夫婦、恋人、親子関係では、たいがい一方が修復の意思を伝えれば、相手は受け入れるものです。特に子どもに対して、親が過ちを認めるのはよいことです。子どもも、時には失敗してもいいんだという自信が持てます。

仕事仲間では、信頼関係がしっかりできていればいいのですが、そうでなければ修復の努力を受け入れてもらえない場合もあります。

3　苦情を言うのではなく、相手を批判する

人と人が一緒に活動したり、共通のゴールを目指すときには、どうしても摩擦が生じます。そのときに相手に対する不満をどう表現するか。それは人間関係ではとても大事なスキルです。

必要な場合は苦情を言うこと。ただし、批判はしないことです。苦情と批判はどう違うのでしょう?

苦情は具体的な事柄を問題にします。相手の人格的な欠陥ではなく、行動に対するものです。一方、批判は相手を裁くような全般的なもので、往々にして「あなたはいつだって」とか「きみは一度も」といったフレーズが使われます。つまり相手にネガティブなレッテルを貼ったり、人格を否定するわけです。

表4　批判と苦情

上手に苦情を言うためのコツ	批判	苦情
相手を責めたり、なじったりせずにあなたの要望を伝える	「あなた、どうしちゃったの。ゴルフ、ゴルフって、そればかり。私や子どもたちのことはどうでもいいのね」	「週末には子どもたちの相手をしてやってほしいの。ここ３週間ほど立て続けにゴルフだったでしょ？」
	「電話もくれない、メッセージも送ってくれない、私のこと、思い出しもしないのね」	「もっと電話してくれるとうれしいんだけど。連絡がないと、私のことを忘れたのかなって寂しくなるわ」
	「私が言った手順を勝手に変えるとはどういうことだ。あきれたもんだ。きみがいると、何もかもめちゃくちゃだ」	「きみが私の意見を聞かないで手順を変えてしまったので、正直なところ当惑している。この仕事については、私は誰より詳しいつもりなんでね」
個人的な意見として、自分の立場を主張する。自分の言うことが絶対的な真実であるという言い方はしない	「メールの返事を出さないようじゃ、一緒に仕事はできないね。それはいまや企業社会の常識なんだ」	「メールの返事をくれないと、このプロジェクトを本気でやる気があるのかと心配になってくるよ」
相手の性格全般ではなく、特定の言動を問題にする	「あなたはいつも私に冷たいわ」	「ベッドであなたに甘えようとすると、体をこわばらせるのがわかるわ」
	「負担が多すぎると言ってくれなきゃ、わからないじゃないか。犠牲者づらするのはやめてくれ」	「負担が多すぎると言ってくれなきゃ、わからないじゃないか。きみが体をこわすまで働けばいいなんて誰も思っちゃいないよ」

「きみは荷物を届けると言ったのに、届けなかったじゃないか」というのは苦情ですが、「きみは荷物を届けるのを忘れたな、無責任だ！」というのは批判です。

苦情も面と向かっては言いにくいものであり、言われたら誰だってむっとします。しかし、不満があったら、波風を立てることを覚悟であえて言うべきです。お互いを理解し、問題を解決するのに役立つからです。一方、批判は相手の感情を傷つけ、険悪なムードにし、相手を自己防衛的な態度に追い込むだけです。どちらかが自己防衛的になっていれば、コミュニケーションはうまくとれません。心を閉ざして、新しい情報を出さなくなり、他人の意見に素直に耳を貸そうとしなくなるからです。

4　逆上する

関係がぎくしゃくしているとき、ちょっとした摩擦から一方がカッとなってしまうことがあります。強いストレスを感じ、怒りで何も見えなくなる状態です。こうなると、もはや冷静に考えることは不可能。実りある会話はできません。いますぐその場を立ち去ったほうがいいかもしれない。この状態では互いの気持ちに寄り添えるようなやりとりはできません。心臓がドキドキし、手のひらに汗をかき、呼吸が速く、浅くなるなど、身体的にも明らかな兆候が出ます。相手の言うことは耳に入らず、「もうたくさんだ」「もう耐えきれない」ということしか考えられません。自分は不愉快な会話に追い込まれてしまった、哀れな犠牲者だと感じることもあります。

この状態では、新しい情報を受けとれず、相手の意見に耳を傾ける余裕もありません。相手が謝っても耳に入らないようです。誰にでもあることですが、統計的に見て女性よりも男性のほうが激高しやすいようです。

カッとなったら、どうするか。会話を一時中断して、少なくとも二〇分ほど、気持ちをしずめることをするべきです。体が感情的ストレスから回復するには、そのくらいの時間が必要です。雑誌をめくったり、テレビを見てもいいし、ジョギングしてもいい。何にせよ、その間はほかのことを考えましょう。独善的な怒りや、自分は犠牲者だという思いにとらわれていると、怒りがつのってくるだけです。瞑想をしたり、次に紹介するようなリラクゼーションを試みてもいいでしょう。二〇分してリラックスしたら、また問題を話し合うか、あるいは次に話し合う日時を設定します。

エクササイズ　リラックス

これは気持ちをしずめる簡単な方法です。

1　楽な姿勢で座るか、横たわる。
2　目を閉じ、呼吸を意識する。ゆっくり深い呼吸をする。自分にとって気持ちのいいペースで、規則正しく。一分間に一〇回くらいの呼吸がちょうどいい。
3　ゆっくりした呼吸を続けながら、体の各部分にていねいに意識を向け、どこかに力が入っていないかチェックする。顔、顎、首、肩、腰などが硬直していることが多い。硬直している箇所が見つかったら、意識してその部分の筋肉を引き締める。数秒間、その部分に力を入れて、それからフーッと息を吐きながら力を抜く。これを繰り返す。こうすることで、筋肉をときほぐす。

4 体の各部分がとても重たくなったというイメージを持って、さらに緊張を緩める。地球の重力に引っ張られている感じ。だらんと力を抜いて、凝りが体の外に出ていくのをイメージする。

5 体の各部分がとてもあたたかくなったというイメージを持つ。日なたぼっこをしているか、暖炉のそばでリラックスしている気分。体がぽかぽかあたたかく、さらに緊張がとけていく。

6 「いま、私はとても安全で心体まる場所にいる」と自分に暗示をかける。暖かな海辺でもいいし、静かな山頂や森の中でもいい。安らぎと静寂に浸って、心と体をゆっくりと休めよう。

このエクササイズは繰り返すことで熟達して、すぐにイメージが湧くようになります。やがては安らぎの場を思い浮かべるだけで、リラックスできるようになるでしょう。

エクササイズ　逆上しないために

予防策もあります。このエクササイズは、カッとなったときの状況について、あなたに考えてもらうものです。質問に答えるうちに、何が〝引き金〟となっているかが見えてくるでしょう。また、自分の気持ちをうまくなだめる方法もわかるかもしれません。カッとなった直後ではなく、完全にリラックスし、落ち着いているときにやってみてください。

最近カッとなったときを思い浮かべて、質問に答えてみましょう。できることなら、摩擦があった相手と話しながらやるといいでしょう。それが無理なら、一人でテストしてみて、結果を信頼できる友人に話すか、感情シグナル日記に書いておくことをお勧めします。

- カッとなった直前に何が起きたか
- 特定の言葉、行動、話題などがあなたを怒らせる〝引き金〟となったか
- あなたを苛立たせた事柄は、どのように持ち出されたか
- どちらかが、きつい口調でそれを持ち出したか
- もっと穏やかにそれを持ち出す方法はあるか
- あなたか相手のどちらかが不満を〝ため込んで〟一気に爆発させる傾向があるか
- 問題を一度に一つずつ扱うようにできるか
- イライラしたり、むっとしたり、追い詰められているような気がしたときに、自分の気持ちをうまくなだめられないだろうか
- お互いをなだめるためにできることは？
- 相手がカッとなったときに、すぐに察知できるような感情シグナルを、お互いに知っておけないか

・むっとしたときに、ひと息つくことはできないか
・その間に、自分の気持ちをなだめるために何ができるだろうか
・そのあとで、また冷静に問題を考えられるようにするには？

エクササイズ　たった一つの言葉で

これはスポーツ心理学に基づく方法で、プレッシャーがかかった状況で選手がよいプレーができるよう考えられたものです。ゲームの最中に複雑な指示を思い出すのは無理なので、コーチは勝つために何が必要か、最も大事なコンセプトをたった一つの言葉に要約して選手に伝えます。選手はその言葉を胸に刻んで試合に臨み、試合中、選手が冷静さを失ったら、コーチはその言葉を叫んで、われに返らせることができます。ボクシングなら「懐に入れ」とか、サッカーなら「攻めろ」とか。そのひと言で、選手は集中力を取り戻せます。

この方法は、人間関係にも応用できます。

1　次ページからの「言葉の例」を見て、険悪なムードになったとき、相手にどうしてほしいか考える。
2　あなたのニーズに合った言葉を五つ選んで、○で囲む。
3　選んだ五つの言葉を見せ合い、自分にとってのその言葉の意味合いを説明し、喧嘩になったときにどういう行動や態度をとってほしいかを話す。

4 相手が言葉の意味を説明するときは、注意深く耳を傾ける。意味が違うなどと議論をしないこと。ボキャブラリーの勉強をしているわけではない。目的は、相手にとってその言葉がどういう意味を持ち、自分がどうすればいいのかを理解すること。はっきりしない点があれば相手に質問する。

5 五つの言葉を言われたときに、どういう態度をとるのがベストか、お互いによく話し合う。

6 選んだ言葉を紙に書いて、二人ともすぐに出せる場所にしまっておく。

7 摩擦が生じたら、リストの言葉を思い出し、その瞬間、相手に最もしてほしいことを示す言葉を言う。コーチになったつもりで、相手から最高のパフォーマンスを引き出そうとすること。

8 相手がリストの言葉を言ったら、何が求められているか考えてみる。相手は自分から最高のパフォーマンスを引き出そうとしているコーチだと思うこと。

9 何週間か、摩擦が生じるたびにこのエクササイズをやってみる。回数を重ねれば、だんだんうまくなり、ますます効果が上がる。

言葉の例

共感する	尊敬する	育む	愛情を表現する
尊重	やりなおす	耳を傾ける	愛
息抜き	そばにいる	認める	ふれる
優しさ	許す	支える	褒める

気づく
生きる
驚く
素直になる
私を受け入れて
愛撫
強くなる
行かないで
笑う
勇気
深呼吸
協力する
話す
感じる
実験
わかる
折れる

二人で
信じる
きちんと言う
強さ
気遣い
ふざける
泣きごとをやめる
責任ある態度
私を守って
現実に立ち向かう
アドバイスを聞く
応援する
良心
フィードバック
捨てる
ユーモア
味方になる

接点
ソフトに
質問する
大きくなる
チームワーク
整理する
状況を受け入れる
自分を知る
やめる
こまやかさ
受け入れる
正直
気持ちのふれあい
誠実さ
ごめんなさい
癒やし
臨機応変

ともに
もう一度はじめから
要約する
耐える
愛《いと》おしむ
感情を表す
私を仲間に入れて
キスをする
創造する
ずっと見守る
見守る
抱いて
譲る
説明する
あなたの言うとおりかも
大人になる
反省する

エネルギー	哀れみ	約束する	一体感
生み出す	肩を抱く	同感	味わう
なだめる	絆	理解する	信頼する
宝物	考える	プラス思考	やわらげる
直感	戦慄	穏やかさ	相手の立場で
見る	自分が間違っているかも	ロマンス	よみがえらせる
休む	注意深く	自己責任	リラックス
理由	守る	原則	落ち着いて
喜び	平穏	修復する	忍耐
心を開く			

5　欠点ばかりを見る

コメディアンのジョージ・カーリンによると、車を運転する人は二つのタイプに分けられます。一つは、むやみにスピードを上げる〝ばか〟。もう一つは、必要以上にのろのろ走る〝まぬけ〟。

このジョークがおかしいのは、人間の弱点をうまく突いているからです。その弱点とは、なんにでもケチをつけたがること。誰でも不機嫌なときはありますが、〝あら探し屋〟は年中イライラしています。そこで、まわりを見渡しては、文句のタネを見つけ、イライラをぶつけるというわけです。何しろ、私たちが住んでいるのは完璧とは言いがたい世界ですから、文句のタネはいくらでもあります。〝あら探し屋〟は、他人の欠点ばかりを見てしまうので、感情シグナルにも背を向けがちです。結果的に人間関係は壊れます。あら探しをするのではなく、褒める理由を探しましょう。「ありがとう」と言いたくなるような事柄や人を見つけるよう、意識的に努力することです。

人を褒め、感謝する習慣をつけること。それによって、あなたの人間関係はがらりと変わります。ある研究で、親が子どもに何かを教えるとき、間違いを注意してばかりだとうまく行かず、うまくできたところを褒めるようにすると、進歩が速いことがわかりました。

また、日ごろ親に褒めてもらっている子どもは、問題が起きたときに親に相談します。自分が過ちを犯したときも、正直に話します。

こうしたことは親子に限らず、ほかの人間関係にも言えます。よい点を褒めたり、努力を認めたりすることが習慣になっていれば、家庭や職場など、さまざまな場の雰囲気がよくなります。良いときも悪いときも、味方になってくれる人がそばにいるという安心感が生まれるからです。自分は〝あら探し屋〟だという自覚症状があったら、次のエクササイズを試してみてください。

エクササイズ 「ありがとう」を忘れずに

イライラを解消するには、日々、感謝するのが一番です。そのためには――

1 毎日、身近な人――パートナー、親戚、友だち、親しい同僚――を批判的な目で見なかったか、自分の胸に聞いてみる。少なくとも五つの場面を思い出し、感情シグナル日記に書きとめる。この作業を一週間ほど続ける。

2 一つひとつの場面について、相手を肯定的に見ることができないか考えてみる。自分の批判は正当なものだと思い込んでいる場合は、相手を認めにくいかもしれないが、その気持ちはおいておき、とにかく相手のよいところを探す（１４９ページからの「長所のリスト」を参考に）。

3 毎日、五つのよい点、賞賛や感謝の気持ちを相手と共有することを心がける。

4 それによって関係がどう変わったかを考え、感情シグナル日記に書きとめる。

例

- **批判** あなたの経営する店のバーテンダーは、カウンターで口笛を吹く癖がある。あなたはそれが気にさわってならない。
- **褒める** そのバーテンダーは、なかなかユーモアのセンスがあり、客に受けている。あなたがそれを認めていることを彼に伝える。

・**効果**　バーテンダーは気をよくし、その晩はずっと上機嫌。口笛を吹く回数も増えるが、客もいい気分になり、売り上げもアップする。

・**批判**　洗濯物をたたむよう娘に言いつけたのに、やっていなかった。あなたは頭にくる。

・**褒める**　手伝いを忘れたのは、宿題がたくさん出たせいだとわかる。娘は忘れっぽいけれど、勉強はがんばっている。そのことを褒めてやる。

・**効果**　娘はうれしそうで、ますますがんばって勉強する。あなたはそんな娘を誇りに思う。

・**批判**　あなたの兄は人の言うことを聞かない。常に自分が正しいと思っている。あなたはあえてそれを指摘せず、兄のよいところを探そうとする。

・**褒める**　母親の面倒をよく見るところが、兄のよさだと気づく。それに、誠実で責任感が強い。家族はみな何かと兄を頼りにしているが、考えてみれば、あらためて感謝の気持ちを伝えたことがない。口に出して言ってみる。「いつもありがとう。すごく助かるよ」と。

・**効果**　気持ちが伝わったらしく、兄は周囲に対して、少しだけ態度をやわらげるようになった。自分の正しさをムキになって主張しなくてもよいと気づいたようだ。兄はただ、誰かにちょっとだけ自分のがんばりを認めてほしかったのかもしれない。

長所のリスト

- やさしい
- 教養がある
- 忠実
- エネルギッシュ
- 創造性豊か
- 魅力的
- 面白い
- きちんとしている
- 明るい
- エレガント
- 面倒見がいい
- 節約家
- 繊細
- 表現力豊か
- 好奇心旺盛
- 責任感がある
- 人の気持ちをよく察する
- 思慮深い
- 正直
- セクシー
- 想像力がある
- 興味を引かれる
- 慎重
- 臨機応変
- バランスがとれている
- 上品
- 素晴らしい友人
- アイデアがいっぱい
- 献身的
- 行動的
- 素直
- 頼りになる
- 勇気がある
- 寛大
- 強い
- 決断力がある
- 一緒にいて楽しい
- 他人の支えになる
- 愛情深い
- 運動神経がいい
- 物腰がやわらか
- いたずらっぽい
- 一緒にいると元気が出る
- 奥ゆかしい
- 労力を惜しまない
- 注意深い
- 頼もしい
- 子どもや老人の面倒をよく見る

あたたかい
穏やか
ウィットに富んでいる
ハンサム
生き生きしている
好感が持てる
柔軟性がある
血気盛ん
現実的
リラックスしている
裕福
きちんと自己主張する
こまやか
わかってくれる
親切
精力的
美しい
静か
弱い者を守る
パワフル
ばかなことをして笑わせる

6　話し合いを避ける

誰かとの関係がこじれると、たいがいの人は「自分は何かまずいことを言っただろうか」と考えるものです。しかし、実際は「何かを言った」ためではなく、「言わなかった」ために関係がだめになることのほうがずっと多いのです。心理学者のダン・ワイルによると、口論の多くは、話し合う必要がある問題を話し合わなかったために起きるそうです。結果として生じる緊張と混乱の中で、喧嘩が起こり、敵対行為につながります。

たとえば、ハリーの場合。このところ仕事がうまく行っていない。この二カ月間、トラブル続きでその対応に大わらわ。特にその日は次から次へと災難が降ってくるようでした。今年の営業成績は下降線をたどり、どうがんばっても結果は出せそうにないのです。もともと彼は、いまの仕事が自分に向いていないと感じていて、大学に戻って資格をとり、高校の数学教師になりたいと考えていました。でも、そうすれば収入はガタ落ち。妻のジェーンにとても言いだせない。

帰宅したハリーは、しばらく一人になりたいと思っていました。ところが、妻のジェーンは今日こそ夫と話をしようと思っていたのです。彼女の悩みは上の子のこと。学校で問題を起こし、成績も下がっています。その日は、学校から帰った息子を成績のことで問い詰めたため、ひどい親子喧嘩になってしまいました。

ジェーンは母親として自信を失っています。夫に相談したいのに、彼はこのところ残業続きで、家に帰るとむっつり黙りこくっています。ジェーンはやむなく子どもたちの問題を自分一人で解決しようとしてきました。近ごろではなんとも言えない寂しさを感じています。セックスももう何カ月もありません。それでも、夫婦のことは急がないけれど、息子の問題は放っておくわけにはいかない。今夜こそ、話をしなければ。彼女はそう決心していました。

ハリーはどう反応したでしょう？　妻が話を切り出したとたん、彼は怒鳴りました。「おれは一日じゅう、他人のミスの尻ぬぐいをさせられてきたんだ。家に帰ったときくらい、ほっとさせてくれ。新聞を読んでくつろげるように。それは過度な要求か？」

「そうよ」ジェーンがそれに応えます。「仕事、仕事、仕事って、そればかり。私や子どもたちのことはどうでもいいのね。それならこの家から出ていって、会社に住めばいいじゃない」

売り言葉に買い言葉でお互いを責めた挙げ句、二人はむっとしたまま、家の中の別々の場所に引きこもってしまいました。

ハリーとジェーンは、それぞれ話し合わなければならない問題を抱えていたのに、それを避けていたために、喧嘩という形で不満が爆発してしまったのです。相手に不満があるとき、何が問題なのか、何を話し合っていないかを考えてみる必要があります。一方は話し合いを持とうとしているのに、もう一方がそれを無視している場合もあるでしょうが、波風が立つことを恐れて、双方が話し合いを避けている場合も多いのです。口に出して言わなくても、問題があるかぎり、不満はくすぶっていきます。一方、話し合えば、すぐに解決できなくても、少なくともお互いの立場を理解できるでしょう。

ワイルによると、人間関係で摩擦が生じたときの対処のしかたは三つあります。

1 **攻撃と自己防衛**　一方が相手の欠点や足りない点が問題だと思い込み、相手を責める。責められた側は、売り言葉に買い言葉の反応をし、物別れに終わる。

2 **避けるか目をつぶる**　自分のネガティブな感情を無視するか、抑え込む。「気にしなければいい」「たいした問題じゃない」などと、自分に言い聞かせる。けれども、もやもやは消えず、問題は放っておけば悪化の一途をたどる。

3 **正直に話し、関係を修復**　自分の気持ちを正直に話して、お互いに理解し合えるよう努力する。

問題が解消できなくても、少なくとも気持ちは通じ合う。

自分の気持ちを正直に話すというのは、簡単なようで難しいことです。けれども、正直に話すことは、大きな第一歩になります。いまの自分の気持ちを見つめて、それを素直に表現すること。ネガティブな感情を目にしても、修羅場になるとは限りません。

たとえば――あるシングルマザーのケース。仕事で疲れ果てて帰宅すると、小学校の二人の子どもが待ちかまえていて、まとわりつきます。夕食の支度をし、宿題を見てやらなければならないのですが、もうくたくた。この場合も選択肢は三つあります。①ヒステリーを起こして「疲れているの、静かにして！」と叫ぶ。②何も言わずにバスルームに閉じこもる。③いまの自分の気持ちを話して助けを求める。「今日は仕事が忙しくてくたくたなの。二〇分ほど、お風呂でゆっくりしたいんだけどいい？話はそのあとで聞くから」

三つ目の場合、母親がどうして元気がないか、子どもたちにも理解できます。自分たちのせいではないことを知り、しばらくそっとしておくことで、ママを助けられるとわかります。それは、必ずしも子どもたちが望んでいた状況ではないかもしれませんが、母親の立場を理解し、納得することができます。子どもたちに必要なのはそうした会話なのです。

たとえば――うつに苦しんでいる女性が、子ども時代に兄と一緒に経験したつらい出来事を、兄と話し合うことで克服したいと考えています。兄はその出来事を思い出すと自分もつらくなるので、妹がその話を持ち出しても、まともに相手にしてくれません。「お涙ちょうだいの自伝でも書く気かい」などとからかったり、「悲劇のヒロイン気取りはよせ」などと突き放したりするばかり。妹はそんな兄の態度に失望し、傷ついています。彼女にできるのは、①「兄さんは無神経でいやなやつ！」と怒りをぶちまける。②あきらめて兄に心を閉ざしてしまう。③話をしようとしても拒否されるので、自分は傷ついていると兄に話す。そのうえで、兄の気持ちも聞いてみる。「兄さんはこの話を避けているみたいだけど、なぜなのか話してくれないの？」

そう聞くことで、兄が自分の気持ちに向き合えるよう、手助けできるかもしれません。「もしかしたら兄さんは、自分が妹を守れたはずなのに、それができなかったことが悔しくて、この話をしたくないの？」

兄がこの問いかけに応じるかどうかはわかりませんが、もし応じたら、この兄妹は互いを理解し合い、より深い信頼関係が築けます。二人にはそんな会話が必要なのです。

自分の気持ちを正直に話すことは、人間関係において非常に効果的ですが、双方が勇気を出して相手に伝える必要があります。一方だけが心を開くのは、リスクが大きすぎます。どうしても切り出せない場合は「話しにくい」「話すのが怖い」と言うだけでもいいのです。その小さな一歩が関係を正しい方向へと動かすことができます。

感情シグナルの出し方、シグナルへの反応のしかたが改善されても、抱えている悩みがすべて解消するわけではありません。ネガティブな感情が消えてしまうわけでもなく、人間関係の摩擦がなくなるわけでもありません。それでもほかの人たちとうまくやっていけるようになり、問題にぶつかったとき、周囲の人たちの力を借りて対処していけるようになるでしょう。

人間の感情についてもっと理解が深まれば、感情シグナルのスキルも上達します。第4章から、第6章までの三つのステップで、そのことに焦点を当てます。

これまでの脳の研究で、神経生理的なネットワークが人の行動に影響を与えることが少しずつ解明されてきましたが、最近になってこの関係は、一方通行ではないことがわかってきました。私たちの行動は、脳の神経生理的なネットワークに影響を与えます。言い換えれば、人はいくつになっても成長できるのです。自分を見つめ、練習をしてスキルを磨くことで、よりよい関係を保ち、充実した生き方ができるようになるということです。

第4章 Step2 感情の指令システムを理解する

旧友七人がひなびたリゾートで、アウトドアライフを楽しむ同窓会をすることになりました。みんな再会を楽しみにしていましたが、何しろ個性的な顔ぶれです。どんな集まりになるか、それぞれが期待する内容も違っています。到着するとさっそく、各人が自分の期待に沿って、互いに感情シグナルを出しはじめました。

クリストファーは「**指揮官型**」。同窓会を企画し、場所を選んだのも彼です。彼はここが気に入っていました。ハイキング、いかだでの川下り、ロッククライミングなど、プログラムも考えてきました。ロッククライミングは敬遠されるかもしれませんが、なんとか全員を参加させたい。到着するとすぐに、彼は装備を車から降ろし、準備を始めました。

メリルは「**探検家型**」。現地入りすると、まずキャビンにスーツケースを置いて、地図と磁石を出しました。未知の場所にくると、がぜん張りきるタイプです。どんなルートがあるか探ってみたい。渓流を見たいし、山にも登りたい。「ちょっとハイキングしてみない？」と提案しましたが、誰も乗らないので、一人で出発しました。

カルロスは「**衛兵型**」。近くの店に買い出しに出かけたとき、〝グリズリーにご注意〟のポスターに気づいて、クマ除けの鈴を人数分買いました。みんなに鈴を配るうちに、メリルがすでに出発してしまったことに気づくと彼は顔を曇らせました。「鈴を持たずに出かけたって？　彼女を探しにいったほうがいい」

ケイティは「**エネルギー管理型**」。スケジュールをチェックして、冷蔵庫の食料を点検。「明日は二〇キロのハイキング、あさってはロッククライミングでしょう？　ちゃんと栄養をとって、休養もたっぷりとらなきゃ。食料とミネラルウォーターは足りるかしら？」

ダリンは「**官能型**」。同窓会と聞いて、真っ先に思ったのは、メリルとの再会でした。大学三年のとき、彼女とちょっとつきあったことがあるのです。いい女だったなあ、いまでもあのセクシーな髪型かなあ、アップにしているだろうか。彼は彼女と再会するのを楽しみにしていました。それに、ケイティも悪くない……。

ピーターは「**道化師型**」。キャビンに着くと、まず玄関のポーチにブランコを掛け、そばにゲーム用のテーブルも出しました。食料やスケジュール、クマのことなど、彼はまったく気にかけていません。くつろいで楽しむこと――冗談を言い、ゲームをして、その場の雰囲気を満喫することが、一番大事なのです。

シェルビーは「**母性型**」。みんなに気を遣うタイプです。クリストファーの荷ほどきを手伝うと、今度はケイティの手伝い。それからピーターと並んで、ブランコを揺らし、ちょっと冗談を言い、窓辺に灯油ランプがあるのを見つけて、満足そうにうなずきました。「夕食のとき、ランプの明かりに気持ちがなごむはず。こうやってみんなが顔をそろえたなんて、なんだか夢みたい」

なかなかユニークな顔ぶれだと思いませんか？　この中にあなたに似たタイプはいますか？　あなたの伴侶や同僚は？　ひょっとすると、あなたはこの中の二つか三つのタイプに当てはまるかもしれません。というのも、この七人は、人の脳にある七つの「感情の指令システム」を表すキャラクターだからです。

この七つのシステムを提唱したのは、ボーリング・グリーン州立大学の神経科学者、ジャーク・パンクセップ。「指揮官」や「衛兵」という名前は私たちがつけました。それぞれのシステムは、生存のために必要な感情や行動、体の反応を表しています（休養、生殖、自己防衛など）。

この理論によれば、それぞれのシステムがどの程度、活性化されると快適に感じるかは、人によって違います。自分にとって居心地のよい活性化レベルを知ることは、感情のバランスをとるためにとても重要です。まず、自分に一番しっくりくる役割、自分を最も生かせる役割がわかります。同時に、あなたにとって居心地のよいレベルが、相手にとって必ずしも快適ではないことが理解できれば、意思疎通がうまく行きます。

たとえば、あなたがメリルのように「探検家型」のシステムが作動しやすいタイプなら、カルロスのような「衛兵型」タイプとは意見がぶつかることが多いでしょう。クリストファーのように「指揮官型」システムが活性化しやすければ、同じようなタイプの人がもう一人いると、二人ともその場を仕切ろうとして衝突することになります。この章のあとのほうで述べるように、感情シグナルのやりとりを通じて、自分と相手がどのタイプか確認することがとても重要です。

この七つのシステムとは、いったい何なのでしょうか？　人の神経システムを鉄道にたとえれば、感情は列車です。感情の指令システムは線路で、その上を感情が走る。つまり、いまやるべきこと（周囲の環境を探索する、セックスの相手を求める、友だちをつくるなど）を達成するために、感情を導くのが七つの指令システムなのです。感情の指令システムは、脳内では神経回路網を流れる電気化学的な信号を調節する働きをしています。科学者たちは、さまざまな実験を通じて少なくとも七つの指令系統があることを突き止めてきました。これらの系統を通じて、一つの神経細胞から別の神経細胞へメッセージが伝えられ、最終的に体のさまざまな部位にそれが伝わって、適切な動きができます。

こうしたシステムはどのくらい重要でしょうか。私たちが「官能型」と名づけた指令システムを考えてみましょう。これは官能的な反応を調節するシステムです。このシステムが作動すると、恋愛対象もしくは恋愛対象になりそうな人を見ると、体が熱くなります。キスやハグをしたい衝動も生まれるでしょう。母なる自然の計画通りに行けば、二人は近づき、同じように性的に興奮し、おそらくはセックスをすることになります。最近の研究で、これらの複雑な機能を調節する神経回路網が繁殖行動を促し、生物種を存続させることがわかっています。ほかにも睡眠（エネルギー管理型）や絆づくり（母性型）、権力の獲得（指揮官型）など重要な機能をつかさどるシステムがあります。

それぞれのシステムが、どの程度活性化されると快適に感じるかは個人差があると言いましたが、この違いがそれぞれの個性になっているようです。置かれた状況に応じて、あるシステムが過剰に活性化されたり、刺激が足りなかったり、快適ゾーンからはずれていれば、気持ちが落ち込んだり、不満を抱いたり、イライラしたり、不安になったりします。快適ゾーンなら、満足して気持ちが落ち着き、意欲がみなぎってくるでしょう。感情の指令システムを知ることは、自分自身とうまくつきあっているかどうかを知ることでもあるのです。

同時に、自分と周囲の人たちとの共通点と違いを理解することにもなります。たとえば、「母性型」の指令システムが作動しやすいタイプとそうでないタイプ。ある企業が社員の親睦を深めるため週末にリゾート合宿を実施しました。「母性型」の社員は人とつながることが好きなので、合宿の間ずっと楽しそうですが、一人で過ごす時間が好きで、「母性型」の指令システムが作動しにくいタイプの社員は、長時間の集団行動が苦痛でリラックスできず、合宿が終わるころには神経がくたくたです。

ところがオフィスに戻って、通常の勤務が始まると、立場は逆転します。「母性型」の社員は、ボードで仕切られたスペースで、デスクに向かって一人黙々と仕事をすることが苦痛でしかないのですが、孤独を好む社員は、ようやく人づきあいから解放されて心置きなく仕事に集中できるでしょう。

それぞれの感情的な指令システムの活性化レベルを調節できるかどうかは、そのときどきの精神状態だけでなく、長期的には生き方にも影響を及ぼします。指令システムが過剰に活性化されたり、刺激が足りない状態が慢性的に続けば、悲観的、イライラ、恐怖心にさいなまれる、交戦的、うつ状況に陥ったりするようになります。

そうした性格が、対人関係に影を落とすことは言うまでもありません。たとえば、母性システムへの刺激が慢性的に足りないと、絶えず孤独感を抱き、友だちづくりに自信をなくします。自分を出すことができず、人と関われないか、逆に友だちができそうになると、相手にしがみつくため、相手が驚いて退いてしまうといったことになりかねません。

リーダーの素質もないし、人の上に立ちたいという欲もない男性が、仕事でチームのまとめ役になったとします。絶えず部下にハッパをかけて、やる気を引き出さなければなりませんが、彼にはそういう役割が苦痛でしかなく、ストレスのあまり気持ちが落ち込み、イライラするようになります、そのため部下に対する口のきき方もぞんざいで、ひがみっぽくなり、部下にそっぽを向かれてますます落ち込み、自信をなくすという悪循環に陥ります。

このように、人間関係のトラブルの根底には、感情の指令システムが過剰に刺激されていたり、刺激が足りないという問題が潜んでいることがよくあります。お互いの快適ゾーンが異なるために、誤解が生じることも多々あるでしょう。自分の感情の指令システムが、自分や家族、友人、同僚にどう影響するかを理解することで、そうしたトラブルは避けられます。

七つのシステムとその影響

パンクセップは、こうした感情の指令システムは、この七つ以外にもあると考えていますが、すべての哺乳類の脳に存在するという結論が得られたのは、この七つだけだといいます。すべての哺乳類にあるということは、私たちの祖先が進化のプロセスで獲得したものだということです。つまり、この七つは生まれつき私たちの脳に備わっていて、種の生存や繁栄が関わる状況では、無条件に反応するということです。

それぞれのシステムの特徴、働き、過剰に活性化されたり、刺激が足りないとき、どういう問題が起こるかを次にまとめてみました。それをもっと手短に示したものが、表5です。

指揮官

支配、管理、権力に関わる機能を調節するシステムです。制約から自分を解き放ったり、状況をコントロールしたり、ある行動を他人に強いるようなときに活性化されます。物理的な脅威にさらされたとき、不当な扱いを受けたとき、目標達成を邪魔されたとき、あなたは自分の中の指揮官システムを呼びさますでしょう。サッカーの試合や熾烈な売り上げ競争などでは、このシステムが大いに役立つはずです。

独裁者は権力の座が危うくなると「指揮官」システムに突き動かされ、自分に刃向かう人々を抑圧

表5　7つの感情の司令システム

感情の司令システム	このシステムが関わる働き	このシステムに関係した行動	このシステムに関係した感情	このシステムが過剰に活性化されると	このシステムの活性化が不足すると
指揮官	支配、コントロール	権力と自由を求める。相手に何かを強制する	自信、力	怒り、攻撃、暴力	不能、無気力、欲求不満
探検家	探検、発見	何かを探し求める、学ぶ、疑問を抱く、計画する、目標を設定する	好奇心、期待、興奮、興味、知識欲	興奮を求めすぎる、働きすぎ、躁病的な行動	イライラ、退屈、不安
衛兵	身を守る、警戒	心配する、安全確保、危険防止、保護	不安、緊張、恐怖	非現実的な不安、恐怖症、被害妄想、過剰防衛、極度の不安、強迫神経症、神経過敏	向こう見ずな行動、不注意、怖いもの知らずで危険な行動に走る
エネルギー管理	エネルギー消費の調節、休養、くつろぎ	休養、リラックス、栄養摂取、運動	期待、快感、満足、満腹感	ストレス解消や睡眠、食事、体重などを気にしすぎる	疲労、だるさ、抑うつ、免疫力の低下
官能	性的な満足、生殖	セックスの相手を求める、きわどい駆け引き、性的に興奮する、性的な接触、セックス	興奮、快感	無防備で危険なセックス、セクハラ、セックスの強要	セックスへの嫌悪、抑うつ
道化師	息抜き、気晴らし	遊び、娯楽、冗談、創造的な探求、スポーツ、ゲーム、ごっこ遊び	くつろぎ、喜び、明るさ、高揚感	極端なばか騒ぎ、躁病的な行動	無気力、抑うつ、感情の抑制
母性	ふれあい、絆づくり	育てる、世話をする、友だちをつくる、愛情表現、喪失と悲しみを経験する	愛、帰属感、自分の価値を感じる、必要とされているという自覚、別離、悲哀	イライラ、他人の内面に踏み込む、自己犠牲、別離に直面するとパニックに陥る	孤独、抑うつ、不安、喪失や悲しみがなかなか癒えない

します。また、誰かにショルダーバッグをひったくられそうになったとき、バッグをしっかり抱きしめ、奪われまいとするのは、このシステムが働くからです。

指揮官システムが最適のレベルであれば、自信を持って与えられた課題にチャレンジできます。自分の求めるものをつかむため、しっかりと自己主張できるからです。

このシステムが過剰に活性化されると、欲しいものを手に入れるため、怒りや攻撃、暴力にまで走ります。活性化が足りないと、自分を無能と思い、鬱屈して、やる気がなくなります。特に不当な扱いや個人攻撃に対して無力になります。

探検家

探索、学習、好奇心を満足させることが、このシステムのつかさどる機能です。私たちの遠い祖先は、このシステムによって、食べ物や水、湿気の少ない洞穴を見つけたのでしょう。現代では、ショッピングに出かけて新しい店を開拓したり、ネットサーフィンで面白いサイトを探したりするとき、このシステムが働きます。

仕事上の情報や特製ソースをつくるための食材を入手したり、日曜の晩のデートの約束を取りつけるのもこれです。疑問を持つ、探す、処理する、選別する、計画を立てる、学習する、目標を設定するといった行動とも関係しています。外国に旅行したり、未知の分野のセミナーを受講したり、ブリッジの遊び方を習ったりするときは、このシステムがフルに働きます。

このシステムが最適レベルに保たれていれば、未知の世界を前にしたとき、期待に胸がふくらんだり、わくわくしたり、強い興味を抱きます。未知の扉を開く興奮があなたを包み、設定した目標に近づけば、達成感が得られます。

ただし、過剰に活性化されると、飽くなき探求心に駆り立てられ、体は疲れているのに、前へ進もうとするといったことになりかねません。極端な状況では、過剰にアクティブ化された探究心が躁病の行動と診断されることもあります。活性化不足であれば、退屈して、落ち着きをなくし、イライラしたり、不安や抑うつ状態に陥ります。

官能

七つのシステムの中でも、性的な満足や生殖に関わるこのシステムが、一番馴染み深いものかもしれません。性的な感情は、自然発生的なものとして語られます。理性的な思考とはまったく関係がないというように、〝恋に落ちる〟という表現が使われます。性ホルモンのいたずらで、思春期の若者（いや、あらゆる年代の恋人たち）は、かなり〝いかれた〟行動をとります。こうした不可思議な現象はすべて、官能システムに起因しています。エロチックな夢や妄想、性的な欲望や興奮、意思と無関係の勃起や膣の潤い、恋のかけ引き、キス、性交など、性に関わる多種多様な機能をつかさどるシステムです。

うまく活性化されれば、活力がみなぎり、快感と満足感が得られます。

過剰になると、性的欲求にかられ、相手の同意なしのセックスの強要など、不適切な行動につながります。また、見知らぬ人と無防備なセックスをするなど、自分の安全を脅かす性的リスクをとるかもしれません。あるいは、衝動的に浮気をしてパートナーとの関係にひびが入るといったことになりかねません。逆に十分活性化されないと、セックスを避けるようになり、結婚生活や恋人との関係がぎくしゃくしたり、性的に自分を閉ざすことで、抑うつ状態に陥ったりします。

エネルギー管理

健康を保つため、休養や栄養を十分にとるようにするシステムです。仕事や遊びに長時間熱中すると、このシステムがそろそろ休憩しようという信号を出します。退屈したり、疲れたと感じるのがそれです。これを無視して、さらに仕事（遊び）を続けると、イライラしたり、眠くなったりします。長期的にそうした信号を無視すると、免疫力の低下、慢性病など深刻な問題を引き起こしかねません。また、空腹や喉の渇き、暑さ寒さ、その他の肉体的な不快を知らせるのもこのシステムです。食欲などの要求が満たされないとき、飢えを癒やし、生存するために必要な行動をとるよう、脳と体に指示を与えるのです。

休養をとるための休暇、リラックスできるような活動を選び、夜はぐっすり眠れるような休暇を計画しているときは、このシステムが作動しています。ゆっくり入浴したり、マッサージを予約したりすると、このシステムが深い満足感を呼びさますでしょう。難事業をやり遂げたり、長い一日を終えて、枕に頭を沈めたりするときに感じる安堵も、このシステムがもたらすものです。

このシステムが最適レベルに活性化されていれば、ストレスをためたり、無理をしたりせず、心身とも快調でいられます。過剰になると、疲労やストレス、食生活、運動、体重のコントロールなどを気にしすぎて、ひどい場合は生活のすべてがそれに振りまわされるようになり、不眠症や摂食障害などの問題を引き起こすこともあります。

活性化が足りないと、体の要求に耳を傾けなくなり、疲労困憊《こんぱい》しているのに仕事を続けるなど無理をすることになります。また十分な栄養と水分をとり、運動をするという要求も無視することになり、ストレス、栄養不良や肥満、免疫不全などの問題を引き起こしかねません。

道化師

遊び、レクリエーション、気晴らしなど、非常に重要なのに往々にしてあまり意味がないと思われている機能を調節するシステムです。ゲームをする、娯楽を求める、冗談を言う、〝ごっこ遊び〟をする、あるいはただ単純にふざけるといった行動をつかさどっています。

あなたを笑わせてくれる友人とランチをしたら、疲れが吹き飛び、心が軽くなり、厳しい局面に立ち向かう準備ができるはずです。あるいは、思いついたことを、なんでも言ってみるというブレインストーミング会議。突飛な考えも飛び出すでしょうが、素晴らしいアイデアも出てきます。それを引き出すのは道化師システムです。リラックスして、リフレッシュすれば、いいアイデアが浮かびます。

〝レクリエーション（再創造）〟という言葉が物語るように、遊びを通じて創造力をよみがえらせることができるのです。また、遊びを通じて絆を固めたり、チームワークの精神を養ったり、創造的に問題を解決する能力に磨きをかけることができます。遊びはストレス解消に役立つので、健康上のリスクも減らすことができます。

特に子ども時代にはこのシステムが重要です。子どもは遊びを通じて、驚くほど多くのことを学びます。たとえば、複雑な人間関係にどう対処するか、極度の興奮状態にあるとき、どうやって感情を制御するかなどです。こういうことは年齢にかかわらず学ぶ必要がありますから、大人にとっても遊びは重要なのです。

最適レベルに活性化されていれば、リラックスしつつ、適度な刺激も感じている状態になります。気持ちが落ち着いていて、なおかつ喜びがあふれている状態です。

過剰になるとどうなるか。大はしゃぎして興奮しすぎた子どもと同じです。その場から強引に引き離して、気持ちをしずめてやらなければなりません。探検家システムが過剰に活性化された場合と同様、このシステムの過剰活性も、躁病と診断されかねません。逆にあまりに不活発な場合は、感情を押し殺してしまい、無気力になったり、感情が麻痺したようになります。

衛兵

このシステムが生存と関わりがあるのは、当然といえば当然です。不安、心配、自己防衛、用心といった心身の機能をつかさどるシステムだからです。このシステムが作動すると、火災報知器の電池を最後に交換したのがいつだったかが気になり、夜、眠れなくなったりします。暗い駐車場で足音がしたときにぎくっとする、車が近づいてきたときに子どもをよけさせるなどは、このシステムの働きです。

最適レベルでは、危険を避けることで不安を解消する働きをします。つまり適切な安全策をとるということ。戸締まりをしたり、バーで売られた喧嘩を買わないなどです。このシステムが威力を発揮するのは、生命の危険にさらされたとき――自動車事故、武器を持った強盗や毒ヘビに出くわしたときなど――です。このような状況下で、衛兵システムはあなたの神経系統を刺激し、逃げるなり闘うなり、なんらかのハイパーアクションが起こせるような状態にします。衛兵システムは指揮官システムも呼びさまし、怒り、攻撃するようあなたを奮い立たせます。それもすべて、自分や周囲の人を守るための働きです。

こうした状況下で、衛兵システムは極度に興奮していますが、それは過剰な活性化ではありません。目前の危機に対処するための反応だからです。しかし、生活に支障をきたすほど、根拠のない不安にかられる場合は、過剰に活性化されている状況です。たとえばきちんと健診を受けているのに、ガンにかかるのではないかと絶えず気にする、あるいは、子どもが自分の目の届く範囲内にいないと、事故にあうのではないか、誘拐されるのではないかと異常に心配するなど。

極端なケースでは、被害妄想やさまざまな恐怖症、強迫観念にまで発展します。トラウマ体験後、長い間パニックになったり、恐怖にとらわれたりするＰＴＳＤ（心的外傷後ストレス障害）もその一つです。

活性不足の場合は、慎重さを欠き、無謀な行動に走ります。死と隣り合わせの危険なゲームを繰り返したり、必要最低限の注意も怠ったりします。

母性

いつくしむ、育む、絆を結ぶなど、特に親子関係で見られる行動や感情をつかさどるシステムです。友だち同士や夫婦の間でもこの機能は大事で、仕事仲間やクラブ、学校、その他のコミュニティ、地域の人とのつながりでも発揮されます。相手の成長を見守る、相手の要求に耳を傾ける、愛情を表現するといった行為に関わりがあり、学校に入って新しい友だちをつくるときや、親戚のおばさんの誕生日に電話をかけるときなどに、このシステムが働いています。

最適レベルでは、周囲の人に必要とされ、愛されているという充足感をもたらします。あなたの支えになるような関係を育むのに役立ち、人とのつながりを実感でき、帰属意識が持てます。絆づくりと関わるシステムなので、死や離別、恋愛関係の破局、友情のもつれなどで関係が壊れたときにも活性化されます。愛する人の態度で傷ついたときに、胸が痛むのはこのシステムのせいでしょう。

このシステムが慢性的に過剰活性になっていると、自分の要求を犠牲にして、人に尽くすなど、人間関係に歪みが生じます。決断ができなかったり、絶えず他人の同意を求めることなどもそのあらわれです。また、関係が壊れることを異常に恐れて、パニックに陥ったりします。残念ながら、二人のうちの一方がこうした状態にあれば、その人の恨みつらみや自己犠牲が相手にとっては重すぎて、関係は壊れてしまいます。

慢性的に不活性であれば、人づきあいを避け、孤独に暮らすようになるでしょう。その結果、気持ちが落ち込み、極端な場合は慢性的なうつ状態や絶望に陥ります。

いくつかのシステムが同時に働く

それぞれの指令システムが別々に働く様子を描いてきましたが、二つ以上のシステムが同時に働くこともあります。たとえば、子どもがいじめっ子に脅されているのを見て、飛んできた母親の脳では、母性システムと指揮官システムが活性化されています。

デートで楽しい時間を過ごすには、道化師と官能の二つのシステムが働いているでしょう。さらに母性システムが加われば、二人の関係は永続的なものになります。

探検家システムは多くの場合、他のシステムとともに働くことで、その機能を果たします。パートナー探しでは、官能システムが関わりますし、食料など探検の準備には、エネルギー管理システムの手助けが必要です。

指令システムの使い方を決めるもの

指令システムの活性化レベルがどの程度なら居心地がよいのか、それは人によって異なりますが、その快適レベルを決めるのは何でしょう。多くのファクターが関係していますが、生まれつきの神経回路の〝配線のしかた〟もその一部です。つまり、ある程度は生まれついてのものなのです。

〝先天的な配線〟には、遺伝的に受け継いだ気性があります。未知の分野にどんどん分け入っていく母親から生まれた人は、探検家システムが強く活性化される状態を好む傾向があるでしょう。一方、家にいるのが好きな父親の気質を受け継いでいれば、探検家システムがさほど活性化されていない状態を好むかもしれません。

社会的に形成される男らしさ、女らしさも関係してきます。人類学者のリチャード・リーキーによると、官能、探検家、エネルギー管理システムについては、男女の差がありません。ただし、男性は指揮官システムの活性化レベルが女性よりはるかに高く、他者より優位に立とうとする傾向があり、また衛兵システムも作動しやすく、自分や家族を守ろうと、無意識のうちの警戒を怠りません。気晴らしや遊びと関係した道化師システムも、より活発に働く傾向があります。一方、女性は愛情やスキンシップと関係のある母性システムが発達しているそうです。

先天的な要因とジェンダーに加え、育った環境も大いに関係してきます。絶えず何かに脅えている両親のもとで育てば、異常に警戒心の強い人になるでしょうし、ユーモアや遊びが大切にされる家庭で育てば、楽しむことが上手な人になるでしょう。

驚くのは、脳の神経回路網が環境によって形成されることです。言い換えれば、脳は粘土のように柔軟につくり変えられるということ。そして、その後は生涯その回路網が保たれると考えられます。子どものころにどれだけ、あたたかい愛情を受けたかで、神経回路の配線は変わってきます。よく抱っこされ、スキンシップをたっぷり与えられた子どもは、大人になってからもそうした刺激をより多く求めるでしょう。じゃれ合ったり、くすぐられたり、遊んでもらうことの多かった子どもは、道化師システムがよく働くようになります。同様に、ほかの指令システムも子ども時代の体験に大きく影響されると考えられます。

比較的まれなケースですが、たった一回の経験で、指令システムが変わってしまうこともあります。極端な例は、ＰＴＳＤ（心的外傷後ストレス障害）を引き起こすような、強いショックを受けた場合です。恐怖や警戒を調整する衛兵システムが大量の電気化学的信号を出し、体のあちこち——呼吸、心拍数、その他の身体機能——でパニック反応が起きます。それは状況に合った反応かもしれませんが、その経験があまりに強烈なため、衛兵システムの反応のしかたが、それ以前と以後とで変わってしまう場合があるのです。トラウマを受けた出来事を連想させるような状況に直面すると、まったく危険がなくても衛兵システムがパニック反応を起こしてしまう。たとえば、戦場から戻った兵士が花火の音に脅えるようなケースです。子ども時代に性的虐待を受けた人は、大人になってもその体験を想起させるような光景やにおいや音に脅えることがあります。

感情の指令システムを理解することで、感情は進化によって形成された人間の本性の一部であることがわかってきます。感情は神経システムの一部です。人間は他人を楽しませたり、いじめたり、あるいは操作するために感情をつくり出すのではなく、感情もまた、種の生存のための自然の戦略なのです。人間は感情を解釈したり、表現する方法を意識的に選べます。しかし、意識ではコントロールできない部分――神経システムの電気化学的なプロセスがもたらす反応もあります。ある感情的な反応を処理するシステムが遺伝的に形成されたものであれ、自分の経験によって形成されたものであれ、その両方であっても、私たちが抱く感情はある程度、脳の神経回路網の〝配線〟で決まっています。

ある指令システムの活性化レベルについても、意思で決められる部分とそうでない部分があります。生まれつき母性システムの活性化レベルが高い人は、生涯を通じて他人とつながりを持ちたいという欲求が強いでしょう。本人や周囲の人がそれを変えようとしても無理かもしれません。それでも、指令システムと、それが私たちに及ぼす影響をよく理解すれば、生き方や人間関係をよりよい方向に変えていくことができます。たとえば、身近な人との軋轢は、指令システムの違いから生じたものかもしれません。違いがわかれば、受け入れたり、衝突を回避する方法が見つかるはずです。

自分の指令システムを知る

それぞれの指令システムで、どの程度の活性化レベルがあなたにとって居心地がよいのかを知るために、まず自己診断テストをやってみてください。このテストでは、いまの生活で活性化レベルが過剰であったり、不足していたりといった状況もわかります。

この自己診断テストは次の三点で役立ちます。

1 感情面で自分に必要なものが何なのかがわかる。特定の人や活動、事柄に引かれるのはなぜか、抑えがたい欲求を感じたり、どうしてもある行動に走ってしまうのはなぜなのかが見えてくる。余暇の過ごし方やキャリア戦略、友人やパートナーとの関係づくりでよりよい選択ができる。

2 自分が何を求めているか、なぜ求めるかがわかるので、より上手に感情シグナルを発し、シグナルに反応できるようになる。

3 他の人たちがどんな指令システムの影響下にあるか、それがあなたとの関係をどう変えているか、段階を踏んで考えることができるので、友人や家族をよりよく理解できる。

この自己診断テストもほかのテストと同様に、一人でやっても、友人やパートナーと一緒にやってもいいでしょう。ただ、自分の内面をさらけ出すことになるので、誰かと一緒にやるなら、信頼できる相手を選んでください。その場合は、一緒に楽しみ、発見するという感覚でトライすることです。相手の知らなかった一面を探るわけですから、それを二人の関係やあなたの生活に生かせるようにしましょう。

一人でやる場合も、自分の診断だけでなく、相手の気持ちを推測して、相手の立場で設問に答えれば相手の診断もできます。一人で、自分と相手の診断をすることも、無意味ではありません。相手の気持ちで状況をとらえることができます。いずれにせよ、相手を深く理解することで、より深く共感でき、相手を受け入れ、寛容になれます。

一人でやるにせよ、相手と一緒にやるにせよ、邪魔されずに、テストに没頭できる時間を一時間はとってください。頭に入れておいてほしいのは、正しい答えなどないということ。このレベルを目指せ、という目標もありません。年月がたてば、答えも変わっていきます。結婚したり、子どもができたり、離婚を経験したり……年齢を重ねることで、指令システムの活性化レベルは変化するからです。テストは、言わば人生の地図の中で、いまの位置を確認するためのものです。現在地がわかれば、進むべき方向も見えてくるでしょう。あなたの〝旅〟には、自分自身や周囲の人たちのことをもっと発見し、よりよい感情シグナルの出し方、シグナルへの反応のしかたを身につけるというプロセスが含まれます。この章の終わりで、自己診断テストの結果をシグナルに生かしていく方法を述べます。

以下の質問に対して、一番よく当てはまる答えに◯をつけてください。

A＝強くそう思う
B＝そう思う
C＝どちらとも言えない
D＝そう思わない
E＝まったくそう思わない

各テストとも得点は、A＝2　B＝1　C＝0　D＝-1　E＝-2点で計算します。項目ごとに得点を計算して、それぞれの評価を参照してください。

エクササイズ　指揮官システム――あなたにとって心地よい活性化レベルは？

1　思いきり喧嘩をして気分がすっきりすることがある　A B C D E
2　誰であろうと、自分のものには勝手に手出しさせない　A B C D E
3　義憤にかられることがよくある　A B C D E
4　目標達成のためには手段を選ばない　A B C D E
5　目標を妨げるものがあるとイラつく　A B C D E

6 不満に感じたら、我慢せずに欲求を満たす A B C D E
7 言いたいことを言うとすっきりする A B C D E
8 怒りっぽい A B C D E
9 リーダー役をつとめるのが好きだ A B C D E
10 誰かが自分に逆らうとカッとなる A B C D E
11 車の運転中にカッとなりやすい A B C D E
12 怒りを爆発させることで、スカッとすることがたまにある A B C D E
13 待つのが苦手。すぐイライラする A B C D E
14 仕事のチームで権限を発揮できれば気分がいい A B C D E
15 自分が仕切らないと気がすまない A B C D E
16 必要とあらば自分の権利を強く主張する A B C D E
17 反対されても簡単には引き下がらない A B C D E
18 場合によっては自分に逆らう人間を無理矢理従わせることもある A B C D E
19 議論好きだ A B C D E
20 競争では勝ちたい A B C D E
21 誰かに勝つという目標がないとなかなかやる気が起きない A B C D E
22 競争心が強い A B C D E

23　他人が狙っている地位なら、なおさら手に入れたいと思う　A　B　C　D　E
24　仕事の業績を上げるのは、何かを征服するようなものだ　A　B　C　D　E
25　責任ある立場にいたい　A　B　C　D　E
26　自分の言うことに誰もがすんなり従わないとイラつく　A　B　C　D　E
27　時にはワンマンになる　A　B　C　D　E
28　欲しいものは闘ってでも手に入れる　A　B　C　D　E

指揮官システムのあなたの得点は　　点
25点以上　高い　—　12～24点　中くらい　—　11点以下　低い

最適な指揮官システムの活性化レベル

12点以上の人は、指揮官システムが中程度から高いレベルに活性化されると、元気が出るタイプです。つまり役職に就くことに抵抗がなく、怒ったり、自己主張することで、力がみなぎってくるように感じるタイプ。指揮官システムが活性化されていると、水を得た魚のようになるはずです。

11点以下は、人を率いるより率いられる側になるほうが楽というタイプ。人と競争しようという気はなく、人の上に立つのは苦手。性格は穏やかでめったに怒りません。

いまの生活で、指揮官システムの活性化は快適レベルになっているか

次に、いまの生活が快適レベルになっているかどうかをテストします。質問に対して、一番ぴったりくる答えに○をつけてください。

パート1

1	いまの生活では、自分の指導力が十分に発揮されていない	A B C D E
2	他人に支配されることが多すぎる	A B C D E
3	私の権限は十分に尊重されていない	A B C D E
4	いまの状況では言いたいことがちゃんと言えない	A B C D E
5	誰かと議論を闘わせたいと思う	A B C D E
6	このごろ、不本意ながら怒りをじっと押し殺している	A B C D E
7	自分が指揮を執りたいという衝動を押し殺している	A B C D E
8	もっと権限と責任のあるポストに就きたい	A B C D E
9	リーダーとしての自分の能力を証明できるチャンスが欲しい	A B C D E
10	いまの生活では、自分の本来の能力を発揮し、主張を通すチャンスが足りない	A B C D E

パート1（1～10）の得点の合計　　点

パート2

11　威張りちらすのは愉快ではない　A B C D E
12　人に指図するのはあまりいい気分ではない　A B C D E
13　人に指図をする立場を降りたいと思う　A B C D E
14　ほかの人がもっとリーダーシップを発揮してくれたらいい　A B C D E
15　何もかも自分が仕切らなければならないのは苦痛だ　A B C D E
16　常に責任を負っていることを重荷に感じる　A B C D E
17　いまのように責任や権限を持たされたくない　A B C D E

パート2（11～17）の得点の合計　　点

いまの生活での活性化レベル

パート1の得点が6点以上の人は、いまの生活では指揮官システムが十分活性化されていないと感じています。もっと指導力を発揮できるチャンスが持てる機会が必要です。パート2の得点が4点以上なら、あなたは自分が望む以上に指揮官の役割を負わされています。パート1が6点未満、パート2が4点未満なら、現在の状況でちょうどいいでしょう。

エクササイズ　探検家システム——あなたにとって心地よい活性化レベルは？

1　新しいことを学ぶときはわくわくする　A B C D E
2　惰性に流されるのはいやだ。変化が好き　A B C D E
3　どんな変化であれ変わるのはいいことだ　A B C D E
4　飽きっぽい　A B C D E
5　探検や冒険をする状況では、血湧き肉躍る　A B C D E
6　先のことがわかっていると面白くない　A B C D E
7　人生は壮大な冒険だ　A B C D E
8　「あの山の向こうには、何があるのだろう」と、どんどん進んでいきたくなる　A B C D E
9　新しい環境に飛び込むのが好き　A B C D E
10　新しいことに挑戦するのが好き　A B C D E
11　一つのことを続けていると、別のことがやりたくなる　A B C D E
12　新しい店を開拓したり、食べたことのない料理を試してみるのが好き　A B C D E
13　あることをマスターしたら、それで満足せず別のことに挑戦する　A B C D E
14　新しい体験がしたくてむずむずすることがある　A B C D E
15　意外な展開が好き　A B C D E

16　旅をするのが好き　A　B　C　D　E
17　知らないことにとても興味がある　A　B　C　D　E
18　旅をしていてもリラックスできる。旅は楽しい体験だ　A　B　C　D　E

探検家システムのあなたの得点は　　点
20点以上　高い　—　12～19点　中くらい　—　11点以下　低い

最適な探検家システムの活性化レベル

12点以上なら、中くらいか高いレベルです。つまり、発見や冒険、新しい体験がたくさんある状態に満足できるということ。探検家システムが活発に刺激されているとき、あなたは快調だと感じます。

11点以下なら、予測できる状態を好みます。変化を嫌い、冒険や新しい環境に飛び込むことが苦手です。現状におおむね満足し、判で押したような毎日でも退屈と感じません。いまのところあなたは、探検家システムが刺激されていない状態を快適に感じています。

いまの生活で、探検家システムの活性化は快適レベルになっているか

1　いまの生活ではドキドキするような出来事が少なすぎる　A　B　C　D　E
2　いまの生活は毎日が判で押したようだ　A　B　C　D　E

3　「またか」と思うことばかりでもう飽き飽きだ　A B C D E
4　刺激が足りない　A B C D E
5　時間がたつのがとても遅く感じられる　A B C D E
6　とても退屈している　A B C D E
7　生活のテンポがもう少し速くなり、周囲の状況がもっと変化するといい　A B C D E
8　予想外のことがもっとあっていい　A B C D E
9　冒険がしたい　A B C D E
10　意外な展開が少なすぎる　A B C D E

あなたの得点は　　点

いまの生活での活性化レベル

得点が5点以上の人は探検家システムへの刺激が足りないと感じています。自分の中の探検家システムをもっと満足させるような生活をしたほうがいいでしょう。4～-9点なら、探検家システムへの刺激は適正レベルです。-10点以下の人は、探検家システムが刺激されすぎていると感じています。自分が求める以上に、探検家型を演じざるを得なくなっています。

エクササイズ　衛兵システム――あなたにとって心地よい活性化レベルは？

1　用心していないと、たやすく被害者にされてしまう　A B C D E

2　世界は危険な場所だという認識を前提に行動している　A B C D E

3　家族を守ることが私の役目だと思う　A B C D E

4　「一〇〇パーセント安全だ」と感じることはめったにない　A B C D E

5　不測の事態やショックを避けるために非常に気をつけている　A B C D E

6　行動を起こす前にちょっと考えれば災難は避けられると思う　A B C D E

7　ふだんの生活でも思いがけない危険があると思う　A B C D E

8　なかなかリラックスできない　A B C D E

9　将来のことをよく心配する　A B C D E

10　驚かされるのは嫌いだ　A B C D E

11　一見、ノーマルな状況でも用心深くなるが、それは当然だと思う　A B C D E

12　自分がしっかりして周囲の人たちを守らなければならない　A B C D E

13　ちょっと神経質になりすぎることもある　A B C D E

14　人づきあいの中で相手を簡単に信用できないと思うことがある　A B C D E

15　トラブルの兆候に気づくのがほかの人たちよりも早い　A B C D E

16　自分と周囲の人たちのために安全な環境をつくろうと努力する　A B C D E
17　仕事場から不安要因をできるだけ取り除くことがとても大事だ　A B C D E
18　不測の事態を避けるため、物事を自分でコントロールしたい　A B C D E
19　常に油断を怠らず、トラブルを未然に防げるようにしたい　A B C D E
20　私は心配性だ　A B C D E
21　不意を突かれるのは嫌いだ　A B C D E
22　ちょっとしたことでびくっとする　A B C D E
23　物事がきちんとしていないとパニックに陥りがちだ　A B C D E
24　自分のことを、自分と周囲の人たちの守り手と考えている　A B C D E

衛兵システムのあなたの得点は　　点
20点以上　高い　―　12～19点　中くらい　―　11点以下　低い

最適な衛兵システムの活性化レベル

10点以上なら、あなたにとって居心地のよい衛兵システムの活性化レベルは、中くらいから高めです。つまり、あなたは衛兵の役割が気に入っているということ。危険に備えて、警戒を怠りたくないということです。衛兵システムが大いに活性化されると、あなたは張りきります。

10点に達していない人は、のんきで、リラックスしています。不安にかられることはあまりなく、衛兵システムがおとなしくしている状態を居心地よく感じます。

いまの生活で、衛兵システムの活性化は快適レベルになっているか

1	いまの生活では心配なことが多すぎる	A B C D E
2	常に慎重であろうと努めている	A B C D E
3	いまの生活のいろいろな面に不安を感じている	A B C D E
4	くよくよ考えている時間が多い	A B C D E
5	不安で夜眠れないことがある	A B C D E
6	警戒心を取り除くことがなかなかできない	A B C D E
7	なかなかリラックスできない	A B C D E
8	もっとしっかりした雇用保障が欲しい	A B C D E
9	自分にとって大切な人といるとき、もっとリラックスした態度をとりたい	A B C D E
10	比較的安全な状況では、ふだんよりずっといいアイデアが浮かぶ	A B C D E
11	周囲の人たちを守る責任を背負い込みすぎている	A B C D E
12	安全確保で私だけが頼りにされるのはきつい	A B C D E
13	周囲の人たちの安全に気を配る役目を少々負担に感じている	A B C D E

あなたの得点は　　点

いまの生活での活性化レベル

7点以上なら、衛兵システムが刺激されすぎています。もっと安心して暮らせるよう、生活を見直す必要があります。6~0点なら、ちょうどよい活性化レベルです。0点に満たなければ、十分活性化されていません。

エクササイズ　エネルギー管理システム——あなたにとって心地よい活性化レベルは？

1　私はいつも元気だ　A B C D E
2　燃えつきるまで働くことには、ほとんど喜びを感じない　A B C D E
3　疲れたら充電する　A B C D E
4　消耗しきらないよう、生活のペースを調整する　A B C D E
5　休養を十分にとり、リラックスできる生活環境をつくっている　A B C D E
6　休暇やオフタイムが待ちきれないと思うことはあまりない　A B C D E
7　夜はたいがいよく眠れる　A B C D E

8　ふだんは昼寝をしなくても大丈夫　A B C D E
9　目覚めたとき、体がリフレッシュしている気がする　A B C D E
10　ストレスを感じたら、うまく気分転換する　A B C D E
11　ふだんの生活では、肩に力を入れず、楽々と物事をこなしている　A B C D E
12　疲れきったり、ストレスに打ちのめされることはめったにない　A B C D E
13　やるべきことはどんどん片づける　A B C D E
14　目標を達成するために、モチベーションを見つけられる　A B C D E
15　毎日が面白いと感じている　A B C D E
16　やろうと決めたことは、最後までやり抜く　A B C D E
17　仕事と息抜きのバランスをうまくとっている　A B C D E
18　何ごともやる気満々　A B C D E
19　バランスよく栄養をとるよう食事には気をつけている　A B C D E
20　体の要求（喉の渇き・空腹・排泄）を無視することはまずない　A B C D E

エネルギー管理システムのあなたの得点は　　点
10点以上　高い　―　5~9点　中くらい　―　4点以下　低い

最適なエネルギー管理システムの活性化レベル

得点が7点以上の人は、高い活性化レベルを快適に感じます。つまり、目標を達成するエネルギーを十分持っているということです。7点未満なら、やりたいと思うことをやるために、エネルギーをうまくコントロールするのが苦手ということ。だるい、疲れたと感じることが多く、自分をリフレッシュすることが不得手かもしれません。

いまの生活で、エネルギー管理システムの活性化は快適レベルになっているか

1　いまの生活は体力的にきつい　A B C D E
2　仕事で精も根も尽き果てている　A B C D E
3　理不尽なほど多くの仕事を押しつけられ、なんとかやりきろうとして、燃えつきかけている　A B C D E
4　神経がささくれ立って眠れない　A B C D E
5　生活に疲れている　A B C D E
6　バテバテだと感じることが多い　A B C D E
7　長いこと休暇をとっていない　A B C D E
8　生活のバランスがうまくとれていない　A B C D E
9　安らぎが欲しい　A B C D E

10　ストレス過剰の日が多すぎる　A　B　C　D　E

あなたの得点は　　点

いまの生活での活性化レベル

5点以上なら、エネルギー管理システムが十分活性化されていないと感じているはずです。このシステムを回復させる必要があります。5点未満なら適正レベル。生活の中でエネルギーの流れをうまく調整しています。

エクササイズ　官能システム——あなたにとって心地よい活性化レベルは？

1　私は性欲が強い　A　B　C　D　E

2　異性とのきわどいおふざけが好き　A　B　C　D　E

3　性的に興奮するような状況を求める　A　B　C　D　E

4　恋のはじまりのかけ引きが好き　A　B　C　D　E

5　掛け値なしにセックスをエンジョイできる　A　B　C　D　E

6　自分が惹かれている相手に肉体的な快感を与えたい　A　B　C　D　E

7 私はセクシーだ A B C D E

8 惹かれている相手に性的に興奮させられたい A B C D E

9 いろいろな状況で、性的な快感が得られる可能性を探す A B C D E

10 すぐにみだらな気分になる A B C D E

11 出会ったばかりの相手に欲情することがよくある A B C D E

12 恋をしている状態が好き A B C D E

13 頻繁にマスターベーションをする A B C D E

14 場違いな状況で性的な妄想を抱くことがある A B C D E

15 性的欲望を抱いたらブレーキが利かない A B C D E

16 いろいろな形で性的に興奮させられるのが好き A B C D E

17 なでる、さわる、キスする、抱き合うなどのスキンシップを楽しむ A B C D E

18 魅力的な人と一緒にいるだけで興奮する A B C D E

19 私は根っからみだらな人間だ A B C D E

20 セックスの喜びは非常に大切なものだと考えている A B C D E

21 日に何度もセックスのことを考える A B C D E

官能システムのあなたの得点は　　点

11点以上　高い　―　6～10点　中くらい　―　5点未満　低い

最適な官能システム活性化レベル

6点以上なら、中くらいから高い活性化レベルが、あなたにとって心地よく感じられるはずです。つまり、あなたは日々の生活の中で性的に興奮する機会を多く持ちたい人で、官能システムが多くの刺激を受けていると元気だということです。6点未満なら、性的な刺激はそれほど望まないということ。目下のところは、さほど官能型ではないということです。自分の中の官能システムが静かなとき、あなたは安心できます。

いまの生活で、官能システムの活性化は快適レベルになっているか

パート1

1	いまの生活では性的な刺激が足りない	A B C D E
2	いまの生活では、性的体験が足りない	A B C D E
3	いまは自分の中の性的な部分が抑えつけられている	A B C D E
4	セックスからあまりに遠ざかっている	A B C D E
5	周囲の人はそう見ていないが、私は誰か愛する人がいないと耐えられないほうだ	A B C D E
6	性的な体験をもっと持ちたい	A B C D E
7	もっと性的な情熱を持ちたい	A B C D E

8　もっとロマンスが欲しい　A B C D E

9　むらむらと性欲にかられることが多すぎる　A B C D E

10　お互いが楽しめるセックスが、いまの生活では足りない　A B C D E

パート1（1〜10）の得点の合計　　点

パート2

11　私はエッチなことを考えすぎだ　A B C D E

12　いまの生活では、自分の中の性的な部分が必要以上に引き出されている　A B C D E

13　セックスのことをあまり考えたくない　A B C D E

14　性的に興奮させられると困惑してしまう　A B C D E

パート2（11〜14）の得点の合計　　点

いまの生活での活性化レベル

パート1の得点が4点以上なら、いまの生活では官能システムが抑えつけられています。もっと官能システムを満足させられる機会を持つことです。パート1の得点が4点未満なら、官能システムは適度に活性化されています。パート2の得点が3点以上なら、官能システムが過剰に刺激されているということです。自分にとって居心地がよい以上に、性的になるようプレッシャーがかかる状況では、きちんとノーと言う必要があります。

エクササイズ　道化師システム――あなたにとって心地よい活性化レベルは？

1	ふだんの生活の中でこっけいなことを見つけるのは楽しい	A B C D E
2	冗談半分で人をからかったり、人にからかわれるのは楽しい	A B C D E
3	ダジャレを楽しめる	A B C D E
4	はめをはずしたおふざけが好き	A B C D E
5	威張っている人を見るとからかいたくなる	A B C D E
6	誰か別の人間になったふりをしてふざけることがある	A B C D E
7	〝××になったつもり〟遊びが好き	A B C D E
8	思いっきりばかになれる	A B C D E
9	幼い子どものようにふざける	A B C D E
10	他人が見逃すユーモアに気づく	A B C D E
11	人前でおどけてみせるのが好き	A B C D E

12 雪合戦に夢中になれる A B C D E
13 人を笑わせるのが好き A B C D E
14 丘をごろごろ転がりおちて大笑いするといったことが好き A B C D E
15 笑わせられるのが好き A B C D E
16 馬みたいに跳ねまわるのは楽しいと思う A B C D E
17 友だちの言うことにわざと反論してみることがある A B C D E
18 からかいやパロディーが好き A B C D E
19 子どもと遊ぶのが好き A B C D E
20 どたばたの喜劇が好き A B C D E
21 私は本質的にひょうきん者だ A B C D E
22 一緒に笑える相手を友人にしてきた A B C D E
23 笑いが止まらず、苦しくなることがある A B C D E
24 おならの音を聞くと吹き出してしまう A B C D E

道化師システムのあなたの得点は　　点
25点以上　高い　—　10〜24点　中くらい　—　9点以下　低い

最適な道化師システムの活性化レベル

10点以上なら、活性化レベルは中くらいか高い。つまり遊びやユーモア、おふざけ、ごっこ遊びなどが生活の中にたくさんある状態を好むということです。9点以下なら、地に足の着いた、まじめな生活を好み、あまりはめをはずさないタイプと言えます。道化師システムがさほど活性化されていないほうが、あなたにとっては居心地がよいでしょう。

いまの生活で、道化師システムの活性化は快適レベルになっているか

1　いまの生活にはおふざけが足りない　A B C D E
2　いまの生活には遊びが足りない　A B C D E
3　いまの環境では冗談があまり通じない　A B C D E
4　周囲があまりにも四角四面で息が詰まる　A B C D E
5　ばかなことを言ったり、人の話にちゃちゃを入れる機会が少なすぎる　A B C D E
6　周囲の人が思っている以上に自分はおふざけ屋だ　A B C D E
7　ちょっとはめをはずしたくても我慢している　A B C D E
8　周囲の人たちにもう少し軽い感じがあってもいいと思う　A B C D E
9　周囲の人たちがもう少しばかなことを言ってくれたらいい　A B C D E
10　いまの生活には笑いが足りない　A B C D E

あなたの得点は　　　点

いまの生活での活性化レベル

6点以上なら、道化師システムへの刺激が足りないと感じているはず。5〜-9点なら道化師システムの刺激は最適レベルです。-10点以下なら、あなたは自分が望む以上に道化師にならざるを得ない状況に追い込まれています。

エクササイズ　母性システム——あなたにとって心地よい活性化レベルは？

1　母親役をつとめるのが好き　A B C D E
2　自分は世話好きだ　A B C D E
3　誰かが助けを必要としていたら手を差し伸べたい　A B C D E
4　子どもの成長を見守るのはとても素敵なことだと思う　A B C D E
5　他人の手助けをすることに生き甲斐を感じる　A B C D E
6　居心地よいくつろぎの場をつくりたい　A B C D E
7　子どもに教えるのが好き（教えたことはないが、楽しいだろうと思う）　A B C D E
8　自分は非常に母性的（または父性的）な面があると思う　A B C D E

9　一人でいると寂しい　A B C D E

10　誰かと親密な関係にないと寂しい　A B C D E

11　新しい友だちをつくるのが得意　A B C D E

12　友だちのためなら、喜んで時間を割く　A B C D E

13　友だちの悩みに耳を傾けるのは苦にならない　A B C D E

14　自分のことを後回しにしてでも他人の面倒を見る　A B C D E

15　人生で最も素晴らしい仕事は、子どもをちゃんと育てることだと思う　A B C D E

16　ほかのことを多少犠牲にしても、友だちと過ごす時間をつくる　A B C D E

17　人に頼られるのはいやではない　A B C D E

18　子どもの世話をするのは楽しい　A B C D E

19　私は母親（または父親）のように他人を包み込む人間だ　A B C D E

20　家族の団らんはとても大事だと思う　A B C D E

21　親しい人のために料理をつくるのが好きだ　A B C D E

母性システムのあなたの得点は　　　点

20点以上　高い　―　12〜19点　中くらい　―　11点以下　低い

最適な母性システムの活性化レベル

12点以上なら、最適な活性レベルは中くらいから高い範囲で、あなたは人とのふれあいや絆を大切に思う母性的な人です。12点未満なら、人に頼られたり、頼ったりせず、自立して自分のペースで生きたいと考えています。

いまの生活で、母性システムの活性化は快適レベルになっているか

1　いまの生活では人との親密なふれあいが足りない　A　B　C　D　E
2　もっと他人の面倒を見たいのに、それができないのが寂しい　A　B　C　D　E
3　人にやさしくしたいという自分の思いが周囲の人に通じていない　A　B　C　D　E
4　周囲の人との関係があまりによそよそしい　A　B　C　D　E
5　寂しさをかこっているときが多い　A　B　C　D　E
6　周囲の人が思っている以上に、私は世話好きだ　A　B　C　D　E
7　親しい友だちが欲しい　A　B　C　D　E
8　もっと人との親密なふれあいが欲しい　A　B　C　D　E
9　周囲の人ともっと仲よくしたい　A　B　C　D　E
10　いまの生活ではあたたかなつながりが足りない　A　B　C　D　E

あなたの得点は　　点

いまの生活での活性化レベル

6点以上なら、いまの生活では母性システムが十分満たされていません。5～-9点なら、いまの状態であなたは満足しているはず。-10点以下なら、あなたは自分が望む以上に母性的な役割を果たしています。

エクササイズ　あなたの指令システムの点数カード

指令システムのパターンを探るテストをして、この結果があなたの生活や人間関係、感情シグナルの出し方にどう関わるか考えてみましょう。表6で、七つのシステムそれぞれについて、あなたにとっての最適な活性化レベル（高い、中くらい、低い）に○をつけてください。自分のパターンがひと目でわかります。

これまでのテストを誰かと一緒に行ったのなら（あるいは一緒にやっているつもりで、相手に代わって答えていたら）、相手の結果も書き込み、二人のパターンを比べてみましょう。

さらにいまの生活では、それぞれのシステムが、あなたにとって最適な活性化レベルになっているかどうか、「はい」か「いいえ」に○をつけます。それによって、生活のどこを変えたらよいのかが見えてきます。

このチャートを見て、自分のパターンやいまの生活を検討するときに、次の質問が役立つはずです。自分の答えについて、誰か身近な人と話し合ってもいいし、感情シグナル日記につけてもいいでしょう。

表６　感情の指令システムの点数カード

感情の指令システム	最適な活性化レベル		いまの生活で最適な活性化レベルになっているか
	あなた	パートナー	
指揮官	高い 中くらい 低い	高い 中くらい 低い	はい いいえ
探検家	高い 中くらい 低い	高い 中くらい 低い	はい いいえ
衛兵	高い 中くらい 低い	高い 中くらい 低い	はい いいえ
エネルギー管理	高い 中くらい 低い	高い 中くらい 低い	はい いいえ
官能	高い 中くらい 低い	高い 中くらい 低い	はい いいえ
道化師	高い 中くらい 低い	高い 中くらい 低い	はい いいえ
母性	高い 中くらい 低い	高い 中くらい 低い	はい いいえ

考えてみよう

- いまの生活で、もっと活発に働かせたい指令システムは？
- そのためには何をすればいい？
- いまの生活で、もっと働きを抑えたい指令システムは？
- そのためにはどうすればいい？
- 指令システムのパターンで、周囲の人たちとあなたはどこが違う？　共通点は？
- 違いや共通点を認めることで、相手との関係をよい方向に変えられる？

- 違いや共通点は、相手に対するあなたの感情シグナルの出し方、相手のシグナルに対するあなたの反応のしかたに影響を与えている？　どう工夫すればより上手にシグナルが発信できる？

テスト結果を生かす

はじめて感情の指令システムというコンセプトを学んだとき、私は大いに興奮しました。これはすごいコンセプトだ。これを応用すれば、感情的なエネルギーを目標に振り向けるよう、クライアントにアドバイスできます。

人は理由がわからないまま、怒りや悲しみや不安にさいなまれることがあります。感情の指令システムを理解していれば、そうしたネガティブな感情を建設的な方向に導いていくことができます。単に「むしゃくしゃする！」のではなく、「仕事のスケジュールを自分で調節できないからむしゃくしゃする。指揮官システムを働かせて、自分の生活を自分でコントロールしよう」と考えられるようになるのです。

いまの環境になんとなく居心地の悪さを感じている人、自分の仕事や役割にしっくりこないものを感じている人も、自分の指令システムの適正な活性化レベルがわかれば、何をどう変えればよいかが見えてきます。さらには、周囲の人たちともっとうまくコミュニケーションをとる方法も見えてくるでしょう。それにより、満足感が高まり、日々の生活も改善されます。

これは個人的な経験ですが、私の親友で研究仲間でもあったニール・ジェイコブソンが一九九九年に心臓発作で突然亡くなりました。それから何カ月か私たち、つまり彼とつきあいがあった研究者たちは非常につらい時期を過ごしました。特に私には彼の死はこたえました。ニールは研究を始めたころからの同僚で、家族ぐるみで親しくしていましたから。彼を失って、大学では腹を割って話せる友が一人もいなくなりました。

ただただつらくて、何をする気にもなれない。そんな日々が続くうちに気づいたのです。他者に寄り添い、支え合う「母性型」の指令システムがまったく働かなくなっている、と。ニールがいないと、誰かに声をかけ、誰かとつながる気力も湧かなくなっていた。だから、いつまでも喪失感を引きずり、うつ状態が続いていたのです。どんなにあがいても、ニールとともに過ごした日々にはもう戻れない。彼を失ったことをいつまでも嘆いていたら、彼も浮かばれないと思いました。前に進むには、「母性型」のシステムを起動して、周囲にいる仲間たちとの絆を深めること。まずは誰かに声をかけて、笑い合うことから始めよう。そう気づいて、私はようやく一歩を踏み出すことができたのです。

自分と相手を受け入れる

神経細胞のネットワーク、言い換えれば脳の〝配線〟のしかたには著しい個人差があり、感情の傾向は一人ひとり違うのだとわかれば、自分に対しても他人に対しても、もっとやさしくなれるはずです。互いの違いを理解し、受け入れることで、よりよい関係が築けるでしょう。

ウディ・アレンの映画『アニー・ホール』にこんなシーンがあります。アニーと恋人のアルビーが、別々にセラピストに話すのですが、セラピストは二人に同じ質問をします。「あなたがたはどのくらいの頻度でセックスをしていますか？」

「あんまりしない」とアルビー。「せいぜい週三回かな」

ところがアニーは、「しょっちゅうしてるわ」とこぼします。「週三回もよ」

この場面に観客はどっと笑いますが、それは誰にでも心当たりがあるからです。二人の答えは、親しい関係にありがちな厄介な問題を浮き彫りにしています。セックス、冒険、力、友情といった事柄について、人によって違う好みや傾向にどう折り合いをつけるか。こうした事柄はすべて、感情の指令システムの制御を受けています。同時に、これらは、人と人が感情的につながるために、すり合わせが必要な事柄でもあります。安定した満足のいく関係を築くには、互いの違いを調整する必要があり、妥協が求められます。感情の指令システムを理解することが、その作業の土台になるのです。

もう一つ個人的な例を出させてください。私の妻のジュリーは秘境に旅することが好きです。未知の領域に踏み込んだり、新しいことに挑戦したりするのが好きなのです。感情の指令システムで言えば、妻は典型的な「探検家」タイプです。一方、私はもっと保守的で、旅行は好きですが、美術館や名建築、古代遺跡などを見にいきたいタイプ。妻のような冒険家ではありません。

昨年ジュリーは女性だけの遠征隊を組んで、ネパールのカラパタールに登頂する計画を立てました。カラパタールは標高五五四五メートル。エベレスト登頂のためのベースキャンプの近くにある峰で、エベレストを間近に仰ぎ見ることができます。ジュリーの計画では、一行は三週間かけて約一二〇キロを踏破する予定でした。高山病の危険も伴う過酷なトレッキングで、ジュリーはそのために一年あまりトレーニングを積みました。

当初、私はこの計画に反対でした。私の「衛兵」システムは「なんとしても止めろ！」と叫んでいたのです。ネパールの治安も心配でした。追いはぎにあったり、襲われたり、殺されることすらあるかもしれない。あるいは、高山病になって担架に乗せられヘリコプターで麓《ふもと》に運ばれる事態になるかもしれない。私はエベレストで起きた悲劇的な遭難事故をつづったノンフィクションを決して読むまいと心に誓いました。そんな本を読んだら、ありとあらゆる恐ろしい場面を想像し、妻に「行くな！」と叫んでしまうでしょう。

実際、そう叫びたいのはやまやまでしたが、私はどうにか笑顔で妻を送り出しました。彼女の「探検家」システムがどれほど強力か、わかっていたからです。私にとっては、そこがジュリーのよさであり、魅力でもあります。冒険に挑み、新たな発見をすることが彼女の生きがいであり、そういう活動をしているときが一番生き生きしています。それを取り上げられたら、どうなるか。元気をなくし、ふさぎ込む彼女の姿が目に見えるようです。

妻も、私が「探検家」タイプと程遠いことを知っています。だから、こうした冒険に無理に私を誘おうとはしない。私たちは互いの違いについて、よく冗談を言い合います。私からすれば、エベレストはＩＭＡＸの映画で見るだけで十分。「トレッキングの間も贅沢なルームサービスが頼めるなら、一緒に行ってもいいよ」などと言うのですが、私に高地順応が無理なことは、妻も私も百も承知。私は典型的な「母性」型で、わが家で家族とのんびりくつろいでいたいタイプなんです。

それがわかっていても、妻を送り出すときは、心穏やかならぬものがありました。彼女の留守中、心配や愚痴をぐっとのみ込むのも、ひと苦労でした。数日に一度、衛星電話で連絡してくるのですが、そのときに泣き言を言わなかっただけでも、自分を褒めてやりたい。泣き言は、妻が無事帰ってきてから、いくらでも言えばいいと、自分に言い聞かせていました。

ところが妻が戻り、トレッキング中の写真を見せてくれると、泣き言など吹き飛んでしまいました。妻を止めなくてよかったと、心から思いました。とりわけ私が気に入った一枚では、妻はベースキャンプを見下ろす、カラパタールの山頂に座っています。背景にはエベレストの威容が間近に迫っています。妻はにっこり笑っている。達成感があふれる笑顔。それは、私がそれまでに見た最高の笑顔でした。この写真は、私にとってはかり知れない価値ある宝物です。私は、私たち夫婦の絆を誇りに思います。まったく違ったタイプの二人ですが、その違いが不信を生むのではなく、より深い、豊かな絆を育むことに役立っているのです。

ミスマッチに対処する

人生には、他の人たちとの違いを喜んだり、嘆いたりすることがごまんとあります。人によって感情の指令システムの快適な活性化レベルが違うために軋轢が生じるからです。

たとえば兄弟で、弟のほうがおふざけ屋、兄はばかげた冗談に乗れないタイプだとします。兄弟そろってディナー・パーティーに行き、道化師タイプの弟が、兄の新しい恋人をだしにして冗談を連発したらどうなると思いますか？

同じようなタイプ同士でも軋轢は生じます。上司も部下も、ともに指揮官システムの活性化レベルが高い場合は、どちらも譲ろうとせず、双方の我がぶつかってしまうでしょう。

異なるシステムが高度に活性化している人同士も衝突します。この章の冒頭に紹介した同窓会を想像してみてください。彼らが行動をともにするときに起こりそうな対立を想像できますか？　第一日目の夜、灯油ランプのまわりに全員が集合しました。

「ねえ、このハイキングコース、いいと思わない？」探検家タイプのメリルが、ケイティ（エネルギー管理型）にガイドブックを見せます。「頂上からの眺めは最高よ、きっと。明日はすごくいいお天気だっていうし。どう思う？」

「驚いた」とケイティ。「標高差一五〇〇メートル、距離にして一〇キロ弱。これは相当の健脚向きよ。私たちの体力じゃねえ。それに、この週末はくつろぐために集まったんでしょ？」

「一五〇〇メートルは、人によってはきついだろうけど、無理じゃないだろう」と、指揮官型のクリストファー。「だけど、一つ問題がある。明日は、いかだの川下りを予約してあるんだ。七時に船着き場で装備を受けとることになっている」

「いかだの川下りだって？」と衛兵型のカルロス。「誰がそんなことを決めたんだ」

「いや、みんなやりたいだろうと思ってね」とクリストファー。「七月にここに来て、川下りをしないっていう手はないからな」

「そうだな」と、道化師型のピーターが相づちを打ちます。「スリル満点だっていうじゃないか。前からやりたかったんだ」

「それにしても、まずみんなの意見を聞くべきじゃない？」とメリル。「明日はハイキングにうってつけの天気よ。川下りはあとにできないの？」

「だけどもう、予約料を払ってあるんだ。払い戻しはなしだ」

「手回しがいいこと！」とメリルが皮肉たっぷりに言い、カルロスがあきれたように首を振ります。

「もういいじゃない。決めちゃったんだし」と母性型のシェルビー。「数日しか一緒にいられないんだから、仲よくやりましょう」

「ウエットスーツは？」とケイティ。「ウエットスーツがないと、凍え死ぬわよ」

「あるよ。全員のぶんを予約しておいた」とクリストファーが答えます。

「サイズは知ってたの」と、ケイティ。

「目で見てだいたいね」

「そういう目つきをしていたぜ」と言ったのは、官能型のダリン。「ところでメリルの横には誰が座るのかな」

と、まあ、こんな具合。

こうした衝突に心当たりはありませんか？　他人とぶつかる原因――脳にある感情の指令システムを違った形で使っていることを理解できれば、もっと上手にシグナルが出せるようになるはずです。

異なる指令システム同士のシグナル

次の例は、指令システムの理解を人間関係の改善に役立てる方法を示したものです。まず、双方が互いの違いに気づかず、感情シグナルがうまく伝わらない場合を示します。その次に、違いを認識して妥協の余地をつくれば、うまく行くことを示したシナリオを挙げます。シグナルを出す人が表現を変える場合もあれば、反応する側の表現が変わる場合もあります。いずれにせよ、互いが違った見方で物事にアプローチしていることに気づき、共通の土俵を見つけようとすることで、シグナルがうまく伝わり、絆は深まります。

指揮官 vs **探検家**

×失敗例

学生（探検家）「フィールド調査で学んだことをレポートにまとめるように言われましたが、ちょっと違うことを書いてみたいんですが」

教師（指揮官）「それはどうかな。私としては、与えた指示に従ってもらいたい」（学生は退出する）

○成功例

学生（探検家）「フィールド調査で学んだことをレポートにまとめるように言われましたが、ちょっと違うことを書いてみたいんですが」

教師（指揮官）「きみは自分で工夫した新しいアプローチを試してみたいようだね。私は正攻法できちんとやっていきたい人間だ。だが、きみにチャンスを与えよう。どういうことを書いてみたいのかね？」（さらに会話が続く）

指揮官 vs 道化師

×失敗例

社員Ａ（道化師）「で、そいつがバーに入ってきてさ……」

社員Ｂ（指揮官）「本題に戻りましょう」（その場にいた社員は予算についての議論に入る）

○成功例

社員Ａ（道化師）「で、そいつがバーに入ってきてさ……」

社員Ｂ（指揮官）（笑って、腕時計を指さしながら）「話は手短にね。予算について話し合わなきゃならないから」（Ａは手短にジョークを話し、社員たちはなごやかに予算の論議に移る）

指揮官 vs エネルギー管理

×失敗例

母（エネルギー管理）「朝ごはん食べないの？」

娘（指揮官）「いらない。なんでみんな私をデブにしたがるの？」（母は眉をひそめ、娘

は出ていく）

○成功例

母（エネルギー管理）「朝ごはん食べないの？」

娘（指揮官）「いらない。なんでみんな私をデブにしたがるの？」

母「おなかがすくだろうと思って。自分の食べるものは自分で責任を持って。はい、お金。おなかがすいたら休憩時間に何か買って」（娘はお金を受けとって出かける）

指揮官 vs 母性

×失敗例

部下（母性）「スタッフの親睦を深めてチームワークを強化するために、泊まりがけでリゾート地に行こうと思うんですが」

上司（指揮官）「ただの遊びに終わってしまうんじゃないか。社内研修で十分だよ」

○成功例

部下（母性）「スタッフの親睦を深めてチームワークを強化するために、泊まりがけでリゾート地に行こうと思うんですが」

上司（指揮官）「ただの遊びに終わってしまうんじゃないか。社内研修で十分だよ」

部下「それじゃあ、旅行以外の方法ならどうでしょう？　仕事帰りにみんなで食事に行くとか。リラックスして、お互いを知ることができると思いますが」

上司「なるほど、それはいいね」（二人で親睦会の計画を立てる）

指揮官 vs 官能

×失敗例
彼（官能）「なんでリラックスできないんだ。気持ちがいいなら、やるっきゃないと、僕は思うけど」
彼女（指揮官）「そう単純じゃないわ。私はそんなに簡単にその気になれないの」（会話は終わる）

○成功例
彼（官能）「なんでリラックスできないんだ。気持ちがいいなら、やるっきゃないと、僕は思うけど」

彼女（指揮官）「そう単純じゃないわ。私はそんなに簡単にその気になれないの」

彼「たしかに。きみにはきみのペースがあるよな。僕が性急だった。いいよ、無理しないで。きみがリードをとればいい。どうしたいか言ってくれたらそうするよ」

（さらに会話が続く）

探検家 vs 道化師

×失敗例
妻（探検家）「休暇にハワイに行くじゃない？　ネットで見つけたんだけど、カウアイ島にトレッキングにうってつけの場所があるの。人が少なくて、すごくいいところみたい」
夫（道化師）「トレッキングだって！　冗談だろ。ハワイ行きに賛成したのはリッチなリゾートホテルがあるからさ。料理を楽しんで、夜はワイキキで遊べる」
妻「じゃあ、休暇は別々に過ごすしかないわね」（会話は終わる）

○成功例
妻（探検家）「休暇にハワイに行くじゃない？　ネットで見つけたんだけど、カウアイ島にトレッキングにうってつけの場所があるの。人が少なくて、すごくいいところみたい」

夫（道化師）「きみはアウトドアの冒険が好きだからな。僕はリラックスしたいだけだ。カウアイ島にどんなリゾートがあるか、もうちょっと調べてみよう。お互いに満足できるような計画が立てられるかもしれない」（一緒に情報収集を始める）

探検家 vs 官能

×失敗例

学生A（探険家）（講座案内を見ながら）「春休みに女性カヤック講座を受けない？　カヤックってめちゃくちゃ面白いみたいよ」

学生B（官能）「女性カヤック講座？　それじゃあ、男の子と出会うチャンスがないじゃない。こっちがいいわ……サルサダンス」

学生A「サルサなんて、私は興味ない」（会話は終わる）

○成功例

学生A（探険家）（講座案内を見ながら）「春休みに女性カヤック講座を受けない？　カヤックってめちゃくちゃ面白いみたいよ」

学生B（官能）「女性カヤック講座？　それじゃあ、男の子と出会うチャンスがないじゃない。

学生Ａ　こっちがいいわ……サルサダンス」

「私はアウトドアの冒険、あなたは男に興味があるわけね。あった！　これなんかどう？　ロッククライミング。男女同じクラス……」（二人はその講座に登録する）

探検家 vs エネルギー管理

×失敗例

子ども（エネルギー管理）「ねえ、あそこにマクドナルドがあるよ。なんか食べない？」

父（探険家）「マクドナルドがあるたびに入っていた日にゃ、グランドキャニオンには永久に着かないぞ」（会話は途切れ、五分ほど無言が続く）

○成功例

子ども（エネルギー管理）「ねえ、あそこにマクドナルドがあるよ。なんか食べない？」

父（探険家）「お腹がすいたのか？　パパは早くグランドキャニオンに行きたいんだが。よし、まずガソリンを入れて、何か食べ物を買い込もう。そしていまのうちにトイレに行っておこう。アリゾナ州に入るまで、ノン

ストップで走れるようにね」（父はハンドルを切って高速道路の出口に向かう）

探検家 vs 衛兵

×失敗例

友人A（探険家）「ワオ！　すごいな、あの波。サーフボードを借りようぜ」

友人B（衛兵）「よしたほうがいい。このあたりは流れが渦巻いていて危険だっていうぜ」

友人A「なんだ、気が小さいんだな」

友人B「別に。おれはただ、浜で日光浴したいだけなんだ」（二人はそれぞれしたいことをする）

○成功例

友人A（探険家）「ワオ！　すごいな、あの波。サーフボードを借りようぜ」

友人B（衛兵）「怖いもの知らずだな。おれはもう少し慎重派だ。このあたりは流れが渦巻いていて危険だっていうぜ。もう少し先の浜ならライフガードがいる。そっちに行かないか」（Aも賛成し、二人は一緒に出発する）

探検家 vs 母性

×失敗例

夫（探検家）「すごいぞ。いま、局長から電話があって、人質事件の現場に飛んで取材してこいってさ」

妻（母性）「それはすごいけど、ジャスティン（息子）の卒業式に間に合うように戻ってこれるかしら？」

夫「なんでわかってくれないんだ」

妻「あなただって、なんでわからないの？」（会話は終わる）

○成功例

夫（探検家）「すごいぞ。いま、局長から電話があって、人質事件の現場に飛んで取材してこいってさ」

妻（母性）「それはすごいけど、ジャスティン（息子）の卒業式に間に合うように戻ってこれるかしら？」

夫「ちょっと話し合う必要があるな。僕にとっては、これは二度とないかもしれないビッグチャンスだ。でも、きみはジャスティンの卒業式に出てやるほうが大事だと考えている。でも、ジャスティンはわかってくれると思うんだ。仕事にかける父親を誇りに思ってくれるんじゃないかな。彼と話し合ってみるよ」

妻　「そうね。二人で話してみて」（さらに会話が続く）

官能vsエネルギー管理

×失敗例

彼（官能）　「どうしたんだ、いいだろう?」

彼女（エネルギー管理）「もう一二時近いでしょ。明日は五時起きなの。疲れてるし。それにタイラーがまだ眠っていないかも」（彼女は背を向け、彼は傷つく）

○成功例

彼（官能）　「どうしたんだ、いいだろう?」

彼女（エネルギー管理）「もう一二時近いでしょ。明日は五時起きなの。疲れてるし。それにタイラーがまだ眠っていないかも」

彼　「そうか、疲れてるのか。僕はしたいけど。いいよ。土曜の午後、タイラーがサッカーの練習に行ってる間にしよう。楽しみにしてるよ」

彼女　「やさしいのね。私も、楽しみにしてるわ」（二人は眠る……あるいは眠らないかも？）

官能 vs 道化師

×失敗例

彼（道化師）「怒ったのかい？」

彼女（官能）「セクシーだねって言ってほしかったのに、笑うんだもの」（恥ずかしさと怒りで、彼女は部屋から走り去る）

○成功例

彼（道化師）「怒ったのかい？」

彼女（官能）「セクシーだねって言ってほしかったのに、笑うんだもの」

彼　「そんなつもりじゃなかった。僕はおふざけ屋だから、なんでも冗談にとっちゃうんだ。きみはいつだってセクシーだよ。傷つけたならごめん」（会話は続く）

官能 vs 衛兵

×失敗例

彼女（衛兵）「ちょっと待って、コンドームして」

彼（官能）「なんだよ、いいとこなのに。つけなきゃだめなのか」

彼女「面倒ならいいわよ、もうやめても」

○成功例

彼女（衛兵）「ちょっと待って、コンドームして」

彼（官能）「なんだよ、いいとこなのに。つけなきゃだめなのか」

彼女「そう。つけなきゃだめ。でも大丈夫。つけても、気持ちよくさせるから」

官能 vs 母性

×失敗例

夫（官能）「今度の週末どこか行こうよ。きみと僕、二人だけで」

妻（母性）「行きたいけど、赤ちゃんが……。ベビーシッターに預けて、泊りがけの旅行に出るのは、まだ心配だわ」（夫は不満げに黙り込む）

○成功例

夫（官能）「今度の週末どこか行こうよ。きみと僕、二人だけで」

妻（母性）「行きたいけど、赤ちゃんが……。ベビーシッターに預けて、泊りがけの旅行に出るのは、まだ心配だわ」

夫　「わかるよ。でも、たまには二人だけの時間を持ちたいんだ。どうだろう、きみのお母さんに週末、来てもらえば？　もちろん飛行機代はこっち持ちだよ」（妻も賛成する）

エネルギー管理 vs 道化師

×失敗例

友人A（道化師）「今夜は徹夜だ！　『スター・ウォーズ』のDVDを朝まで見よう」

友人B（エネルギー管理）「ええっ？　だって明日のパーティーのためにダース・ベイダーのコスプレ、準備しなきゃ。そんな暇ないよ」（Aはムスッと黙り込み、Bは自己嫌悪にかられる）

○成功例

友人A（道化師）「今夜は徹夜だ！　『スター・ウォーズ』のDVDを朝まで見よう」

友人B（エネルギー管理）「ええっ？　きみが最強のスター・ウォーズ・オタクだってことは知ってるけど、明日のパーティーでダース・ベイダーのコスプレをするんだろ？　その準備もしなきゃ」

友人A「そうだな。じゃ、今夜はエピソード4だけ見よう。残りは月、火、水……と。今日からずっとスター・ウォーズ祭りだ！」（二人はDVDをセットする）

エネルギー管理 vs 衛兵

×失敗例

ルームメイトA（エネルギー管理）「明かりをつけたままだと、私は眠れないのよ」

ルームメイトB（衛兵）「明かりはいつもつけてるわ。真っ暗だと怖くて眠れないの」

（どちらも譲らず、会話は終わる）

○成功例

ルームメイトA（エネルギー管理）「あなたは暗いと眠れないんでしょ？　私は明かりがあるとだめなの。今夜はどうしても寝ておきたいから、お願いなんだけど、私の懐中電灯を枕元に置いて寝てくれない？　目がさめたときに、それをつければ怖くないでしょ？
「わかった。やってみるわ」

ルームメイトＢ（衛兵）

エネルギー管理 vs 母性

×失敗例

子ども（母性）「学校に牛乳を持っていくのは、クラスで僕だけだよ。みんなと同じようにソーダを持っていっちゃだめなの？」

母親（エネルギー管理）「甘いソーダは、体によくないのよ」（会話は終わる）

○成功例

子ども（母性）「学校に牛乳を持っていくのは、クラスで僕だけだよ。みんなと同じようにソーダを持っていっちゃだめなの？」

母親（エネルギー管理）「みんなと違うのがいやだっていう気持ちはわかるわ。でも、甘いソーダはただの砂糖水で体にはよくないの。どうかしら、あいだをとって、オレンジジュースを持っていくことにしたら？」

子ども　「いいよ」（笑顔で会話が終わる）

道化師 vs 衛兵

×失敗例

友人A（道化師）「今夜のロックコンサート、会場に入ったらすぐ、ステージ前方に行こう！」

友人B（衛兵）「マジかよ。将棋倒しで人が死んだりしてんだぜ」

友人A　「考えすぎだよ。まったく、臆病なんだから」（双方むっとして会話が終わる）

○成功例

友人A（道化師）「今夜のロックコンサート、会場に入ったらすぐ、ステージ前方に行こう！」

友人B（衛兵）「マジかよ。将棋倒しで人が死んだりしてんだぜ」

友人A　「おまえとは、性格が違うよな。俺は面白かったら、ちょっとくらい危ないことでもやっちゃうほうだけど」

友人B　「そういうことだ。だけど、いい考えがある。ライブが終わってから、バーで待ち合わせよう。一杯やりながら、きみの冒険談を聞きたいよ」

友人A　「いいねえ」（会話はいい雰囲気で終わる）

道化師 vs 母性

×失敗例

社員A（母性）「取締役の前であんな冗談を言うなよ。誰かの気分を害したらどうするんだ」

社員B（道化師）「そんなに深刻な顔するなよ。お偉いさん方、笑ってたじゃないか。それでいいのさ」（気まずい雰囲気で会話は終わる）

○成功例

社員A（母性）「取締役の前であんな冗談を言うなよ。誰かの気分を害したらどうするんだ」

社員B（道化師）「そんなに深刻な顔するなよ。お偉いさん方、笑ってたじゃないか。それでいいのさ」

社員A「まあ、そうだな。きみのユーモアのセンスには脱帽するよ。だけど僕は、性分というのか、人の感情を傷つけてないか、ひどく気になる質《たち》なんだ。あの場にいた二〜三人に、気分を害してないか、それとなく聞いてもいいかな。必要ならひと言、失礼しましたと謝ればすむと思うんだが」

社員B「そうだね。そうしてくれたほうが僕も気が楽だ」（にこやかなムードで会話は終わる）

母性 vs 衛兵

×失敗例

姉（母性）「クリスマスのディナーにはマービンも呼びましょうよ。彼は問題も起こしたけど、家族の一員よ。お酒もやめたって言ってるんだし、もう一度チャンスをあげたいの」

妹（衛兵）「だめ！　チャンスはいっぱいあげたわ。またいやな思いをしたくない」（会話は終わる）

○成功例

姉（母性）「クリスマスのディナーにはマービンも呼びましょうよ。彼は問題も起こしたけど、家族の一員よ。お酒もやめたって言ってるんだし、もう一度チャンスをあげたいの」

妹（衛兵）「だめ！　チャンスはいっぱいあげたわ。またいやな思いをしたくない」

姉「気持ちはわかるわ。いままでさんざん裏切られてきたものね。でも、私はどうしても彼を切り捨てられないの。こうしたら、どうかな。クリスマスまでに、何度か彼と会ってみるわ。ちゃんと生活しているかどうかチェックして、あなたにも報告する。それから決めるってことにしない？」

妹「姉さんがそこまでしたいなら、止めないわ。でも、いまは何も約束できないわよ」

姉「わかった。そうしましょ」（希望を残して会話が終わる）

もっと多くのつながりを

これまでに挙げた例でわかるように、一人ひとり違う個人が他人と関係を築くのは、なかなか難しいことです。感情の指令システムは脳内の〝配線〟によって、どういうパターンをとるか、ある程度決まっています。ある物事に対して感情的にどう反応するかは、人それぞれ違います。

それでも、人と人がつながることはできます。特に互いの違いを認め、受け入れ、その認識を感情シグナルのプロセスに生かせば、相手が感情面で必要としているものがわかり、より安定した関係が築けます。

ただし、それで全部ではありません。どうシグナルを発し、どうシグナルに反応するかは、これまでの感情面での経験に大きく左右されます。次章では、それについて見ていきます。

私が研究調査で被験者によく質問するのは、感情に関わる過去の経験についてです。たとえば子どものころ、両親が愛情をどう表現してくれたかなどです。

「父はいつも私から距離を置いていました」ある女性はこう打ち明けました。「臨終のときでさえ……。病院のベッドに横たわった父に、思いきって聞いたんです。『パパは一度も私に愛していると言ってくれなかった。お願いだから、本当の気持ちを聞かせて』と。父はどう言ったと思います？『いままでわからなかったのなら、いまさら何を言っても無駄だ』それが父の最後の言葉でした。私は怒りでいっぱいになり、泣きながら病室から走り去りました。父は死んでしまった。それなのに、私は父に怒りの感情しか抱けないんです」

この経験がその後の人生にどんな影響を与えたか聞くと、彼女は迷わずこう答えました。「子どもたちには毎日、『ママはあなたたちが大好きよ』と言っています。夫にもね。どんなときでも、その習慣だけは守るようにしています」

過去の経験は現在の人間関係に大きな影響を及ぼします。過去の経験には、身近な人があなたをどう扱ったか、それによって、あなたがどんな感情を抱いたか、怒りや悲しみ、喜び、不安に対して、身近な人がどう反応したかといった事柄が含まれます。

この章では、そうした経験がいまのあなたの人間関係にどういう影を落としているかを見ていきます。子どものときに、感情をストレートに表現したために叱られたとか、褒められたといった体験も強い影響力を持ちます。感情に対する親の考え方、感情を表現するということを親がどう見ていたかも重要です。さらには、長く引きずってきた傷、過去に体験した悲しい出来事、つらい関係、そうしたものとも向き合う必要があります。

たとえば、先ほど紹介した女性。彼女のような人と信頼関係を築くには、言葉に出して気持ちを伝えることがとても重要です。父親に愛情表現をしてもらえなかった彼女にとって、周囲の人の愛情表現は大きな救いになります。まわりの人がそのことを理解して彼女に接すれば、強い感情的な結びつきが生まれるでしょう。

これまでの章で見てきたように、似たような状況に置かれても感じ方や反応のしかたは人によって異なります。その違いを生む要素の一つが、過去の経験です。違いがわかっていないと人間関係はうまく行きません。

たとえば、ある朝出勤してみると、デスクに上司のメモがありました。「九時に私のオフィスに来てほしい。話し合いたいことがある」

あなたはこれにどう反応しますか？　不安になりますか、いい話を期待しますか、腹を立てますか？　あなたの仕事ぶり、上司の人柄（トラブルにどう対処するか）などによって、その答えは違ってくるでしょう。それだけでなく、過去の経験も大きくものを言います。

たとえば、機嫌がいいときと悪いときで態度が一変するような父親に育てられた人は、上司の呼び出しを悪いほうに考えるでしょう。自分は何かまずいことをしたのだろうか？　どんな制裁をくらうのだろう、と。一方、弟や妹の面倒をよく見るしっかりした子どもで、「あなたのやることは、安心して見ていられる」と言われて育った人の場合は、職場で何かトラブルが起きても、冷静に対処し、解決する自信があります。だから上司に呼び出されれば、自分の力を生かすチャンスが来たと思うでしょう。

気分屋で、支配的な母親に育てられた人は、上司の突然の呼び出しに怒りを感じるかもしれません。「こっちの都合も聞かないでなんなんだ！」と思い、メモを無視してやろうかとさえします。でも、結局は上司に会いにいく。力のある人間は理不尽な要求を突きつけるものであり、それに逆らえば、もっとひどい目にあうと、身にしみて知っているからです。

このように子どものころに親との関係で形成されたものに、その後の友人関係、仕事上で起きたこと、地域社会や文化の影響などが複雑に絡み合って、その人の感情的な経験が出来上がり、それがいまの人間関係の土台になっています。その土台の弱いところと強いところを知ることで、他人との関係のあり方、どこに問題があるのか、どこが歪んでいるかなどがわかってくるはずです。

過去の経験が物語るもの

過去の傷を見つめることには抵抗があるものです。古傷をひっかいて、未解決の問題を引きずり出したところで、なんの意味があるんだと多くの人は思うでしょう。

それでも、過去を振り返ることには多くのメリットがあります。私たちの脳が感情をどう処理し、感情の記憶をどう蓄えるか。脳の研究が進むにつれ、過去の感情が、現在の感情的な結びつきに影を落としていることが明らかになってきました。

これからよりよい人間関係を築きたいと思うなら、まず過去を見つめること。それは肉親や幼友だちとの関係を改善するきっかけにもなります。

過去の体験と、第4章で説明した感情の指令システムの関係を理解すれば、過去が現在の関係にどう影響を及ぼしているのかがわかりやすくなります。たとえば、若いころにレイプされた経験がある女性は、衛兵システムが強く働くようになるでしょう。その一方で、遺伝的に強い衛兵システムを受け継いだため他者を警戒するようになった女性が、周囲の人たちに受け入れられ、安心できる環境に置かれれば、心を開くようになります。

感情の指令システムは、ある程度は遺伝によって決まりますが、完全に〝配線〟ができているわけではありません。感情的なメッセージを伝える神経回路網はとても柔軟で、経験によってつくり変えられます。脳が急速に成長する時期で、神経回路網が建設途中の段階にある幼年期にはその傾向が強くなります。風や陽の当たる向きによって、若木の枝の張り方が違ってくるように、内面的な体験や環境によって脳内の神経回路網も違ってきます。

未発達の神経系は、新雪が降り積もった野原のようなものです。そこになんらかの経験によって感情の足跡がつきます。最初はまっさらなところに足跡がつくのですが、二度、三度と同じような経験が繰り返されると、足跡は踏み固められ、道ができます。このようにして、過去の経験で形成された感情のパターンが、将来ある状況であなたがどう感じるかを決定するようになるのです。

たとえば、家族の誰かと顔を合わせるたびに喧嘩になるような場合、相手はあなたを怒らせる言いぐさを知っていて、あなたを怒らせるために、わざと地雷を踏むのだと考えられます。家族の間では、あなたにとって何が地雷か、みんなわかっている。わざと地雷を踏むたびに、あなたが同じ反応をするのでわざと踏む。それがお決まりのパターンになっているのでしょう。あなたはそのパターンを変えたいけれど、痛いところを突かれると、ついむっとしてしまう。親やきょうだいとの関係がこじれている場合、修復が難しいのは、このようにお互いにパターン化された反応をしてしまうからです。

家族の間で出来上がったパターンは、家族以外の人と新しい関係を築くときにも悪影響を及ぼします。特に、あなたの目から見て、相手が「うちの母（父、きょうだい）とそっくり」、あるいは「別れた妻（夫）とそっくり」な物言いをしたり、態度をとったりすると、あなたはつい条件反射的な反応をしてしまう。そのために新しい関係が古いパターンの呪縛にとらわれてしまうのです。

ある言葉なり、ある状況にいつも決まった反応をしてしまう――決まったパターンに陥ってしまう人も、それを変えることはできます。そのためには、過去の経験を新たなスタンスで経験しなおすという方法が有効です。より安全で、事態を客観視できる状況で、過去の出来事を体験しなおしてみましょう。記憶と想像力を使って、傷ついたり、怒ったり、深く悲しんだ状況を思い返してみるのです。すぐに苦痛は消えないかもしれません。でも、新たな目で事態をとらえることはできるはずです――「私はひどい扱いを受けてとても傷ついた。でもいまは私も大人になり、自分が悪かったのではないとわかっている」「あの人たちが私について言ったことは、間違っていた。あの人たちが言うことを、すべて真《ま》に受けることはない」――このようにとらえなおすことで、似たような状況、似たような関係に対して、違った反応を返すことができるようになります。

過去の感情がいまの感情にどう影を落としているかを理解すれば、自分の感情だけでなく、相手の感情も深く理解できるようになり、より強い、より健全な関係が築けるようになるはずです。人は現在の状況を、過去の感情というフィルターを通して見ています。このフィルターの存在に気づけば、相手の感情シグナルをより正確に読みとれるのです。そして、そのシグナルに対して、現在の自分に合った反応ができるようになります。

エクササイズ　あなたの感情ヒストリーは？

ここからは感情の自分史を知る自己診断テストです。子ども時代のこと、家族のこと、育った家庭についての質問です。子ども時代のことを思い出していただくために、かなり一般的な質問もあります。あなたは、愛されている、大事にされている、受け入れられていると感じていたでしょうか？　また、あなたに近い人たちの感情的な行動についての質問もあります。子どもは自分の周囲の人たちの言葉やしぐさから、多くの感情的な手がかりを受けとります。誇り、愛情、怒り、悲しみ、不安を家族がどう表現したかを、あらためて考えてみることで、過去と向き合い、いまの自分の感情表現のしかたを、新たな目でとらえることができるようになります。

次の質問に対して、自分に一番合った答えに○をつけてください。

A＝強くそう思う
B＝そう思う
C＝どちらとも言えない
D＝そう思わない
E＝まったくそう思わない

伴侶や友だち、親戚など、身近な人の立場で、同じテストをやってみましょう（できれば本人にテストをやってもらい、結果を比較して、話し合うとよいでしょう）。

1 私の両親は、私を誇りに思っていることを機会あるごとに表現してくれた　A B C D E
2 子どものころ、私が参加する行事（劇、コンサート、スポーツの試合など）を、両親はいつも見にきてくれた　A B C D E
3 両親は私が自分に誇りを持つよう育ててくれた　A B C D E
4 家族から自分の才能を信じることを学んだ　A B C D E
5 過去の経験から、何かを達成したら自信がつくことを学んだ　A B C D E
6 何かをマスターするには自分の力を信じることだと両親から学んだ　A B C D E
7 何かに失敗するのは運が悪いからではないと両親から教わった　A B C D E
8 子ども時代の経験から、自分の身近な人が何かを達成したら誇りに思えるようになった　A B C D E
9 他人が何かを達成したとき、自分もうれしいという気持ちを素直に表現できる　A B C D E
10 子ども時代、わが家には愛情表現がたっぷりあった　A B C D E
11 両親は、何かにつけて私に対する愛情を表現してくれた　A B C D E
12 子どものころ、友だちみんなに受け入れられていると感じていた　A B C D E
13 家族間で、体にふれたり、ハグしたり、キスしたりなどのスキンシップがたっぷりと

あった　A B C D E

14 わが家では誰もが感情を素直に表現していた　A B C D E

15 子どものころ、両親から「愛している」「大事に思っている」とよく言われた　A B C D E

16 大切な相手に「あなたが大切だ」という気持ちを素直に伝えられる　A B C D E

17 両親の態度から、両親にとって自分は大事な存在なのだと感じていた　A B C D E

18 子どものころ、両親は私の好みや興味に関心を持ってくれた　A B C D E

19 両親は私の気持ちを受け止め、それに反応してくれた　A B C D E

20 大切な人が愛情を表現してくれたとき、素直に喜べる　A B C D E

21 相手を愛《いと》おしく感じたとき、素直に「愛している」と言える　A B C D E

22 父親が怒るのが怖かった　A B C D E

23 両親に自分の怒りを表現することが難しかった　A B C D E

24 相手が怒るとひどく動揺する　A B C D E

25 怒りと攻撃は同じだと子ども時代に教え込まれた　A B C D E

26 母親が怒るのが怖かった　A B C D E

27 自分の怒りを言葉で表現することに抵抗がある　A B C D E

28 怒りは破滅的な感情だと両親は考えていた　A B C D E

29 なるべく怒りを抑えるようにしている　A B C D E

30 私が怒っていることに気づく人は少ない　A B C D E
31 ずっと怒りを抑えていて、突然キレてしまうことがある　A B C D E
32 怒りが爆発してしまうことがよくある　A B C D E
33 子ども時代の経験から、怒りを表現することは、炎に油を注ぐようなものだと思うようになった　A B C D E
34 悲しみは自分の中に閉じ込めておくほうだ　A B C D E
35 子どものころに受けたしつけで、くよくよするのは時間の無駄だと考えるようになった　A B C D E
36 めったに悲しくならない　A B C D E
37 両親のしつけで、悲しいと感じるのは弱い証拠だと思うようになった　A B C D E
38 子ども時代の経験から、悲しみを表現するとまわりの人たちまで悲しくなると思うようになった　A B C D E
39 くよくよせずに、できるだけ早く立ち直ろうとがんばる　A B C D E
40 他人がいつまでもくよくよしているとイライラする　A B C D E
41 子どものころ、寂しさを感じていても両親に気づいてもらえなかった　A B C D E
42 私は悲しくても顔に出さないので誰も気づかない　A B C D E
43 いままでの経験から、落ち込んでいるときに誰かに話してもいいことはないと思っている　A B C D E

44　落ち込んでいる人がまわりにいるとイライラする　A B C D E

45　両親に自分の不安や恐怖を話せなかった　A B C D E

46　恐怖は克服すべきで、それができないのは情けないことだと両親は信じていた　A B C D E

47　子ども時代、不安を訴えたくても周囲が許さなかった　A B C D E

48　怖がってばかりいたら何もできないと教え込まれた　A B C D E

49　怖くても前に進むようしつけられた　A B C D E

50　怖いという気持ちを無視しなければ臆病になると教え込まれた　A B C D E

得点　A＝2　B＝1　C＝0　D＝-1　E＝-2

誇りと達成感

項目1から9までの得点　　点

5点以上の人は、自分や他人が何かを達成したとき、誇らしい気持ちを素直に表現できます。5点未満なら、何かを習得したり、がんばったり、達成しても自信が持てず、自分のことでも他人のことでも誇りに思う気持ちを素直に表現できないでしょう。

愛情

項目10から21までの得点　　点

10点以上の人は、育ってきた環境から愛情を表現すること、表現されることに抵抗がないはずです。10点未満なら、自分が他人に愛されるとは思えず、愛情表現することも、されることも苦手でしょう。

怒り

項目22から33までの得点　　点

6点以上なら、怒りを感じることも、怒りを表に出すことも苦手で、自分の怒りを受け入れられず、他人の怒りを目の当たりにするとショックを受けます。6点未満なら、怒りを抱くことにそれほど抵抗がないでしょう。

悲しみ

項目34から44までの得点　　点

5点以上なら、悲しみを受け入れられず、自分が落ち込むことも、他人が落ち込んだ姿を見ることも許せないでしょう。5点未満なら、自然な感情として悲しみを受け入れられます。

恐怖心・不安

項目45から50までの得点　　点

3点以上なら、不安や恐怖を受け入れられず、自分の不安を表現することも、他人の不安な様子を見ることも苦手でしょう。3点未満なら、自然な感情として不安を受け入れられます。

診断テストで、あなたにとって最も受け入れがたい感情を見つけてください。それに関連した感情シグナルを出すとき、いつもどんな問題が起きるか考えてみましょう。たとえば、誇らしい気持ちを表現するのが苦手だとします。ある賞をとったことを周囲の人に話したい場合、なんだか自慢しているようで、話すのをためらいますか？　それとなくふれてみたものの、周囲の人に気づいてもらえないといった経験は？　感情シグナルが出せないために、寂しい思いをしたり、不満だったりしたことはありませんか？　誇らしいという気持ちを表現するのが苦手だと率直に伝えたうえで、賞をとったことを話したらどうでしょう？

他人から感情シグナルを出された場合はどうですか？　たとえば、あなたは悲しみを受け入れることが苦手だとします。友人が泣きはらした目をして話しにきました。あなたはどうしますか？　相手のシグナルを無視する、シグナルに逆らうといった反応をしていませんか？　悲しみを受け止めるのが苦手だと率直に話したうえで、相手の話を聞くという方法もあります。

親の影響などにより、あなたが抑えつけてしまいがちな感情を見つけ、それに関連したシグナルの出し方、シグナルへの反応のしかたを振り返って、もっとうまく気持ちを伝えられないかを考えてみましょう。

感情についての家族の考え方

自分の気持ちをうまく表現できない人は、往々にして人前で感情を出すのはみっともない、自分の怒りを他人に悟られてはいけないといった思い込みにとらわれています。私は感情に対する私たちに共通する信念と感覚を「感情の哲学」と呼んでいます。

どの家族にも、その家族の感情の〝文化〟、感情の〝哲学〟があります。あなたが育った家庭はどうでしたか？　自分の気持ちを見つめ、他人に伝えることが重視されていましたか？　自分の胸にしまっておくのがよいとされていましたか？　家族の誰かにとてもうれしいことがあったとき、彼らはその喜びを表現していましたか？　大はしゃぎするのはみっともないとされていましたか？　怒りを感じたとき、それを口に出すことができたでしょうか？　それとも、そんなことをしたら叱られたでしょうか？

このように自問してみると、あなたの感情に対する考え方が浮き彫りになります。家族の考え方をそのまま受け継いでいる場合もあれば、それとはかなり違っている場合もあるでしょう。いずれにせよ、自分の行動パターンの根っこにある思い込みを自覚することは、人間関係をよくしていくための大事な一歩です。

私たちの調査から、家族の「感情の哲学」にはおおまかに四つのパターンがあることがわかってきました。①コーチ型、②無視型、③放置型、④否定型です。

コーチ型の家庭では、怒りや悲しみ、不安も含め、あらゆる感情表現が受け入れられます。感情の絡む問題を抱えたとき、その問題を解決したり、厄介な感情と折り合いをつけられるよう、家族の中の誰かが一緒に考え、支えてくれる、そんな家庭です。

無視型の家庭は、感情を隠す傾向があります。特にネガティブな感情は嫌われます。自分が抱いている感情を認めないので、その感情をどう扱えばいいのか、家族に助言を求めることもできません。

放置型は、感情表現を受け入れる点ではコーチ型と似ていますが、怒りや悲しみ、不安とどうつきあうか、家族で一緒に考えたり、支え合うことはありません。そうした感情が自然に消えていくのを待つといった感じです。

感情を表に出してはいけないと考えている点では、否定型も無視型と同じです。けれども、否定型はさらに踏み込んで、ネガティブな感情を表す人を軽蔑したり、批判したりします。

以上はあくまでおおまかな分類で、実際には同じ家族でも状況によって、いろいろなパターンを示します。生活が順調なときは、感情面で子どもたちのよきコーチだったパパやママも、仕事などに追われれば、子どもの感情を無視するようになるかもしれません。また、父親と母親の感情についての考え方が違う場合もあるでしょう。とはいえ、普通は、一人の子どもに対して、父親か母親のどちらかがより強い影響力を持っており、子どもはその考え方に引きずられます。

四つの型の特徴は、のちほど詳しく述べます。まず自己診断テストをして、自分が育った家庭はこの四つのうちのどれに当てはまるかチェックしてください。

そのうえで、それぞれの型の特徴を知り、家族の考え方がいまのあなたの人間関係にどう影響しているかを検討してください。

エクササイズ　あなたが育った家庭の感情哲学を知る

次のテストは、子どもが親に自分の感情を訴えるという状況を想定したものです。それぞれの訴えのあとに、考えられる親の反応を四パターン挙げてあります。子ども時代を振り返って、両親が言いそうな返事を選んでください。父親と母親で返事が違うと思われる場合は、より強く影響を受けていた親、あなたが従うことの多かった親の返事を選んでください。

1　助手席に乗るのはいつも弟なので、不満だと訴えた場合。

A「いいじゃない。そんな長い時間じゃないし。そこのお店まで行くだけよ」

B「いつも後ろの席じゃ、飽きてしまうよね。どうだろう、何か面白いことを考えてみよう。いまは飛行機に乗ってるんだぞとか、いろいろ空想をしたら、後ろの席でも退屈しないかもしれないよ」

C「きみはやきもちをやいてるようだな。お父さんもきみくらいのときには弟にやきもちをやいたもんだ」

D「文句言わないの。あなたはお兄ちゃんでしょ。弟はママの隣に座らせなきゃいけないことくらいわかるでしょ」

2　おじさんが車の事故にあって入院した。あなたは友だちみんなとフットボールの試合を見にいく予定だったのにおじさんのお見舞いに行かなければならなくなり、がっかりしている。腹いせに何か壊したい

気分だと親に訴えた。

A 「フットボールの試合くらいで大騒ぎするな。予定通りに行かないことだってあるさ」

B 「がっかりするのも無理ないわ。せめて帰ってから友だちに電話して、試合のことを聞いたらどうかな」

C 「残念だね。あんなに楽しみにしていたのにね」

D 「なんてことを言うんだ。おじさんが聞いたらどう思うだろう。おじさんよりもフットボールの試合のほうが大事なのか」

3　幼いいとこたちが遊びにくる。おもちゃをめちゃくちゃにされるので、あなたはいやだ。こなければいいのにと親に訴えた。

A 「まだ小さいんだからしょうがないでしょ。おもちゃは、あの子たちが帰ってから、あなたが片づければいいじゃない」

B 「たしかに、頭にくるわよね。あなたはいつもちゃんとおもちゃを片づけているもの。あとで片づけを手伝うわ。あの子たちがいる間は、一緒になって遊ぶのも楽しいんじゃない?」

C 「たしかに、あの子たちがくると、あっという間に家じゅうめちゃくちゃだ」

D 「あなたはもう少しやさしい子だと思ったのに！　あの子たちは自分が持っていないおもちゃが珍しいのよ。一緒に遊んでやれないなら、あなたはほかのことをすればいいでしょ」

4　美術の時間に、友だちが買ったばかりのマーカーペンを借りたきり返してくれない。やっと返してもらったら、インクがなくなりかけていた。

A　「24色もあるんでしょ？　ほかの色を使えばいいじゃない」

B　「それは腹が立つだろう。友だちに言って、今度は彼に新品のマーカーを持ってきてもらって、一緒に使ったらどうかな」

C　「そりゃひどい！　なんで自分のを持ってこないんだろう？」

D　「なんで貸したの？　あれ高いのよ」

5　親友が引っ越して転校した。ときどき電話で話したり、会ってはいるけれど、以前と同じではなくなってきた。離れてから何週間もたつけれど、いまでも寂しい。

A　「出会いがあれば、別れもあるものだ、こういうことにも慣れなきゃだめだ」

B　「ママもあなたくらいのときに同じような思いをしたわ。アンジェラという子だった。寂しくてたまらなかった。座って話しましょう。その気持ちをどうすればいいか、考えてみましょう」

C　「人生に別れはつきもの。たしかにつらいものだ。人生はつらいんだよ」

D　「近所の友だちのどこが不満なの。あの子たちとはつきあえないの？」

6　クラスの子がパーティーを開くという噂を聞いた。あなたの友人はみんな招かれているのに、あなただけ招待されていない。なぜのけ者にされたのかわからないし、悲しい。

A　「そういう意地悪をしてみたくなるものなのよ。わかるでしょう？」

B　「傷つくよね、そういうことがあると。でも、うっかりして忘れただけかもしれないよ。うちでパーティーを開いて、みんなを呼んだらどうかな？　夕食がすんだら、さっそく招待状をつくろうか」

C　「それはショックだな。今回は運が悪かったと思ってあきらめることだ」

D　「あなたは欲張りすぎよ。友だちのパーティーにはしょっちゅう呼ばれてるじゃない。ママは車で送り迎えするのが大変。タクシーの運転手じゃないんだから」

7　かわいがっていた犬、ショートが死んだ。あなたは悲しい。

A　「新しい犬を飼うから」

B　「パパも悲しいよ。今日も一日、ショートのいろんなしぐさを思い出していた。楽しませてくれたよな。そうだ、ショートが写っている写真を集めて思い出のアルバムをつくったらどうだろう？」

C　「パパも悲しい。いい犬だった」

D　「きついことを言うようだが、たかが犬じゃないか。それにおまえがふさぎ込んだところで生き返るわけじゃないぞ」

8　あなたは卒業アルバムの制作委員に応募した。作文を書き、面接を受け、自分でもよくがんばったと思ったが、落ちてしまった。しかも友だちの何人かが選ばれたことがわかった。

Ａ「課外活動ならほかにもあるでしょう」

Ｂ「信じられないわ！　あんなにがんばったのに。何があったのか聞かせて」

Ｃ「選考基準がおかしいな。作文はよく書けていたのに」

Ｄ「自分の思いどおりにならないと、そのたびに落ち込むわけ？」

9　あなたは暗闇が怖くてたまらない。

Ａ「怖いものなんかいないさ」

Ｂ「そうねえ、ママも怖かった。まわりが見えないと不安になるよね。今夜はママたちの寝室で寝ればいい。明日、あなたの部屋につける常夜灯を買ってきましょう」

Ｃ「子どものころはパパも怖かった」

Ｄ「赤ちゃんみたいなことを言わないで！」

10　中耳炎になり、医者に行くことになったが、それは以前、予防注射をされた医者だ。また注射をされると思うと怖くて泣きだしてしまった。

Ａ「泣いたってだめ。お医者さんには行きますからね」

B「お医者さんは、なんとなく怖いよね。でも、痛いのを治してくれるのよ。あなたが怖いのはなぜか、一緒に考えてみようか」

C「注射はいやだよな。大人になってもいやだ」

D「お兄ちゃんでしょ！」

11 家族全員でカリフォルニアにバカンスに行くことになったが、先月、飛行機の墜落事故があったばかり。あなたは飛行機に乗るのが怖い。

A「怖がることはないよ」

B「飛行機事故のことを考えるとぞっとするけれど、事故が起きるのは何万分の一の確率。安全だと思わなければ、みんなで旅行に行ったりはしないわ。機内で何かゲームをしましょう。それなら大丈夫でしょう？」

C「たしかに飛ぶものは落ちるからなあ」

D「心配性ねえ。通りを横断するほうがよっぽど危険なのよ。悪いことばっかり考えないの」

12 母親が手術を受けることになった。病院で死んでしまわないか、心配でたまらない。

A「大手術じゃないよ。元気になってすぐ退院するさ」

B「手術と聞くと心配だがね、それほど大変な手術じゃないんだ。それに先生も名医だ。ママにお見舞いのカードを書こう。おまえの気持ちを伝えるといい」

C「手術と聞いただけで心配だよな」

D「元気を出せよ。ママは入院中いい子でいてねと言ってたぞ」

13　あなたは一〇歳。クラスメートにはじめての恋をした。

A「恋に恋しているだけ。かわいいものよ」

B「そう……ママにも覚えがある。あの子ね。彼のことをもっと聞かせて」

C「わかる、わかる、その気持ち」

D「まだ一〇歳だろう。子どものくせに」

結果

Aを選んだ回数　　回

Bを選んだ回数　　回

Cを選んだ回数　　回

Dを選んだ回数　　回

Aは無視型、Bはコーチ型、Cは放置型、Dは否定型。回数の最も多いのが、あなたが育った家庭のタイプです。それぞれのタイプの特徴を知り、それがいまのあなたの人間関係にどんな影響を与えているかを考えてみましょう。

コーチ型

コーチ型の家庭で育った人は、感情表現を重視するはずです。コーチ型の家庭では、気持ちのふれあいを求めるシグナルに関心を向け合います。誰かがもやもやした感情を抱えていたら、その感情を見つめるよう導き、共感します。

放置型の家庭とは違って、コーチ型の親は感情をうまく表現する方法を子どもに教えます。行動に一定の歯止めをかけ（怒って地団駄踏むのはいいけれど、壁を蹴ってはだめ、という具合に）、子どもが問題解決の能力を身につけるよう導きます。

コーチ型の家庭では、ネガティブな感情も大切にされます。たとえば、怒りは創造的な力、人を発憤させる力になることを理解しているからです。悲しみは、生活を変える必要があるというシグナルとみなされます。

感情を重視するので、家族の誰かが厄介な感情と折り合いをつけようと努力しているときに、より忍耐強く、より寛容になれます。家族の一員が怒りや悲しみ、不安を表現しても、無視したり、批判したりはしないでしょう。こうした家庭では誰かがかんしゃくを起こしたり、喧嘩したり、ふさぎ込むことは比較的少ないはずです。ふだんからお互いの気持ちに気づき、ちゃんと受け止めているので、怒鳴ったり、愁嘆場を演じなくても、家族は自分の感情に気づいてくれるとわかっているからです。こうした家庭で育った人は、ショックを受けたり、傷ついたときにうまく自分の気持ちをなだめる方法を早くから身につけています。そのため、大爆発には至りません。

その一方で、互いの気持ちを大切にする家族関係を当たり前のものと思っているため、感情表現が無視されたり、否定される家庭で育った人のことはなかなか理解できないかもしれません。

無視型

無視型の家庭では、子どもはさりげなく（あるいは、あからさまに）感情を抑えるようしつけられます。しかし、そうはいっても不満や恐れは表に出てくるものです。無視型の家庭では、誰かが感情を表に出すと、ほかの家族は見て見ぬふりをします。感情的になっている人には沈黙で応じるか、次のように言うでしょう。「そんなことで怒るなんておかしい」「物事のよい面を見なさい」「怖がることなんかない」「そんなに落ち込まないで。前向きに考えよう」「あなたはもうお兄さんでしょ？　暗闇なんか怖くないわ」。悲しみは気づかれず、愚痴は無視され、不安は相手にされないか、からかいのタネにされてしまいます。

無視型になるのには、さまざまな理由があります。多くの場合は、家族の中で影響力のある人が、ネガティブな感情（自分の感情であれ、他人の感情であれ）に目を向けることを恐れています。それに目を向けると、その感情に圧倒されてしまい、自分が抑えられなくなって、ひどい結果を招くと思い込んでいるのです。怒りが噴出して暴力を振るい誰かを傷つけてしまうとか、悲哀に押しつぶされて抑うつ状態から抜け出せなくなる、恐怖感からパニックになり身動きがとれなくなるなど、と。こうした不安から、誰かがほんの少しでもネガティブな感情を表すと、家族のほかのメンバーは無視を決め込みます。

誰かが落ち込んでいると、それを解決してあげなければならないと過剰なまでに責任を感じてしまい、自分にはとても解決できないと思って、見て見ぬふりを決め込む人もいます。例を挙げましょう。キャロルはある日、友だちがふさぎ込んでいることに気づきました。金銭的な心配ごとかもしれないし、夫婦喧嘩でもしたのかもしれない。上司とぶつかったのかもしれない。いずれにしても、自分にはよいアドバイスなどできっこない。そう思って、「どうしたの？」と声をかけるのをやめ、友だちの様子に気づかないふりをしました。彼女は、自分では友だち思いのつもりだったので、そんな自分に自己嫌悪を感じます。

本当はただ話を聞くだけで十分で、解決策を出せなくてもいいのに、キャロルのような人はそのことに気づいていないのです。

ネガティブな感情は体に毒で、長いことそれにこだわっているとよくないと思い込んでいるために、無視する場合もあります。

たとえば——ルイスの五歳の息子トムが、お気に入りのおもちゃが壊れたために、かんしゃくを起こしています。ルイスはおもちゃを見てみますが、修理できそうにない。息子の気持ちはわかるのですが、それを口に出して言わず、息子の怒りを抑えて、笑顔にさせようとします。「そんなに騒ぐなよ。ただのおもちゃじゃないか。壊れたものはしょうがないよ。さっさと忘れよう」

ルイスは気づいていませんが、トムは自分の気持ちをわかってほしいだけなのです。息子の気持ちに寄り添えば、かんしゃくは収まるのに、ルイスはそれに気づいていない。

「がっかりだよね。お気に入りのおもちゃだったからね。パパも悲しいよ」ルイスがそう言えば、トムの気持ちは収まるでしょうが、「がまんしろ」などと言われたら、ますます怒りと悲しみがこみ上げるだけです。

こんなことが繰り返されると、トムは父親に感情的なサポートを求めなくなり、父と息子の感情的なつながりはどんどん失われていきます。

相手の感情を受け止めず、元気を出せと言うだけでは、相手に必要とされていながら、「私はあなたの相談に乗る暇はない」というメッセージを出していることになります。

そうした姿勢は、あらゆる人間関係にマイナスとなりますが、特に子どもとの関係では問題です。子どもは、ネガティブな感情を表に出せば、一番身近な人にも背を向けられると思い込んでしまいますが、ネガティブな感情を抱かないというのは無理な話です。怒りも悲しみも恐れも人生の一部。親に自分の感情を無視された子どもは、正直に気持ちを表してはいけないと思い込み、ひどい場合は感情を麻痺させるようになります。

さらに、ネガティブな感情を無視すれば、厄介な感情とどうつきあうかを、子どもに教えるチャンスを失うことになります。親ができるのは、「落ち込まないで」「怒らないで」と言って聞かせることだけではないはずです。落ち込んだときに、自分をいたわる方法を教えたり、問題を解決できるかどうか、一緒に考えたりして子どもを導くことが大事です。

放置型

感情は吐き出すのが当たり前といった家庭で育てば、不安や悲しみ、怒りなどネガティブな感情をおおっぴらに表現することに抵抗はないでしょう。放置型の家庭では、感情表現は〝蒸気を出す〟ようなものと考えられていますから、ネガティブな感情も抵抗なく表に出せます。泣いたり、かんしゃくを起こしてもとがめられません。嵐が過ぎればそれで終わり。「すっきりした」ということにされます。

放置型の親は子どもの感情的なもの——怒り、恐れ、悲しみ——に目を向けます。放置型の親が、泣いたり、欲求不満に陥ったり、怒ったりしている子どもに言うのは次のようなセリフです。「悲しいのね」「頭にきているんだろう?」「怖いんだね。パパも子どものときはそうだった」
こんなふうに子どもの感情を受け止めるのはよいのですが、重要なこと——自分の気持ちをなだめたり、悲しみや怒りの原因となっている問題を解決するよう、子どもを導くこと——が欠けています。さらに、子どもの行動に歯止めをかけることもしません。五歳の子どもがかんしゃくを起こして、兄のおもちゃをテーブルから全部落とすといったことがあっても、放置型の親はただ見ているだけです。

彼らは子どもに無関心なわけではないのです。ネガティブな感情とのつきあい方を、子どもにどう教えていいのかわからないだけです。放置型の人は、多くの場合、無秩序な家庭や抑圧的な家庭で育ったり、親から虐待を受けた経験を持っています。彼ら自身も自分の気持ちを落ち着けたり、問題を解決する方法を教わっていないのです。

子どものときにつらい思いをしたので、自分の子どもは大切に育てようと思っていますが、いかんせん、その方法がわからない。子どもが自分や他人に危害を加えるような形で感情を爆発させると、放置型の親はどうしてよいのかわからず、その場から逃げ出してしまいます。

なかには、家庭環境がよくなかったからではなく、いま忙しすぎるために、放置型になっているケースもあります。いずれにせよ、放置型の家庭で育った人は、厄介な感情をどう扱うか、子ども時代に教わっていないので、感情のコントロールが下手です。そのため、怒ると、それが攻撃的な行動につながりやすく、悲しいことがあるとうつ状態になりやすいのです。

否定型

否定型と無視型は多くの共通点があります。どちらもネガティブな感情を押し隠すよう仕向けます。違いは、否定型では、悲しみ、怒り、恐れなどのネガティブな感情を表す人を非難すること。批判したり、叱ったり、場合によってはたたいたりもします。誰かがネガティブな感情のシグナルを出すと（んもう、頭にくる！　聞いてもらえる？）、否定型の人はそれを突っぱねる傾向があります（きみの愚痴を聞いてる暇はないよ）。

否定型の大人が、駄々をこねたり、ぐずる子どもに対してよく言うのは次のようなセリフです。子どものころ、こんなふうに言われたことはありませんか？　「赤ちゃんみたいよ。ちゃんとしなさい」「そういう口のきき方はやめなさい」「うるさい、ぐずぐず言うな」

感情表現に否定的な人は、人間関係を権力闘争としてとらえています。そういう人には、泣いたり、怒ったりすることが、相手を自分の思いどおりにコントロールする卑劣な手段と映るのです。ですから、家族の誰かが感情的になると「甘やかされている」と言い、「自分の思うようにいかないから、泣くんだろう」とか「私たちを自分の要求に従わせたくて、駄々をこねてるだけよ」などと決めつけるのです。

このような人は、大事な選択肢を見落としています。相手と同意見でなくても、相手の感情を受け入れ、理解することはできます。たとえば、駄々をこねる子どもにこう言うこともできます。「暗くなってきて、外で遊べないから怒っているのね。その気持ちはわかる。ママだって、自分のしたいことができないと、泣きたくなることもある。そういうときは、大きく息をして、代わりに何ができるかなって考えてみるのよ」相手が伴侶なら、こんなふうに言えます。「僕が急に出張することになって、きみは困るだろうし、怒る気持ちはわかるよ。逆の立場だったら、僕も怒るだろう。でも、断れない仕事なんだ」

このように言うためには、まず相手の怒りを〝ふれあいを求める感情シグナル〟としてとらえなければなりません。そうすることではじめて、相手の気持ちを理解し、支えとなれるのです。大事なのは、相手の言動ではなく、そうした言動を引き起こす感情に目を向けることです。

否定型の人も、無視型と同様、ネガティブな感情は有害で、制御しがたく、何もかも壊してしまうと思い込んでいます。また、両タイプとも、感情が有限なものであるかのような言い方をします。そんなつまらないことのために、「涙を無駄にするな」といったような表現です。

否定型と無視型は、ネガティブな感情の表現を許容する場合でも、タイムリミットを設けます。つまり、裏切りや喪失といった出来事の直後に怒ったり、悲しむのはしかたがないけれど、できるだけ早く乗り越えて「前向きに生きていかなければだめ」という考えです。

否定型の家庭で育った子どもも、無視型の場合と同じく、動揺したときにうまく自分をなだめることができません。そのために他人の気持ちをうまく察することができず、問題行動を起こしがちです。

大人になってから、そういう人は寂しい思いをすることになります。たとえば――

クレイグの妻アンジェラは、ある晩、血相を変えて職場から戻ってきました。玄関のドアを乱暴に開けて、バタンと閉め、「ただいま」も言わずに寝室に上がり、またもやドアをバタンと閉め、引きこもってしまいました。アンジェラはキレやすいタイプ。クレイグはそういう妻の姿を見るのがいやで、以前、彼女に注意したことがあります。彼女も自分がいやがるのはわかっているはずだと、クレイグは思いました。ギャアギャア騒がれたらかなわないから、早く落ち着かせたい。そう思って彼は階下《した》から怒鳴りました。「どうしたんだ。ドアに当たるのはよせ！」

夫の苛立った声を聞いて、アンジェラはもう一つのドア、そう、心のドアもバタンと閉めてしまいました。「ほっといてよ！」

クレイグがアンジェラの怒りを「助けてほしい」というシグナルと見て、ドアを乱暴に閉めたことをとがめなかったら、どうなったでしょう。「アンジェラ、どうした、大丈夫かい」と階下《した》から呼びかけていたら？

彼女はこう答えたかもしれません。

「頭にくることがあったの。あんまりだわ」

そう聞けば、クレイグは二階に上がり、寝室のドア越しに「怒っているのはわかるよ。何があったか話してくれないか」と言うでしょう。

表７　感情に対する考え方が人間関係に及ぼす影響

感情に対する考え方	この型の親の典型的なセリフ	シグナルに対する影響	この型の親のシグナルへの反応のしかた
コーチ型	「わかるよ。力になりたい」	よくシグナルを出すようになる	関心を向け、問題と向き合えるよう手を差し伸べる
無視型	「元気を出せ」 「乗り越えられるよ」	あまりシグナルを出さなくなる	シグナルに背を向ける
放置型	「その気持ちはわかるよ」	よくシグナルを出すようになることもあるが、そう出ない場合もある	関心を向けるが、問題と向き合うためのサポートはなし
否定型	「怒るのは（悲しむのは）おかしい」 「自分を変えなさい」	あまりシグナルを出さなくなる	シグナルに逆らう

アンジェラはドアを開けて、思いの丈を吐き出します。「ひどい話なの。ジェシーがプレゼンでドジって、それを全部私のせいにしたのよ。オフィスに戻るとすぐに上司に言いつけにいって、私は呼ばれて頭ごなしに怒鳴られ、本採用を取り消すって。悪いのはジェシーなのよ。彼女のミスなのに、私の言い分なんてちっとも聞いてくれない」

クレイグは「そりゃひどいね」と言うでしょう。「きみが怒るのももっともだ。おいで。コートを脱いで。何か飲み物を持ってくるよ。かわいそうに。神経をずたずたにされただろう」

この時点で、アンジェラの怒りは涙に変わります。彼女はクレイグの胸に抱かれ、自分がどんなに仕事でがんばってきたか泣きながら話すでしょう。いまのアンジェラは世界中が自分を敵視しているような気分ですが、クレイグだけは自分の味方だと信じられます。
　このように和解するには、クレイグがまず妻の激しい怒りの表現をシグナルとして受け止める必要があります。それができれば、妻がピンチに陥り、夫の支えを最も必要としているときに、クレイグはその役割を果たし、夫婦の絆を深めることができるのです。妻の怒りを許せず、抑えにかかれば、互いに口もきかない冷戦状態に陥るか、不毛な口論を続けるのがオチです。

エクササイズ　育った家庭といまの人間関係

　次の質問は、家族の感情に対する考え方が現在のあなたの人間関係にどう影響しているかを見るためのものです。このエクササイズも、信頼できる相手と一緒にやって答えを比べてもいいですし、相手の立場になってあなたが答えてみても構いません。

　次の質問に対する答えを感情シグナル日記に書きましょう。

- 悲しみや怒り、不安など厄介な感情を表現する、あなたのやり方に、家族の考え方がどう影を落としていると思いますか？
- 他人や自分が抱いている感情で認めたくないものがありますか？
- ネガティブな感情を表現するのはよくないと感じたり、罪悪感を抱いたりしますか？　それはあなたの家族の考え方の影響ですか？

- 大切な人のシグナルに対して、反応するか無視するか、頭ごなしに否定するか、選べるとしたらどうしますか。それが明るい、上機嫌なシグナルであっても、怒りの爆発や悲しみなどのネガティブなシグナルであっても、あなたは同じように反応しますか。家族の考え方はそれにどう影響していますか？
- 身近な誰かが落ち込んだり、怒ったとき、その人の行動に目を向けますか？　あるいはその行動の背後にある感情を理解しようとしますか？
- ここ二週間ほどの間に、悲しみや怒り、不安の表現をシグナルとして受け止めたことが何回ありますか？　そのときのことを書いてください。
- こうした表現に対してのあなたのふだんの反応は、背を向ける、逆らう、きちんと受け止める、のどれですか？
- あなたの反応のしかたに、家族の考え方が関係していると思いますか？
- 誰かがネガティブな感情を表現したとき、否定せずに受け止めたらどうなるでしょう？
- 誰かがネガティブな感情を表現したとき、否定せずに受け止めるだけでなく、相手を支え、導く努力をしたらどうなるでしょう？

どの型が一番うまく行くか？

私たちは一〇〇あまりの家族を対象に、一〇年間にわたって二つの追跡調査を実施しました。結果は明快です。コーチ型の家庭は、子どもが成長するには、無視型、否定型、放置型よりもはるかによい環境です。

互いの感情を受け止め、大切にするカップルは、離婚率が低いことも確認できました。そうしたカップルの子どもは、自分の感情と上手につきあう方法を親から自然と学ぶので、物事に集中できます。結果的に成績もよくなり、行動の問題もなく、友だちともうまくやっていけます。

感情に関わる知性 vs 無関心と否定

家族の感情表現に着目した私の研究や、同様の趣旨の他の研究者のリポートは、メディアに盛んに取り上げられました。お互いの感情を受け入れ、大切にすることがいかに大切かが多くのデータで明らかになりました。しかし、専門家の中にもまだ〝感情に関わる知性〟とは、感情をコントロールして、ネガティブな感情をポジティブなものに変えていくことだと誤解している人がいます。

私はこの考えに反対です。暗い色から明るい色まで、あらゆる色合いの感情を受け止め、自分が最も獲得したいと思っている目標に生かしていく。そうしたやり方がベストだと思うからです。

専門家がどう誤解しているか、スタンフォード大学の研究を例にとって説明します。この研究は、四歳児を対象に、「より大きな楽しみのために、目先の楽しみを我慢できるか」を調べたものです。子どもは一人ずつ、実験者とともに部屋に入ります。実験者は子どもにマシュマロを一個差し出し、自分は、一五分ほどいなくなると言います。その間にマシュマロを食べてもいいけれど、我慢して私が戻るのを待っていたら、もう一個マシュマロをあげよう、と。

スタンフォードの研究チームによると、すぐに食べてしまったグループと待っていたグループとで、その後の成長過程において大きな違いが認められました。たとえば高校段階では、待てなかったグループは、より内気で頑固、優柔不断という特徴が見られました。自分はだめな人間だと思い込んでいる子が多く、大学進学適性試験の成績でも、待ったグループに大きく差をつけられました。

この結果は興味深いものです。しかし、そこにはスタンフォードの研究者が答えを出していない問い、とても意味深い問いが潜んでいます。待った子どもたちは、どうやって我慢できたのでしょう。ダニエル・ゴールマンは著書『ＥＱ　こころの知能指数』（講談社）で、「この子たちは、二個目のマシュマロという目標に向かって、忍耐心を持ちながら、目の前のマシュマロから気をそらす能力があった」と分析しています。つまり、欲望を抑えることが成功につながったというのです。

でも、私の考えでは、それだけではありません。この子たちは、目の前のマシュマロを「食べたいなあ」と思いつつ、その欲望を、待つためのモチベーションに変える能力があったのです。ただ欲望を抑えるのではなく、欲しくてたまらないものが二つに増えたときの喜びを想像して待つ。つまり、この子たちの感情のコントロールは、〝望ましくない〟感情を否定することではないのです。すべての感情を受け入れて、人生で一番欲しいものを手に入れるためのエネルギーに変えていく。私の研究でも、「自分の感情を受け入れる人は、より充実した毎日を送っている」という結果が出ています。

現代の生活には、自分の感情に目をつぶらせる要素がたくさんあります。第一に自分の感情を見つめるには、時間と努力が必要です。自分の感情を把握していることは、長期的に見れば意味がありますが、短期的には、怒りや悲しみ、不安があれば、日々の仕事に集中できなくなります。厄介な感情とまともに向き合えば、仕事が手につかなくなるでしょう。

私たちの文化もまた、厄介な感情に目をつぶるよう、人々を仕向けます。悲しみや怒りの源を探れば、生活を変えざるを得なくなり、それがあなたに合った役割だろうとなかろうと、与えられた役割を果たせなくなるからです。

ナイキのキャッチコピーは、「Just Do It（とにかくやってみろ）」です。言い換えれば「自分が本当にそれをやりたいかどうかなんて考えるな。考えたら、やめてしまうかもしれない。そうしたら、記録も樹立できず、成功も手に入れられず、ただの負け犬になってしまう」ということです。

しかし、私は考えることを勧めます。自分の気持ちをよく見つめて、やりたくないなら――たとえそれが仕事上の目標を達成することであれ、新たな関係を結ぶことであれ、人がうらやむポストに就くことであれ、どうしても気が進まないなら、たぶんやらないほうがいいのです。

大学で私が指導している学生の中には、自分がやりたい仕事よりも、高収入の職種を選ぶ学生が多くいます。ある女子学生は数学が得意で、学者になる道もあったのですが、会計士になるほうが稼げると気づき、会計学には興味がないのに専攻を変えました。卒業後、会計士になり、大いに成功して経済的には豊かになったのですが、何年かして会ったときには、彼女は自分の選択を後悔していました。成功したことは誇りに思っているけれど、いまの仕事にむなしさを感じている、と。本当は数学の能力を生かして宇宙論の研究をしたかった。心の奥で「進むべき道はそっちじゃない」とささやく声があったのに、それを無視して、間違った方向に進んでしまった、と。

自分の感情を見つめたら、いまの生活を大きく変えることになるかもしれない。そういう不安もあるでしょうが、何よりも「痛みを避けたい」という心理が働いていると思われます。書店の店頭に並ぶ心理ハウツーものは、「幸せだと思えば、幸せになれます」などと説いています。幸せごっこは、多少は効果があるかもしれませんが、本当の気持ちを押し殺していれば、長期的にはうつ症状に陥るなど、ツケを払うことになります。

いつも元気いっぱいで笑顔を見せている人は、はたから見て正直な人とは思えないし、他人と気持ちを通わせることも難しいでしょう。人生には、満足したり、幸せな気分になったり、心が安らかになることもたくさんありますが、イライラしたり、腹が立ったり、落ち込んだり、怖くなることだっていくらでもあるのです。それらも人間の感情の一部です。これに目をつぶれば、人生の半分をシャットアウトしていることになります。それ以上に、自分の感情を封印していれば、自分と他人との間に壁をつくってしまうことになります。自分の気持ちを見つめ、理解しようとしなければ、他人の悲しみや不安もわからないからです。

長く引きずってきた感情的な弱点を知る

誰でも過去から引きずってきた〝感情的な弱さ〟を持っているものです。感情を受け入れ、表現するには、それを見つめておいたほうがいいでしょう。カリフォルニア大学ロサンゼルス校の心理学者トム・ブラッドベリーによると、過去のトラウマは非常に大きなインパクトを持ち、ことあるごとにネガティブな思考に私たちを陥れます。これらの要素は損失、裏切り、虐待、トラウマを引き起こすことがあります。それをもたらすのは、次のような経験です。

- 愛する人の死
- 身体的に危害を加えられたり、虐待を受けたこと（子どものときに厳しいお仕置きをされたことも含む）
- レイプなど、性的な虐待やわいせつ行為
- 暴力を目撃したこと
- 強盗などの犯罪の被害者になったこと

- 離婚、または深い関係が壊れたこと
- 日常的な喧嘩や浮気など、夫婦間のトラブル
- 夫婦間に深刻な問題や軋轢のある家庭で育ったこと
- 解雇されたこと
- 学校で落ちこぼれたこと
- 火事や自然災害で所有物を失ったこと
- 見捨てられたこと
- 子ども時代にひどいいじめにあったこと
- 命の危険があるような重い病気
- うつ病
- 自殺願望
- アルコール・薬物依存症
- 戦争、テロ、内戦

ここに挙げたような出来事ほど深刻なものでなくても、感情的な弱さを長く引きずる場合はあります。実際、私の考えでは、人は誰でもなんらかの心理的な苦痛を体験したことがあると思います。私たちはそれに耐え、傷を癒やし、二度と傷つかないようベストを尽くします。傷ついて、その傷が癒

えたという体験は、他者との関係のあり方に影を落とします。ことに、相手の言動によって、心のとても敏感な部分が踏みにじられる場合はその傾向が強くなります。自分では完全に乗り越えたつもりでも、つらい経験とそれが残した古い傷痕、傷つくまいとしてつい身構えてしまう心理は、あなたの一部になっているのです。

こうした古傷は、自分に対する信頼、他者への信頼の妨げになります。すっかり忘れたつもりでも、新しい関係を築くときなどにひょこっと顔を出すのです。たいがい、感情的な弱点が表に出るのは、愛情、支配、仲間意識といった問題が絡むときです。ですから、過去のつらい経験が自分の一部になっていることを理解し、それを身近な人と率直に話し合えなければ、同じ問題に繰り返し突き当たり、どうしても解決できないというジレンマに陥ることになります。

たとえば、子ども時代に同級生にさんざんからかわれた男性は、大人になってからも無意識に仲間はずれにされることを恐れています。仕事の打ち合わせで、たまたま担当者が彼に声をかけ忘れた。たったそれだけのことで彼は血相を変えて怒ります。担当者は困惑するでしょう。

「まいったなあ、わざとはずしたわけじゃないのに、なんであんなに怒るのかな」

彼自身も、自分の過剰な反応を恥ずかしく思うでしょう。

ある女性は、幼いころ母親がひどいうつ病で、いつも疲れて、イライラしていたため、幼い彼女が母親の気を引こうとしても無視されるのが常でした。この女性は長じて、かつての母親のように冷淡で気難しい人の愛情を無意識のうちに求めてしまうようになりました。そのために彼女は、自分を大切にしてくれない、薄情な男性にばかり惹かれ、恋愛はもうこりごりだと思うほど、つらい経験を重ねることになったのです。「なぜ私はいつも最悪の男を選んでしまうんだろう」彼女はそう言ってため息をつきます。

過去を振り返り、自分を知ることで、こうしたジレンマから自由になれます。過去の出来事の結果として引きずってきた感情的な弱さ。それは言わば〝パニックボタン〟です。そのボタンが押されると、とたんに古傷がぱっくり口を開け、いまの人間関係がぎくしゃくしてしまいます。

信頼できる相手に自分の感情的な弱点を見せることは、すべてのカードを開いて見せるようなものです。それによって感情的なふれあいの持てるシグナルを出し、関係を深めていくことができます。どんな関係でも、自分の弱さを見せることは勇気がいりますが、特に仕事仲間に対しては抵抗があるでしょう。しかし、仕事の場では、支配欲とか疎外感が厄介な障壁になりがちなので、思いきって弱さを明かすことがプラスになる場合が多いようです。

エクササイズ あなたの感情的な弱点を知ろう

次のエクササイズは、あなたの感情的な弱点の原因となった、過去の出来事や関係を思い出すためのものです。つらい記憶を呼びさますことになるかもしれません。あせらず、じっくり考えて答えてください。質問に答えたら、信頼できる人に結果を見せてもよいでしょう。

パートナーや友人など、よりよい関係を築きたい相手と、一緒にやってみるのもよいと思います。それが無理なら、相手の立場になってあなたが答えを書いてみてください。

表8に挙げたものは、さまざまな関係で受ける可能性が高い感情的な傷のリストです。あなたが過去に経験したものにしるしをつけてください。別の紙か感情シグナル日記に、しるしをつけた傷について、次のようなことを書いてみましょう。

- 何が起きたか
- その傷はあなたにどんな影響を及ぼしたか
- その傷を癒やすために、あなたはどうしたか
- 二度とそんなふうに傷つかないために、あなたはどうしたか
- いまの生活への影響は？
- 傷を癒やそうとしたことが、いまの生活に何か影響を与えていないか
- その傷によって感情シグナルの出し方が変わったか。変わったのなら、どんなふうに？
- シグナルへの反応のしかたが変わったか。それはどんなふうに？

表8　感情的な傷のリスト

	両親	きょうだい	恋人	同級生	親友	同僚
十分に状況をコントロールできなかった						
仲間はずれにされた						
支配された 強制された						
不公正な扱いを受けた						
虐待された 屈辱をなめた						
愛情を与えられなかった 愛情を表現してもらえなかった						
受け入れられなかった						
裏切られた						
拒否された						
無視された 放っておかれた						
尊厳を踏みにじられた						
その他の傷 （具体的に）						

弱点を知ることで

残念ながら、弱点を知ったからといって、弱点がなくなるわけではありません。でも、弱点がわかっていれば、今度そこを突かれたとき、「ほら、来たぞ。この傷といまの状況はどう関係しているだろう」と考える余裕があるはずです。たぶんあなたは「たいして関係ない」と答えるでしょう。そうなれば、こっちのもの。もうパブロフの犬のように過剰反応しなくなるはずです。こうした気持ちの余裕、行動の自由は、よりよい人間関係を築くうえでとても重要です。

第2章で紹介したリックとセーラのケースを覚えておられるでしょうか。二人は、セーラの独りよがりの怒り、積もり積もった愚痴は、気持ちのふれあいを求めるシグナルだったと気づきました。そして、リックが過去から引きずってきた感情的な弱点が、夫婦間のトラブルの一因になっていることにも気づいたのです。リックの母親は、リックが幼いときに家を出ていきました。そのため、父方の祖母がリックの世話をすることになったのですが、この祖母は老いてから子育てを押しつけられたのが不満で、おまえは汚いとか、悪さばかりするなどと言って、リックに当たり散らしました。リックの父親は息子をかわいそうに思っていましたが、自分の母親には逆らえず、リックをかばうために、「この子はよく勉強して、大学に行って、ちゃんとやっていくさ」と言うのがせいぜいでした。

リックが仕事の鬼になったのも当然です。セーラの不満はおもに寂しさから出たものでした。毎晩、帰宅の遅い夫にもっとそばにいてほしかったのですが、リックの耳には、セーラの不満が祖母ののしりと重なって聞こえていました。「あなたはひどい」「あなたはだめだ」「あなたには失望した」

セラピーで話し合ううちに、セーラがそんなふうには感じていないことがわかってきました。

「私はあなたのことをだめだなんて思っていない。あなたは頭がよく、創造的な人。セクシーで、恋人として最高で、ダンスもうまい。ただ、私があなたを必要としているときに、無視されるのがつらいだけ」と、セーラはリックに言いました。

それを聞いたリックは驚き、うれしくなりました。いまになってみれば、二人の結婚生活に、リックの祖母の存在がそれほど大きな影を投げかけていたことがこっけいなくらいです。祖母の影響をはっきり意識することで、リックは〝おばあちゃんの呪縛〟を過去のものにすることができたのです。

リックのコンプレックスがなくなったわけではありません。でも、その部分がうずくたびに、彼は自分に言い聞かせます。「またひがみっぽくなっているけれど、いまの僕にはそれがトラウマによるものだとわかっている。おばあちゃんののしりは、いまの状況とはまったく関係ない。痛みはよみがえるけれど、それに反応する必要はない」

このようにして、リックは〝おばあちゃんの呪縛〟をあるべき場所に収めることができました。それは薄れつつある記憶、遠い過去の出来事です。彼はいまの生活、いまの関係に正面から向き合えるようになりました。ふれあいを求めるセーラの要求をちゃんと受け止められるようになったのです。

セラピーだけでなく、友だちと話すことも、こうした自己発見のきっかけになります。というのも、友情を深めていくうえで、自分のこれまでの経験を語ることはとても大切だからです。トラウマや虐待経験には踏み込めないまでも、喪失や裏切りなら、友人に打ち明けることもあるでしょう。

普通は長い時間をかけて、お互いの過去がわかってくるものです。友人に語ることが、過去の経験を見つめ、それがいまの自分、いまの生活にどう影響しているかを考えるきっかけになります。自分の感情的な弱点に気づき、信頼している相手に話すこと。それは、深く固い絆を築く第一歩です。同じように大事なのは、友人や愛する人が過去のつらい体験を話すときに、心を開いて耳を傾けること。興味本位ではなく、互いをいたわり、尊重する気持ちがあるなら、そうした会話は深い感情的な絆の土台になります。

過去への旅

過去の傷や家族の感情についての考え方、感情の自分史を振り返るのは、とても勇気のいることです。しかし、現在そして将来の人間関係をよくしたいという明確な目的を持って、過去を見つめるのは、決して無駄なことではありません。過去をきちんと見つめることで、過去の出来事といまの現実を切り離すことができ、いまの人間関係にもっと意識を向けられるようになります。感情的なコミュニケーションの技術を扱った次章で見ていくように、いま、この場にきちんと意識を向けることは、感情シグナルのプロセスを改善するためにとても重要なことなのです。

Step4 感情を上手に伝えるスキルを磨く

私は友人のマリーから相談を受けました。しばらく会っていなかった弟のティムが、ひょっこり顔を出したというのです。

「それがどうも様子がおかしくて。弟は恋人と別れたばかり……本人は大丈夫だと言うけれど」

「ティムは、恋人のことで、きみに何か話した?」

「ええ、だけど、ふだんからあまりしゃべらない子だから。ただ、『おわってほっとしたよ』って。『ずっと前に別れるべきだった』と」

「本人がそう言っても、きみは何か引っかかるんだね?」

「うまく言えないんだけど、なんとなく。彼の表情とか声が暗いというか、動作ものろい感じで……ダメージが大きかったのかな」

「そりゃあ、そうだよ。その彼女とは長いつきあいだったんだろう?」

「弟に電話してみようかしら。しばらくは、できるだけ一緒に過ごす時間をつくったほうがいいかもしれない」

「そうだね。弟さんに言ってあげるといい。『話がしたいならいつでも聞くよ』と。彼のほうからは、なかなか話さないようだから」

「そうね、言ってみる」

この話を聞いて私が思ったのは、ティムは人の気持ちを敏感に察する姉を持って幸せだということです。しばらくはつらい思いをするでしょうが、姉のおかげで、落ち込んでいるときも自分は一人ではないと感じることができます。

これまでの臨床経験から言えば、ティムのように自分の感情を表現するのが苦手な人はたくさんいますが、そんな人の気持ちを察するマリーのような人は貴重な存在です。

前章で述べたように、感情的な絆をつむぐ能力や技術は、幼年期のはじめから形成されます。相手の感情を察する、自分の感情を伝える、相手の感情表現に応える——こうしたスキルを学ぶ大きな土台が、子ども時代の経験です。けれども、大人になれば学習しなくなるわけではありません。多くの人は、大人になってからも感情的なコミュニケーションの技術に磨きをかけ、それによってより豊かで満足のいく人間関係をつむぐようになります。

この章では、人々が互いに感情を表現し、読みとり、応じていく、さまざまなコミュニケーションの形を見ていきます。その中には言葉によるものと、そうでないものが含まれます。たとえば——

• 表情

・動作
・しぐさ
・スキンシップ
・声の調子
・説明的な言葉
・暗示的な言葉

よりよいコミュニケーションを持つためには、聞き上手になることも大切で、そのコツも見ていきます。目標は二つあります。一つは、自分がどんなチャンネルを通じて感情表現をしているのか、きちんと把握すること。二つ目は、周囲の人たちが使っているチャンネルを理解することです。

心と心がふれあうコミュニケーションは、特別な人としか共有できないわけではありません。無意識であれ、人は絶えず、そのときどきの気持ちを表すなんらかのシグナルを発信しています。

アラン・ガーナーは、コミュニケーションについての入門書『たった1分間で相手を引きつける話し方13のテクニック』（飛鳥新社）でこう書いています。「意思疎通をとらないなどということは不可能だ。にっこりしようと、とぼけていようと、まっすぐ相手の目を見ようと、うつむいていようと、相手の体にふれようと、身を退こうと、あなたはコミュニケーションをとっているのであり、相手はなんらかの意味を読みとっている」

表情にせよ、しぐさや言葉にせよ、人は常に自分の本音を見せています。それを読みとるポイントは、注意深く観察すること、自分と相手がどういう感情シグナルを発しているかに気づくこと。この二つに尽きます。

隠しても無駄。感情はどこかに表れる

人が感情を隠す理由はいろいろです。多くの人は、相手を困惑させまいとして、悲しみや怒りなどネガティブな感情を隠します。気まずい雰囲気を避けたいのです。不安や恐れを言葉にすること自体が怖いという人もいるでしょう。自分の気持ちを悟られるのが恥ずかしいとか、相手に負担を与えたくないという心理も働きます。自分の感情など問題にする価値がないと思っている人もいるでしょうし、感情を表現することに慣れていないために、どう表現すればいいのかわからない人もいます。また、プライバシーを重視するあまり、感情を出すまいとする人もいます。

しかし、本人が隠したつもりでも、人に悟られることがあります。オレゴン大学の研究チームが数年前、うまく行っていないカップルのやりとりをビデオに収める実験を行いました。思わぬ大金が転がり込んだとして、その使い道を話し合ってもらうというもので、被験者にはあらかじめ、〝カメラを騙して〟仲むつまじい夫婦を演じてください、と言ってありました。

夫婦の会話のテープ起こし原稿を読むと、大半がとても仲のよい夫婦のようです。愛情のこもった

会話が交わされています。けれどもビデオを見ると、印象は変わります。声のトーンや表情に本音が出てしまうのです。「あなたの好きなように使っていいのよ」という言葉にも、皮肉や侮蔑が感じとれます。

まるで目の粗いふるいにかけたように、本音が漏れてしまうのです。実際、心理学者は本人の意思に逆らって感情が表に出てしまうことを「漏れる」と表現します。この実験のように、どんなに巧妙に隠したつもりでも、本音はなんらかの形で漏れてしまうものです。

実験によって、人は言葉よりも、表情など、非言語的なサインを信用することもわかっています。わざと表情や声のトーンと矛盾する言葉を発すると、相手はどう受け止めるか――たとえば、「楽しくお過ごしください」というセリフを、しかめ面で、怒鳴るように言ったり、人なつこい笑顔を浮かべて「地獄へ行け」と言うなどです。

ある研究によると、私たちが相手の感情を知るために、言葉に頼っている割合は七パーセントにすぎず、三八パーセントは声の調子やしゃべる速さなどで、五五パーセントが表情やしぐさ、という結果が出ています。

現実の生活でもそうです。相手の言っていることと、表情などが矛盾する場合、私たちはほぼ一〇〇パーセント、言葉を信じないで、表情のほうを信じます。

もっとも、言葉をまったく信じないわけではありません。待合室での母子のやりとりを調べた研究があります。母親がにっこり笑いながら、「お行儀よくしなさい」と子どもに命じると、子どもは混乱せずに、おとなしくなります。笑顔はママのネガティブな言いつけを隠す、ポジティブなマスクになるのです。子どもは言葉であれ、非言語的なものであれ、ネガティブな感情を表現されるとそれを信じる傾向があると、研究者は結論づけています。

特に意識しなくても、相手の気持ちを〝読みとれる〟人もいます。たとえば、恋人に会ったときに、「トムはひたいに縦ジワをつくって、口をキュッと結んでいるから、怒っているんだわ」などと考えなくても、瞬時にして「トムはご機嫌ななめだわ」とわかってしまう人。逆に、人の気持ちを察することが苦手な人は、意識していろいろな兆候を見る必要があります。

いずれにせよ、人の感情を読みとるコツを知っておけば、非常に役立ちます。コツさえつかめば、些細なシグナルを確実にキャッチできるようになります。相手が発信しているメッセージを正しく読みとれるだけでなく、自分も確実にメッセージが発信できるようになります。自分がしゃべっている言葉、表情、しぐさが矛盾していないか、ちょっと意識してみるだけで、相手を混乱させたり、誤解を招いたりせずにすみます。ほかの人の表情やしぐさに気づき、解釈し、反応する能力を磨くことも役立ちます。

感情を察知するスキルを磨けば、多くの場面で役立つでしょう。たとえば職場の新人研修。指導する側は、新入社員がどの程度、研修内容を理解したのかを知る必要がありますが、新入社員は評価が下がるのを恐れて、疑問があっても言わないかもしれません。指導側が表情から緊張を読みとれれば、説明を補うなどして理解を助け、必要な事柄をしっかりと習得させることができます。

教わる側にとっても、自分の状態を観察することは有益です。たとえば、研修中ずっと体がこわばっていたと気づいたら、なぜ緊張しているのだろうと自問できます。はっきり意識していなかったが、何か疑問に思っているのだろうか。それについて質問して、明確な答えを得たら、リラックスできるだろうか、などと考えてみることで、研修期間をより実りあるものにできます。

また、子どもの成績が下がって、親が心配しているようなとき。一〇代の息子を持つある母親は、息子が忙しすぎると思っています。学校の勉強以外にスポーツや習いごと、友だちとのつきあいなど、スケジュールがびっしりで、優先順位をつけて、少し整理したほうがいいと思うのですが、それについて話すと必ず喧嘩になります。こんなとき、親が子どものボディランゲージを読みとれれば、会話を建設的な方向に持っていけます。子どもがこちらの言うことに同意しているか、反発しているか、あるいは、こちらの言い分をちゃんと理解しているか、話を早く終わらせたくて「わかった、わかった」と言っているだけか。本当のことを話しているか、怒られるのが怖くて、何か隠しているのか。これらは、ちょっとしたしぐさや表情の変化から読みとれます。

相手の気持ちを察知して、それを受け止め、理解を示すことは、よりよい関係を築くための重要なステップです。これから説明するようなスキルを身につけることで、非言語のシグナルを見落とさずに、ごく自然にこうしたステップを踏めるようになります。

表情を読む

お財布にしのばせたり、デスクに飾ってある家族の写真。そこに写っているのは、愛する人の手ですか？　それとも足ですか？　おそらくは顔でしょう。顔はいろいろなことを語りかけてきます。その人の感情――あなたに対する思い、自分自身に対する思い、そして周囲の世界に対する思い……。体のいろいろな部分の中でも、顔は感情表現で際立った位置を占めています。顎にある咀嚼のための筋肉は別として、顔には骨の動きと独立して動く筋群がおよそ三三あります。その主要な動きは、人から人への感情シグナルの伝達です。ひたいや眉、まぶた、頬、鼻、唇、顎の形の急速な変化によって、情報が伝えられます。

チャールズ・ダーウィンが一九世紀に行った調査で、ある種の感情については、世界中のどの民族も同じ表情で表現することがわかりました。ダーウィンは、宣教師など秘境の地に入った人たちに、現地の人々が喜びや悲しみ、怒りなどをどんな表情で表すか、アンケート調査を行いました。地域によって違いがあれば、笑顔などの表情は文化的に形成されたものということになります。調査の結果、感情を表す表現のしかたは万国共通でした。そこからダーウィンは、ある種の表情は生まれつきのもの、生物学的に人類共通のものだと結論づけたのです。言い換えれば、うれしいときににっこりし、腹が立つときにふくれっ面をするのは、神経細胞ネットワークの〝配線〟と顔の筋肉の働きに組み込まれた反応です。そうした感情表現は、人間であることの一部と言えます。

顔の表情の多くは、私たちが生き残るために進化してきたものです。怒ったときに、歯ぎしりしたり、歯をむき出したりするのは、ゴリラやチンパンジー、オランウータンも同じです。驚いたときに目をまるくするのは、できるだけ多くの視覚情報を得ようとする反応と言えます。私たちの遠い祖先が、夜、何かにつまずいたときなどに、この反応は有効だったでしょう。不快なときには鼻にしわを寄せ、目を細めるのは、有毒な煙などから身を守るための反応です。

長い歳月の間に、感情表現はより儀式的なものになり、生存のためという性格は薄れてきました。いまでは、喧嘩になっても相手にかみつくことはまずありません。だから歯をむき出しにするのは、「かむぞ」という威嚇ではなくなりました。それでも、私たちはその表情を見ると、相手が怒っていることに気づきます。

ある種の表情は遺伝子に組み込まれたもので、万国共通である――このダーウィンの仮説は、一九七〇年代の研究で実証されました。カリフォルニア大学サンフランシスコ校のポール・エクマンとウォーレス・フリーセン、メリーランド大学のキャロル・アイザードらの研究です。基本的な感情を示した顔写真を世界のさまざまな民族に見せたところ、ダーウィンが唱えたように、喜び、恐れ、怒り、悲しみ、驚き、軽蔑、嫌悪を表す表情は、どんな文化圏でも共通でした（原注：ただし、エクマンとフリーセンの調査では、周囲から隔絶されたニューギニアのフォア人だけは例外で、恐れと驚きを区別できなかった）。

次ページのイラストで示した七つの感情については、ほぼどの文化圏でも同じような表情で表され

1. 悲しみ

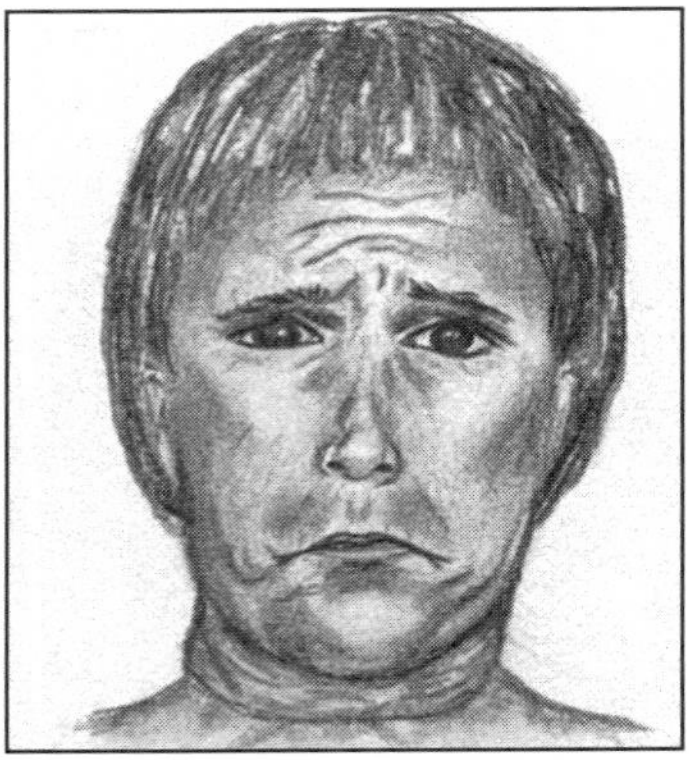

眉毛が八の字になり、ひたいの真ん中にＵ字を逆さにした形のシワができる。目と目の間に薄く縦ジワが寄る。唇の端は下がる。

2. 怒り

眉根をぎゅっと寄せるため、眉の間に深い縦ジワが刻まれる。上まぶたが引き上げられ、白目の部分がふだんよりもむき出しになる。下まぶたが引き上げられることで、より強烈な表情がつくられる。唇はしっかりと結ばれ、上唇のピンク色の部分が見えなくなることもある。

3. 恐れ

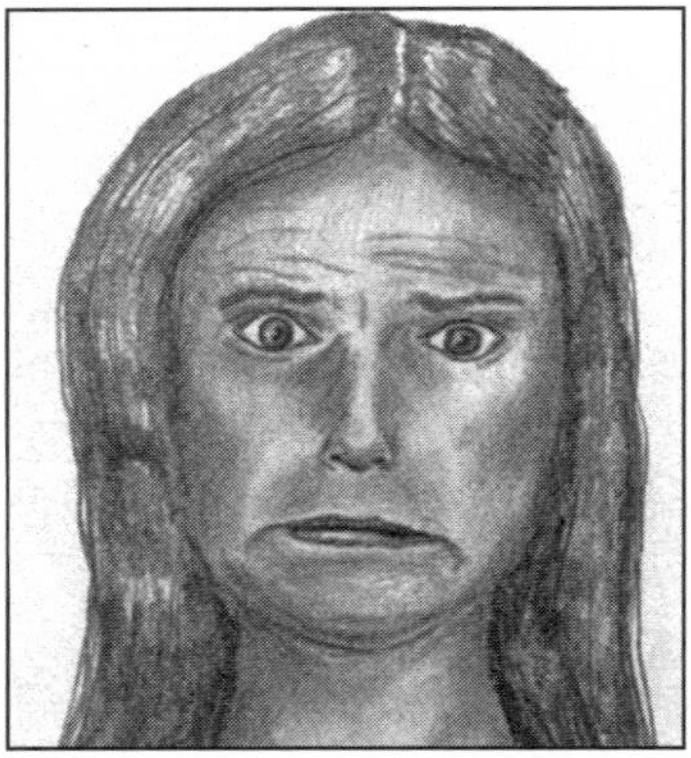

ひたい全体に横ジワができ、眉毛はそれと平行になる。怒ったときと同様に、上まぶたが引き上げられ、白目の部分がより多く見える。唇の端が引っ張られる感じで、口は一文字に引き結ばれる。

4. 喜び

頬の筋肉が上がり、目のまわりの筋肉が押し上げられる。目尻にシワができる。唇の端が上向き、左右対称の笑みが形づくられる。つくり笑いと本物の笑顔を区別するには、目尻のシワがカギになる。

7. 嫌悪

いやなニオイをかいだように、鼻にシワが寄る。その結果、鼻の上、目の間に横ジワができる。上唇が上がる。

5. 驚き

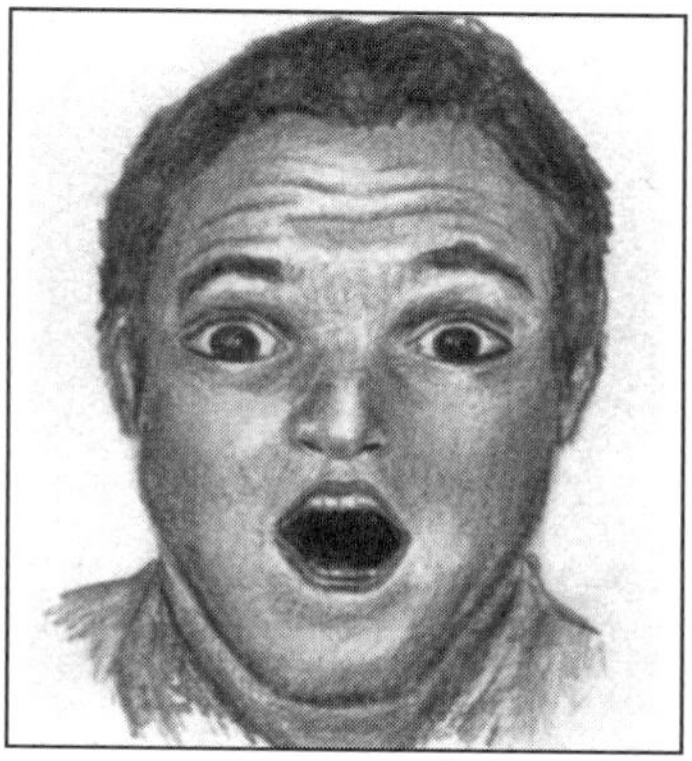

上まぶたが引き上げられ、白目の部分が見える。顎がかくんと落ちるように、口が大きく開く。

6. 軽蔑

唇の左側が上がり、唇が斜めになって、シワができる。あきれたように上をみるしぐさを伴うことも多い。

Illustrations by Julie Schwartz Gottman

ると、大半の社会科学者が認めています。この基本的な感情には、さまざまなバリエーションがあります。人間は一度に二つ以上の感情を抱くこともあります。これら七つの表情は、言わばパレット上の原色のようなものです。三原色を混ぜると、さまざまな色合いが生まれるように、七つの表情をベースに複雑で多様な表情が生まれます。

ここに示した表情に関する情報は、研究者たちの注意深い観察に基づいたものですが、これはあくまでヒントにすぎず、これだけで個々の人間の感情がわかるわけではありません。感情の表し方は人によって異なります。ある人の気持ちを察するには、些細なシグナルを見逃さない繊細さが必要ですし、その人のことをよく知っていなければなりません。それでも、感情によって表情がどう変わるか、基本的な特徴を知っておくことは、いろいろな面で役立ちます。表情から相手の気持ちを読みとるコツをつかむには、次の四つのポイントを頭に入れておくといいでしょう。

1　一番平静なときの相手の顔を知っておく

笑ったり、眉をひそめていないときの顔です。その顔と、さまざまな刺激に反応したときの顔を比べてみます。うれしいとき、悲しいとき、脅えたとき、驚いたときに、その人はどんな顔をするでしょう。本人に聞いてみるのもいいでしょう。「いま、どんな気持ち？」「怒っているように（悲しそうに／うんざりしたように／うれしそうに）見えるけど、違う？」

2　人間は同時にいくつもの感情を抱くものだ

そういうときの表情は複雑で、読みとりにくいものです。口もとは笑っているのに、目は悲しそうだとか、悲しそうな表情が、ほんの一瞬、怒りの表情になる（うつ状態ではよくある現象）などです。感情を隠そうとしているために、複雑な表情になることもあります。たとえば、絶えず笑顔でいなければならない接客業の人。ストレスがたまっていれば、口もとに笑みを浮かべていたとしても目は無表情になっているはずです。特に機嫌が悪い場合は、ひたいに緊張があり、どこか怖い笑顔になるでしょう。

笑顔が本物かどうかを判断する三つの手がかりがあります。

- 頬の筋肉が上がって、目尻の〝カラスの足跡〟ができるところにシワが寄る。
- 左右対称の笑顔。つくり笑いはゆがむことが多い。右利きの人は左側、左利きの人は右側に偏った笑顔になる。
- タイミングが合う。本物の笑顔はぱっと現れ、比較的長く続き、自然に消えてゆく。

こういう特徴がないなら、それはたぶん写真を撮るときにわざとつくるような、感情のこもっていない笑顔でしょう。

3　その人のふだんの顔つきと一過性の表情を間違えない

たとえば、目の端がへの字に下がっている人。生まれつきそういう顔でも、初対面の相手は、何か悲しいことがあったのかと思うかもしれません。何度か会えば、それがふだんの顔なのだとわかってきます。本人は上機嫌なのに、他人から見たら元気がないように見えることもあります。相手の気持ちを知るには、ふだんの顔つきではなく、表情の変化に注意を向けることです。

4　注意深く見守る

深い感情を表す表情は瞬間的に現れて消えていくので、それに気づくには、ある程度の時間、相手の顔を見つめ続ける必要があります。一秒の何分の一かの間に、ちらっと垣間見える表情。心理学者が「ミクロの表情」と呼ぶ、ほんの一瞬の表情に貴重な情報が含まれています。本人が隠したがっている気持ちが、一瞬だけ露わになるのです。それほど深い意味のない表情、本人が意図的に相手に見せる表情ですら、一〇秒ほどしか続かないものです。思わず本音が漏れるような表情は、よほど注意して見ていないと見逃します。

もっとも、お互いの顔をじっと見つめることには、いろいろな理由から抵抗があるものです。多くの文化圏では、無遠慮に人の顔を見つめることは、その人のプライバシーに踏み込むこととされています。こうしたタブーがなくとも、相手の顔を直視できない場合があります。相手が寂しそうな表情や、悲しい表情をしていれば、手を差し伸べなければならない。それを負担に感じて、目をそらしてしまうといった場合です。

互いの顔を見ないと、やりとりが限られたものになります。顔を見ずに気持ちを通わせるのは難しいからです。聞き手と目を合わせているから、自分の話していることに聞き手がどう反応しているかがわかります。興味を持っているか、驚いているか、あきれているか、理解しているか、同感だと思っているか——顔を見なければ判断のしようがありません。

注意深く観察すれば、二人の人間が同じことを感じているか、そんなふりをしているだけなのかがわかります。たとえば私がカウンセリングをした夫婦は、一〇代の息子の教育方針で揉めていました。夫は妻が息子を甘やかしていると考え、妻は夫が厳しすぎると考えていたのです。揉めごとがピークに達したのは、息子が家でガールフレンドと隠れて大麻を吸引していたことがわかったときです。夫は私にそのことを話して、これには自分も妻も同じ思いだと言いました。「息子を信じていたのに、裏切られた。妻も私も怒りでいっぱいです」横にいる妻もうなずきました。しかし話を聞いているうちに、私は二人の表情の微妙な違いに気づいたのです。夫は一文字に唇を切り結んでいました。典型的な怒りの表情です。妻は夫の言うことにいちいちうなずいていましたが、その表情、特に眉の形が別の感情を示していました。「ダーウィンの悲しみの筋肉」と呼ばれる眉間にしわをつくる筋肉に力が入り、眉根が寄っていたのです。

「お二人の表情からは違う感情が読みとれますよ」と私が言うと、二人とも驚いていました。それでも、しばしの沈黙ののちに、妻はためらいがちに認めました。自分は寂しいのだ、と。彼女がそう打ち明けたのは、それがはじめてでした。自分の愛する息子、無邪気でよく笑う屈託のない少年は、自分の腕の中から抜け出して、いつのまにか見知らぬ誰かになってしまったような気がする――彼女はそう言いました。それを聞いた夫は驚きを隠せず、「きみの気持ちはわかるが、私はそうは思わない」と言いました。夫は息子に騙されたと感じ、自分たちの信頼につけ込んで勝手な真似をした息子が許せないと思っていました。

お互いの気持ちのズレに気づいたからといって、揉めごとが一気に解決するわけではありませんが、解決への糸口にはなります。感情のズレを明らかにしたのは、表情の微妙な違いでした。表情を客観的に観察することで、本人ですら気づいていない感情がわかることもあります。

慣れないうちは、相手の表情をこまかく観察するのは難しいかもしれません。人間は一度に多くのことをやるのは苦手ですから。顔の筋肉の動きをチェックしながら、会話を続けるのはなかなか難しい。話者の表情と照らし合わせながら、話を聞くより、話に集中するほうが楽なのです。

私は大学院時代にはじめてエクマンとフリーセンの研究を知り、表情を読む技を自分で試してみました。人の気持ちを読みとるのは実に面白く、観察することに気をとられて、相手の話が耳に入らないこともしばしばでした。当時つきあっていた女性は、そんな私に閉口して文句を言ったものです。

「なんで私の眉毛や口をじぃーっと見るの。気持ち悪いからやめて」

「きみの気持ちがそこに表れているからさ」

「うそよ。目は心の窓って言うじゃない。見るなら私の目を見て！」

実は、目をのぞき込めば真意がわかるというのは、ただの神話です。目だけでなく、顔じゅうに真意は書いてあります。ひたいにも、頬にも、唇にも、顎にも。そのため、表情から気持ちを読みとろうとして、ついつい会話がうわの空になったのですが、やがてはその技にも磨きがかかり、相手に悟られないよう、自分でもほとんど無意識のうちに、表情を読みとれるようになりました。

誰でも時間をかければ、この技を習得できます。そして、いったん習得すれば、意識せずとも相手の気持ちが読みとれるようになります。最初のうちは、相手の口の形、眉の動きなどを見て、「これはどういう感情を表しているだろう」などと考えるかもしれませんが、慣れてくるといちいち考えずとも、相手の気持ちの微妙な変化を無意識のうちにパッと感じとれるようになります。

さらにこの技はセルフチェックにも使えます。自分でも気づいていなかった違和感や不安、体調の変化に気づけるようになるのです。朝、鏡を見て自分の顔を注意深く観察し、気になる兆候があったら、「なんだろう。何か気がかりなことがあるのかな」とよく考えてみる。そうすることで、問題に早めに対応でき、その日一日をより気分よく過ごすことができるでしょう。

エクササイズ　表情を観察し、記録する

周囲の人の表情を観察し、感情シグナル日記に書きとめましょう。表情を読むコツが次第につかめてきます。

ここ数日間に伴侶なり友人と交わした厄介なやりとり、印象深いやりとりを思い出してみましょう。その会話の間、相手の表情にどんな印象を抱きましたか？　あなたの表情はどうだったでしょう？　書きとめる

ときには、次のポイントを参考にしてください。

- 最近気づいた興味深い表情は？
- その表情をしていた人物は？
- どんな表情か（絵を描いてもいいし、それと似た表情の写真を新聞や雑誌から切り抜いてもよい）
- その表情から読みとれる相手の思いは？
- あなたの表情に、周囲の人が反応しただろうか。そのとき気づいたことは？

しぐさを読みとる

相手の気持ちを知るには、まず顔を見ますが、相手が体のほかの部分をどう動かすかも手がかりになります。たとえば、話し手がテーブルをたたくのは熱意のあらわれです。肩をすくめるのは、混乱したり無気力になったりするあらわれです。顔の表情から気持ちを読みとることができ、その気持ちの強さはしぐさでわかると一部の社会科学者は主張しています。

緊張したり、そわそわしている人は、しきりに重心をずらし、鼻や顎、口など自分の顔の一部にさわります。子どものころに親になでてもらった記憶から、無意識のうちに自分をなだめようとしているのだという説もあります。いずれにせよ、気持ちが落ち着かない証拠で、相手を騙そうとしているときにも、そのようなしぐさをするものです。

相手が自分の話に興味がなく、退屈していることも、しぐさから読みとれます。社会学者のアーヴィング・ゴッフマンが〝心ここにない〟ことを示すしぐさをいくつか挙げています。自分の顔をさわる、特に口を覆う。唇をかむ、頰の内側をかむ。〝小道具〟、つまり自分の髪の毛やひげ、メガネ、ペンなどをもてあそぶといったものです。相手がこうしたしぐさをしていたら、「あなたの話はつまらない」というメッセージだと思ってください。

姿勢もその人の気分を表します。私は被験者の心理を観察するために、ラボにはわざと座り心地の悪い椅子を用意しています。その椅子に座ると、数分ごとに姿勢を変えることになるからです。そのときの背骨、肩、脚、腕の位置をチェックすると、その人のその瞬間の気持ちが手にとるようにわかります。たとえば、夫の言動に苛立った妻は、微妙に夫のほうに背を向けます。顔は前を向いていても、腰や膝は横向きになり、無意識のうちにいつでもその場から逃げ出せる態勢をとるのです。

肩の力を抜き、脚を少し開いて、ほんの少し相手のほうに身を乗り出す姿勢は、相手の言うことに敬意を払い、熱心に耳を傾けている証拠です。

相手と気持ちを通わせたいときには、相手の姿勢をまねるというやり方も有効です。親しい友人と向かい合って座っているときに、ちょうど鏡で映したように、同じポーズをとっているのに気づくことがあります。体の向き、肩や腕、脚の角度、手の置き方などがぴったり一致していたりします。これは無意識のうちに起きる一致ですが、関係づくりのために意図的に相手と同じ姿勢をとることもできます。

立っているときや座っているときの相手との距離も、無言のメッセージになります。親しみを感じていたり、性的な魅力を感じている相手なら、体がふれあう距離も気になりませんが、自分の領分と思われるスペースに誰かが踏み込んでくれば、イライラしたり、怒りさえ感じるでしょう。パーティー会場で、実験者が何も知らない相手に近づいていき、その模様をビデオで撮影した研究があります。アメリカの基準で適切と思われる距離よりも数センチだけ相手に近づくと、相手は無意識のうちにじりじり後ずさりし、ついには会場の端から端まで移動したというのです。実験の後、被験者にされた人に、実験者についてどう思ったかと聞いてみると、面白い人だけれど強引な感じがしたと答えたそうです。

特に親しい間柄でない場合、どの程度、接近したら不快感を与えるのでしょう。踏み込まれたくないスペースは、文化圏によって異なります。極端な例が中東です。アラブ諸国では、商人が鼻と鼻がくっつくほど互いに顔を近づけて、値段の交渉をしている光景をよく見かけます。しかし、北米やイギリスでは、赤の他人なら九〇～一五〇センチ、友人同士なら四五～九〇センチの距離が適切と言われています。この距離は「カクテル・パーティーの距離」とも呼ばれます。飲み物のグラスを手に、向かい合って話をするときの距離だからです。

人と人の距離は、二人の関係、その場の状況、そのときの気分などによって変わってきます。相手が不快に感じるほど近づくのは考えものですが、かといって、よそよそしいとか身構えていると思われるほど距離をあけるのも避けたいものです。相手がリラックスしているときは近づいてもいいのですが、ストレスがたまっていたり、怒っているときは、あまり近づかないほうが無難です。それから、人と話すときは、目の高さを合わせること。小さな子どもと話すときは、しゃがむなり、ひざまづいたほうがいいし、座っている相手に話しかけるときは、できることなら自分も座りましょう。

エクササイズ　動作やしぐさについて観察したことを書きとめる

周囲の人の動作やしぐさから読みとった感情を、感情シグナル日記に書きとめましょう。家族や大切な人と喧嘩した、または深く気持ちが通じ合った場面を思い出しながら書くとより効果的です。

- 最近気づいた興味深い動作やしぐさは？
- 誰がしていたか
- それはどんな動作か（簡単なスケッチや写真をクリップしておくとよい）
- そこから読みとれる気持ちは？
- あなたの動作やしぐさに、周囲の人が反応しただろうか。そのとき気づいたことは？

スキンシップという言語

人と人との間のスペースが重要なように、そのスペースに橋をかけるスキンシップという行為もとても重要です。相手の体にふれる。たったそれだけのことで、実に多くの気持ちを伝えることができます。次のようなケースは、あなたも経験したことがあるでしょう。

- はじめてのガールフレンド（ボーイフレンド）と手をつなぐ
- 試合に勝って、チームメートとハイタッチする
- 生まれたばかりの赤ちゃんをお風呂に入れる
- 友だちの結婚式の日、その友だちの肩をたたく
- サマーキャンプから帰ってきた子どもを抱きしめる
- 臨終のベッドで意識を失いつつある親の手を握る
- ベッドで恋人を後ろからそっと抱きしめる

多くの研究で、体にふれたり、ふれられたりすることは、人々の心の健康や充足にとても大きな影響を与えることがわかっています。たとえばマイアミ大学の心理学者ティファニー・フィールドの研究によると、スキンシップは乳幼児の情緒的な発達を促します。これは重要な発見です。フィールド

の以前の研究では、うつ病の母親のもとで育った赤ちゃんは、石鹸の泡が立つといった、普通なら子どもが喜ぶような現象にも異常に脅えることが報告されていました。しかし、母親に赤ちゃんにふれて、なでてあげるよう指導するとそうした脅えはなくなるのです。さらに、スキンシップには、長く続くプラスの効果があり、うつ病の母親に育てられるというマイナス面を補うこともわかってきました。

スキンシップは、とりわけ男女の関係で威力を発揮します。出会いの場であるシングルスバーでの観察によると、女性が男性の手や膝、太股、胸などにふれることは、男性を引きつけるのに非常に効果的です。男性の関心を引くには、女性のルックス以上に、体にふれることが決定的な意味を持つようです。

スキンシップは、お互いの絆を確認する重要な手段です。アーヴィング・ゴッフマンは、人前で手をつなぐなどの行為を「結びつきサイン」と呼んでいます。彼が行った実験で、インタビュアーが映画館の前に並んだカップルに声をかけ、当たり障りのない質問や立ち入った質問をします。男のインタビュアーが、カップルの女性のほうに立ち入った質問をすると、当たり障りのない質問をしたとき以上に、カップルの男性のほうが「結びつきサイン」を示すことがわかりました。その他の研究で、人前でカップルが見せるスキンシップは、二人の関係の進展によって変わってくることもわかっています。つきあいはじめて間もない段階では、男性が女性の体にふれることが多く、関係が深まると男女ともに同じくらいになり、結婚当初は妻が夫にふれる回数が多くなります。

ふれることは、力や支配を示す手段にもなります。職場での観察によれば、上司は平気で部下の体にふれますが、その逆は同じようには行かないようです。上司に背中をたたかれると、部下はどう感じるでしょう？　上司の意図とは関係なく、仕事ぶりを認められたと思う場合があれば、保護者気取り、脅し、さらにはセクハラと感じる場合もあります。上司にさわられて不快に感じても、互いの力関係から部下はなかなか文句が言えません。虐待家庭でも同じことが言えます。虐待する側がいつ、どこにさわるかを決め、被害者のほうはそれに対して無力です。

さわるということは、強い感情を呼びさますので、それぞれの文化圏の決まりを尊重する必要があります。ヨーロッパでは、社交的な挨拶として頬にキスすることは珍しくありませんが、アメリカでは握手か軽く肩を抱く程度で十分とされます。日本では相手にさわることはなく、頭を下げるのが適切とされています。年齢や性別、宗教、職業などによっても基準が変わってきます。その集団で、どういうスキンシップが適切なのかがわかっていれば、それを守ることで集団から浮き上がることなく、すんなり溶け込めます。

いずれにせよ、ふれることは良きにつけ悪しきにつけ、強いインパクトを持ちます。誰かにふれるときは、どういうメッセージを伝えたいのか、自分で認識できていることが大事です。その人との絆を強めたいのか、距離を置きたいのか。また、誰かにさわられて、その意図がよくわからないときは、次のような点を押さえつつ、困惑の原因を探ってみましょう。

- 相手はあたたかな気持ちを持っているか
- 相手のタッチは親しみを込めたものか、慰め、友情の証し、性的なもの、おふざけ、攻撃的なもの、脅しのどれか
- 相手はあなたを支配しようとしているのか
- こんなふうにさわられるのは、うれしいか
- 居心地が悪いか
- 今後も同じ相手に同じようにさわられたいか

自分の感覚を信じること。そして、できることなら、自分が抱いた感じを相手に伝えることです。繰り返しますが、体のふれあいは、満たされた気持ちになるうえで、また他者との結びつきを実感するうえで、とても重要です。スキンシップという手段を賢く使えば、相手への思いを伝えることができ、あたたかく気持ちのよい関係を築くことができます。

エクササイズ　スキンシップについて感じたことを書きとめる

次のような点を考えながら、感情シグナル日記に書きとめましょう。最近あった、特に厄介なやりとり、あるいは心あたたまる、楽しいやりとりを思い出しながら書いてみましょう。

・最近、あなたの周囲で誰かが自分の感情を表すために、あなたの体にふれただろうか
・それは誰か
・どんなスキンシップだったか（簡単なスケッチや写真をクリップしておくとよい）
・相手のどんな気持ちが伝わってきたか
・あなたがふれたことに、誰かが反応しただろうか。そのときに気づいたことは？

声で心理がわかる

話している内容だけでなく、声もさまざまな情報を聞き手に与えます。手がかりになるのは、声の高さ、大きさ、話すスピードなどです。

心理学者のクラウス・シェーラーによると、大多数の人は怒ったり、脅えると声が高くなるようです。シェーラーによれば、怒りや恐怖によって声は、低く、リラックスした、よく響く「胸の音域」から、より高音で緊張した「頭の音域」へと変化します、同時により大きくなり、早口になりますが、ふだんから早口な人なら、逆に話すスピードが遅くなることもあります。

シェーラーによると、怒りや恐怖と比べ、悲しみは声から聞きとるのが難しいのですが、声が低くなり、しゃべり方が遅くなるというデータが出ているそうです。

提供する情報がネガティブなものか、ポジティブなものかも声の調子でわかります。「来週、シカ

ゴで会議があるんだ」というときに、その人が会議を前向きにとらえていれば、語尾のほうで声が少し高くなるでしょう。低い、重々しい声なら、その会議に不安がある、気乗りがしないということです。心理学者のリンダ・キャムラスによれば、楽観的な気分で声が上がるときは、眉も上がることが多く、暗い気分で声が低くなるときは、眉も下がる傾向があるそうです。ちょっと自分で試してみるといいでしょう。「来週、妻（夫）の母親が遊びにくる」と、気が重そうな声で言いながら、眉を上げてみます。逆に、うれしそうな声で言いながら、眉を下げてみます。やりにくいことに気づくはずです。

容疑者の取り調べなどを目的として、声の調子から恐怖や緊張を読みとる研究が進められています。一般的には次のような兆候が指摘できます。

- センテンスの途中で言いなおす　「私の持っている本に……こんなとき役立つ本が……」
- 単語・フレーズを繰り返す　「私はたびたび……たびたび夜勤をするんで」
- どもり
- 最後まで言わない　「私は図書館へ……」
- センテンスが完結しない　「彼によると、理由は……とにかく、彼は行けなかった」
- 発音不明瞭　「スーパーに卵と〝にゅうにゅう〟を買いにいった」
- 無意味な音が混じる　「本当にわかりません……ぐっ……そこに行って」

声の調子で自分の気持ちをきちんと伝えたければ、声の高さ、大きさ、しゃべるスピードを意識することです。ゆっくりした単調な話し方では、聞き手の関心はつなぎとめられません。自分の言いたいことにアクセントを置くよう、声の調子を変えれば、聞き手によく伝わります。

相手の声の調子から気持ちを探るときも、同じことが言えます。顔の表情と同様、声の調子から、一〇〇パーセント相手の気持ちがわかるわけではありませんが、声の調子で何かを感じたら、相手に確かめてみましょう。「シカゴで会議があるって言ったとき、声が低かったけど、気乗りしないの?」とか「とても早口だったけど、何か気になることがあるの?」このような問いかけで、感情的なつながりが深まります。

エクササイズ　声の調子で気づいたことを書きとめる

最近、あなたか相手が声の調子で自分の気持ちを伝えようとしたことはありませんか?　次の問いを参考に、気づいたことを感情シグナル日記に書きとめましょう。

- 最近、声の調子に表れた感情で、何か気づいたことは?（声の高さ、速度、話し方、声のトーンなどの変化に気づかなかったか）
- 相手は誰だった?

・その声の調子から相手がどんな気持ちだと思ったか
・あなたの声の調子に周囲の人が反応したか。そのとき気づいたことは?

気持ちを言葉にする

自分の気持ちを見つめ、それを言葉にして、ほかの人に伝えることは、いろいろな点でとてもよいことです。まず、自分の感情を言葉にする段階で、論理と言語をつかさどる脳の中枢を働かせることになります。感情を言葉にすることで、その感情をよりよく制御できるのです。恐怖や怒り、悲しみなど、ネガティブな感情と上手につきあううえで、これはとても役立ちます。

次に、感情を言葉にして人に伝えることは、周囲の人との絆づくりに欠かせません。あなたがどう感じているか、言葉で言わなければ、まわりの人ははっきりわからないでしょう。

相手が気持ちを言葉にするのを手伝うことで、関係は深まります。簡単な例を挙げましょう。友人が、大好きなおばさんが亡くなった話をしたとします。「寂しいでしょう」と言うことで、友人の痛みを感じとっていることが伝えられ、気持ちを通わせることができます。

けれども、それ以上に気持ちが通い合うのは、自分では名づけられない感情に、相手が言葉を与えてくれたときです。

「ゆうべジェニーがさよならも言わずに出ていったんだ」

「困惑しただろう？」

「うん。どういうことなのか、さっぱりわからなかった」

「頭にきた？」

「そうだな。でも、それだけじゃないんだ。ジェニーとはうまく行っていたから」

「裏切られたようでつらい？」

「そうなんだ。それに、不安でもある。これでおしまいになったら、どうしようかと」


自分の感情を見つめ、それを言葉で表現することが、ごく自然にできる人もいます。その人たちは、そのときどきの自分の気持ちをよく理解しており、それを表現する豊かなボキャブラリーを持っています。

一方で、自分の感情を理解し、言葉にし、他人に伝えることがどうにも苦手な人もいます。もやもやしたものは感じているのですが、なんなのかわからない。そういう人が自分の感情を見つめるには、頭で考えるやり方、言い換えれば、感情を探る〝意識的〟アプローチが有効です。最近起きた出来事を思い出し、そうした出来事に対して、一般的に人間はどういう感情を持つかを考えるのです。

例を挙げましょう。カールが帰宅すると、妻が書いたメモがありました。彼女はＰＴＡの会合で出かける、息子は映画に行き、娘は友だちの家に行ったという内容でした。カールは冷蔵庫をのぞいて残りもののピザを見つけ、電子レンジであたため、テレビの前に座ります。テレビでは、景気の先行きが不透明だというニュースが流れています。

その晩、ベッドに横たわったカールは、なんとなくすっきりしないものを感じましたが、それが何なのかわかりません。眠れないまま、その晩の出来事を振り返ってみました。妻と子ども、あたたかな食事が待っていると思って帰ってきたのに、家は暗く、誰もいなかった。この状況で、彼は何かが欠けていると感じていたのです。何かが欠けていると、人は多くの場合、悲しくなるものです。カールはこう考えました。「僕は家族と一緒に過ごしたいと思っていたが、家族がいなかった。だからがっかりして、寂しさを感じたんだ」

その晩、気が滅入ったのは、それだけではなさそうでした。そう、テレビです。かなり長期の好況が続き、カールと妻は経済的な不安から解放されていました。しかし、番組は、市場の変動が激しく、投資家は短期間に莫大な損失を被る可能性があると警告していました。カールの投資も安全ではないかもしれません。人は安全が脅かされると落ち着かなくなります。カールは気づきました。気がふさぐのは、家族が留守だったからだけでなく、株価が下がるのが心配だからだと。

もやもやした気持ちの正体が、寂しさと失望、不安であるとわかったら、それを少しでも解消するためにできることがあるはずです。みんなが出かけていてがっかりしたと妻に話してもいいでしょう。一緒に楽しむことを計画することができます。経済的な不安については、投資顧問と妻に相談して、損失を最小限に抑えるため、いまからでも何か手が打てないかを検討してみることもできます。

自分の感情を言葉にすることに慣れている人から見たら、カールのように一つずつ自己分析していくやり方はまどろこしく思えるかもしれません。しかしカールのようなタイプには、こうした手順が必要なのです。家族にもやもやをぶつけるのではなく、自分はこう感じていたんだときちんと話すことができます。家族との関係もそのほうがうまく行くし、自分の気持ちを落ち着かせるには、どうすればよいかも見えてきます。

エクササイズ　自分の気持ちを見つめる

このエクササイズは自分の気持ちを見つめ、言葉にするためのものです。同時に、周囲の誰かが自分の感情を見つめ、それを言葉にできるよう手助けすることにも役立ちます。

まず、最近あったことで、後味が悪かったり、居心地が悪かった出来事を思い出してください。感情シグナル日記にそのことを手短に書いてみましょう。

次に、左に挙げる質問に答えてみます。それで、おおまかにどんな気持ちを抱いていたかがわかります。

さらに、３１２ページの「感情を表現する言葉のリスト」を見て、もう少し自分の気持ちに合った表現を探してください。ぴったりくる言葉が見つかったら、考えてみましょう。その出来事に関係のある人にあなたの気持ちを話したいと思いますか？　不快な気持ちをしずめたり、原因となった問題を解決するために、何かできることはありませんか？　気づいたことを感情シグナル日記に書きとめましょう。

最初に、あなたが抱いた気持ちが楽しいもの（ポジティブな感情）か、不快なもの（ネガティブな感情）かを見極めます。

楽しい感情であれば

- ある事柄、またはある人をもっと知りたいと思いますか？　イエスであれば、それは「興味を持った」ということでしょう。
- 何かうれしいことがありましたか？　イエスなら、あなたはいま「幸せ」と感じているはずです。

不快な感情であれば

- あなたの生活にあるはずの何かを失った、何かが欠けている、何かがなくて寂しいと感じていますか？　イエスなら「悲しい」という言葉が当てはまるでしょう。
- あなたがやりたいことを妨げているものがありますか？　そうであれば、あなたの感じているもやもやは「怒り」でしょう。
- 何かが安全ではないと感じていますか？　そうであれば、それは「不安」と呼べます。
- あなたの価値観なりモラルで、誰か、または何かを裁くべきだと感じていますか。そうであれば、あなたの感情は「侮蔑」です。
- いまの状態はもう我慢できないと感じていますか？　そうであれば「嫌悪」を感じているということです。

感情を表現する言葉のリスト

自分の感情を言葉で定義できれば、ほかの人と気持ちを通わせることもできますし、厄介な感情に対処しやすくなります。このリストは、人間の感情をおおまかに分類したものです。これを参考に、いまの気持ちにぴったり合う言葉を見つけてください。

興味を持った

共感した／魅了された／夢中になった／積極的な関心を持った／引き込まれた／没頭した／熱くなった／興奮した／わくわくした／楽しみになった／心を打たれた／楽しくなった／愉快になった

幸せ

思いもかけない好運／喜び／充足感／心が満たされている／高揚感／うれしい／よかった／深い感謝／いい気分／満足／誇りに思う／うきうき／心が軽い／やさしい気持ちになった／好感を持った／ぬくもりを感じる／愛《いと》おしい／大好き／陶酔／喜びがあふれる／うっとり／舞い上がる／夢見心地／歓喜

悲しみ

不幸／情けない／気の毒に思う／後悔でいっぱい／気が滅入る／やる気をなくす／失望／落胆／ふさぎ込む／意気消沈／幻滅／落ち込んでいる／憂うつ／心がずたずた／胸が痛む／惨め／挫折感／絶望／悲嘆にく

れる

怒り

むしゃくしゃする／不満／ねたみ／嫉妬／恨み／むっとする／欲求不満／困惑／イライラ／頭にきた／ぷんぷん／むかむかする／カッとなる／不機嫌／すねている／ふてくされている／腹に据えかねる／逆上／激怒／猛烈に腹が立つ／悔しい／許せない

不安

臆病／神経質／そわそわ／脅える／怖い／胸騒ぎ／落ち着かない／心配／気になる／緊張／くよくよ／恐れている／縮み上がっている／震え上がっている／怖くてたまらない

侮蔑

不快／あきれる／義憤にかられる／見下す／さげすむ／尊敬心を失う／軽蔑／苦々しさ

嫌悪

いやだ／憎む／忌み嫌う／ぞっとする／拒絶反応／忌避／うんざりする／虫酸が走る／あまりのひどさに絶句

たとえが意味するもの

声の調子と同様に、人が使うメタファー（隠喩）も気持ちを探る手がかりになります。

メタファーは、学校で詩を読むときに学んだはずです。たとえば、アルフレッド・ノイズの「追いはぎ」という詩には、「その道は紫の荒野に垂らされた黒いリボンだった」という詩句があります。道がリボンでないことは誰でもわかります。実際には、道は土と石でできています。けれども、リボンのような道をイメージすることで、月明かりの晩、荒野に馬を走らせる追いはぎと、彼の目の前に広がる風景がまぶたに浮かびます。破滅に向かって馬を駆る男の息遣い、ひづめの音や頬をなでる夜風さえ感じとることができるでしょう。

私たちが自分の気持ちを話すときに使うメタファーも同じような効果を持ちます。人は自分の気持ちをよりはっきりと相手に伝えるためにメタファーを使い、相手の立場で物事を感じとるために、相手の使うメタファーに耳を傾けます。

メタファーはいまの気持ちを垣間見る小さな窓になると同時に、現在の出来事を過去の出来事に重ねるような使い方では、第5章で述べたような過去の経験を見いだす扉ともなります。

いずれにしても、メタファーは人と人が心を通わせる重要な手段になるのです。

よく使われるメタファー

ふだんの会話で耳にするメタファーと、そこから推測される感情を挙げてみます。メタファーから読みとれるのは、あくまで推測にすぎませんが、それを手がかりにして相手の気持ちを聞けばよいのです。相手の使っているメタファーがわかったら、今度はあなたがそれに類するたとえを使えば、お互いの気持ちがぐっと近づきます。たとえば――

「僕らの結婚は脱線した列車みたいだ」――こう語る男性は、結婚生活が破綻し、もう修復不可能だと感じています。自分たちは列車事故の負傷者のように傷ついている。事故にたとえるのは、こんな結果を予想していなかったということです。

「あっぷあっぷの状態よ」――〝首まで借金につかり〟、〝沈没しかけている〟状態。話し手は、経済的な苦境を乗りきれるかどうかに不安を感じています。

心理学者のリチャード・コップが著書『Metaphor Therapy』で述べているように、メタファーは話にふくらみを持たせるだけではなく、思考の枠組みをつくります。私たちが物事をどう見るか、どう感じるか、どう行動するかに影響を与えます。

コップが例に挙げているのは、「時は金なり」です。時間をお金にたとえたとたん、時間をどう〝使う〟かを意識するようになります。さらに、他人に時間を〝与える〟からには、なんらかの見返りが欲しいと思うようになるでしょう。時間を〝節約〟し、価値ある活動に〝投資〟しようという発想も出てきます。

　時間をお金ではなく大河にたとえたらどうでしょう。時間はゆったりと〝流れて〟いきます。他人に与えることも気にならない。あなたの意思にかかわりなく、時間の流れがあなたを運んでいくので、リラックスして、流されていくのを楽しもうという気になるでしょう。

「時は金なり」と思っている人と「時は河なり」と思っている人が一緒に仕事をしたらどうなると思いますか？　二人は相矛盾するメタファーを中心に、それぞれの世界をつくり上げています。片方は時間を節約しようと必死なのに、もう一方は時間的な制約にとらわれたくない。当然、軋轢が生じるでしょう。しかし、お互いの使うメタファーに耳を傾ければ、違いが理解できるはずです。

　メタファーが強い力を持つのは、私たちが乳幼児期に世界を認識するのに使っていたのと同じメカニズムに働くからです。赤ちゃんは〝安全〟とか〝栄養〟、〝やさしさ〟といった抽象的な概念は理解できませんが、具体的なものと、そうした概念を結びつけることはできます。毛布は安全を表すものであり、ミルクは栄養、お母さんはやさしさです。言葉を知らないうちから、私たちは現実の中にあるものと、それについてのイメージを結びつけています。

　脳が発達する過程で、具体的なイメージは非常に重要な働きをするので、私たちは大人になってからも、抽象的な概念を把握し、表現するために、具体的なイメージを使うわけです。抽象的な概念を新しい視点でとらえようとするときには、メタファーがとても役に立ちます。時間は走り去る列車だ（止めることはできない）、時間はかまどだ（私たちの資源を燃やしている）、時間はメリーゴーラウンドだ（チャンスはまためぐってくる）といった具合です。新しいイメージから、新しい枠組みを打ち立てることができ、ひいては新しい現実認識に立って、新しい人間関係をつむぐことができます。

記憶もメタファーの形をとる

過去、とりわけ幼児期の出来事や人間関係を題材にしたメタファーも、自分の感情と向き合うことに役立ちます。第5章で見てきたような過去の経験や親の考え方、長く引きずってきた心の傷などを探る糸口になります。

何か問題を抱えているときに、記憶のひとコマがしきりに浮かんでくるようなら、それはなんらかのメタファーで、そこから現在の問題を解決するカギが浮かび上がるかもしれません。

例を挙げましょう。結婚セラピーに来たアンソニーとテレサのケースです。テレサは転職を考えていました。それは彼女が前々から望んでいたことで、これまでの努力が実って、やっとチャンスがまわってきたという感じでした。ここで挑戦しなければ、一生後悔すると思っていたのです。しかしアンソニーは、保証もないのにいまの仕事を投げうつことには反対でした。二人で家計を支えている以上、勝手に賭けに出られては困るという思いだったのです。

二人はこの問題で何週間も話し合いを続けていました。その間、アンソニーはなぜか母親のことをしきりに思い出しました。人のよい母親はいつも自分を押し殺し、父親を立てていました。母親が信じやすいのをいいことに、父親は母親を騙し、勝手なことをしていました。「母はいつも父に盲目にされていました。父は母をばかにしていたんです」アンソニーはそんな父親に反発する一方で、自分も母親のように人にばかにされ、利用されるのではないかと恐れていたのです。

アンソニーは、母親だけでなく、大好きだった祖父のこともよく思い出しました。祖父は賢く、寛大な人でした。人を見る目は確かで、騙されたりはしません。それでも、相手のだめなところを知り抜いたうえで、見返りを期待せず力になります。損を承知で与え続ける。祖父はそういう人でした。

さて、テレサの転職問題で、いよいよ結論を出す段階になり、意外なことが起きました。アンソニーはやはり心配していましたが、それでも妻の夢を支える決心をしたのです。「正直言って、まだ確信は持てません」と、彼はセラピーの場で語りました。「だけど妻はやってみたいと思っている。それが一番大事なんじゃないか、と気づいたんです」

「あなたはとても寛大だ」と私は言いました。「このことから、思い出すのは?」

アンソニーは妻のほうを見て、にっこりしました。「僕のしたことは、母親と同じだと思う?」

「いいえ」テレサは笑顔で答えました。「お母さんとは違う。あなたはお祖父さんを見習ったんでしょう?」

私が補足しました。「どうなるかはわからないにしても、あなたは状況をきちんと見極めたうえで、判断した。けっして人の言いなりになったわけじゃない」

「それにしても、僕は祖父のようになれるとは思っていませんでした。自分は祖父ほど寛大にはなれないと思い込んでいた」

長い間《ま》を置いてアンソニーは続けました。「今回の問題では、ずいぶん悩みました。それが祖父を思い出すことで、どうすればいいかが見えてきた。なぜ決心がついたか、いまはわかります。ちゃんとお手本がいたんです。祖父を見習えば、物事はよい方向に行く」

この場合は〝お手本〟――言い換えれば〝枠組み〟――を与えてくれた点で、メタファーが大きな役割を果たしました。セラピーでは、クライアントの問題解決を助けたり、ものの見方を変えさせるために、いままでとは違うメタファーを使って、自分の置かれた状況を説明してもらうということをします。

リチャード・コップは、自責の念にかられる、落ち込むことを「カゴいっぱいのムチ」というたとえで表現したクライアントのことを書いています。セラピストは代わりに「カゴいっぱいのテディベア」を思い浮かべるよう助言しました。それによって、そのクライアントはストレスを感じたときに、自分にやさしくなれるかもしれません。自分の怒りを「ぐらぐら煮立った熱湯」と表現した人には、「ポットの蓋を少しずらす」ようアドバイスすることで、怒りを少ししずめることができます。

メタファーを生かす

相手の使うメタファーを聞いて、反応するだけで、よりよいコミュニケーションを持つことができます。メタファーに対して、自由解答式の質問を投げかけるか、または相手の言ったことをそのまま返すとよいでしょう。あなたがただ、より深く理解したがっているだけだとわかって、相手はリラックスします。たとえば――

A「いまの仕事では迷路に入ったねずみの気分だ」

B「迷路って？　どんな迷路？」

A「さっぱり出口がわからない。行き止まりばかりで」

B「そうか。どっちの方向に行くべきか、誰か導き手が欲しいところだね」

A「そうだな。僕が必要としているのは導き手だな」

A「あなたの友だちの前では、私はステージに立たされた気がする」

B「ステージって？　そんなものないじゃないか」

A「みんなの前で演技しなきゃいけない感じなの。セリフを間違えずに」

B「きみがそんなふうに感じてるなんて知らなかった。僕はきみが自慢なんだよ。友だちにきみのよさを見せたいんだ」

A「でも、あなたの望むセリフを言わなきゃならないようで、無言のプレッシャーを感じる」

A「シェリーが出ていって、火が消えたみたいだ」

B「やる気がなくなったってこと？」

A「うん。何もする気になれないんだ。一日じゅうボーッとテレビを見てる」

B「さぞかし退屈だろうね」

A「それより悪い。仕事に行く気も起きないこともある」

子ども時代の思い出や家族との関係などについて聞いてみると、相手が過去から引きずってきた問題が見えてきます。もちろん、そうした質問がごく自然にできるのは、気楽に思い出話ができるような間柄で、信頼関係ができている場合だけですが、たとえそうでなくても、ちょっとした質問はできます。詮索するような聞き方、相手の心理を探るような聞き方をする必要はありません。「子どものころにもそんなことがあった？」とか「上司（きょうだい、伴侶など）がそういう態度をとるとき、誰を思い出す？」などと、さりげなく聞けばいいのです。それに対する相手の答えがヒントになり、共感に満ちた会話ができるかもしれません。

相手が使ったメタファーをそのまま使ったり、それと同じ系統のメタファーを使うと、会話がスムーズに運びます。私はあるとき、電気技師のカウンセリングをしましたが、この人は「配線」「充電」「回路」など、電気関係の用語で自分の感情を語りました。同じようなメタファーを使えば、彼と気持ちを通わせることができるとすぐに気づきました。

同じやり方は友だちや家族にも使えます。自然保護に関心のある息子に部屋を片づけなさいと言うときは、健全な「エコシステム」を保ってと言ってもいいし、野球好きの上司には、今度のプロジェクトに「登板させて」くださいと話すのもいいでしょう。

エクササイズ　メタファーを書きとめる

次の質問を参考に、メタファーについて気づいたことを、感情シグナル日記に書きましょう。

- あなたが最近使ったメタファーは？
- そのメタファーは、あなたのどんな気持ちを表しているか
- なんらかの感情を表現するために、そのメタファーを使ったか
- それに対して周囲の人はどう反応したか
- ほかの人が使ったメタファーは？
- 最近、軋轢があった人を思い浮かべてみる。その人は何かメタファーを使わなかったか
- そのメタファーは、その人のどんな気持ちを表しているか

何よりも相手の話を聞くこと

メタファーや声の調子、表情を意識することで、あなたのコミュニケーション能力はアップしますが、相手の話にきちんと耳を傾けることができないと、さほど大きな進歩は望めません。相手の生活に本当に関心があることを表現できれば、満足のいく関係が築けます。よい聞き手になれば、対人関係のどんな場面でも、会話がうまくかみ合い、気持ちを通わせることができます。

相手の関心を引きつけるよりも、相手に関心を持つことが大事

これは、一九三七年に出版され、現在も多くの人に読まれている名著『人を動かす』で、著者のデール・カーネギーが説いていることです。私の三〇年の研究からも、これ以上のアドバイスはないと断言できます。カーネギーは、「他人の関心を引こうと二年間努力するよりも、他人に関心を持とうと二カ月間努力するほうが、たくさん友だちができる」と書いていますが、まったくそのとおりです。カーネギーは、友だちづくりやセールスの成功のために、このアドバイスを書いたのですが、他の人間関係――パートナー、きょうだい、子どもたち、上司――にも当てはまります。誰でも、尊重され、大切にされたいからです。心から関心を示せば、相手は大切にされていると感じます。

まず質問をする

ひと言で答えられるような質問はしないこと。その人の考え方を詳しく説明しなければならないような質問をすることです。「なぜあなたは……と思うのですか？」「あなたはどう思いますか？」とい

った質問です。あまりにも漠然としたもの、たとえば「何か面白いことない？」「調子はどう？」などといった質問は無意味です。こういうふうに聞かれたら、誰でも当たり障りのない答えを返すでしょう。本当に聞きたいのか、確信が持てないからです。同じような質問でも、もう少し相手に合わせれば、もっと意味のある答えが引き出せます。たとえば「いま（学校で／職場で／近所で）何に取り組んでいるの？」「この夏はどう過ごすの？　旅行の計画は？」

何かについて質問するのはよいのですが、しつこく詮索したり、誘導尋問のようなやり方で言いたくないことまでしゃべらせるのは、マイナスになります。適切なラインを見つけるには、すでに相手が語った事柄に関連した自由解答式の質問をして、どこまで話すか相手に決めてもらうことです。

目標や将来の夢について聞く

こういう質問は、お互いを深く理解し合うためにとても効果的です。結婚ラボで、こんなケースがいくつか見られました。夫婦並んで、窓の外に広がる風景を見ながら、それに託して夢を語り合うのです。ある夫はこう言いました。「ほら、あの船。あの船に乗ってどこまでも旅できるなら、きみはどこに行きたい？」別のカップルの夫は「あの船が買えるくらいのお金があったら、きみは何が欲しい？　船？　山の中のキャビン？　それとも……」と妻に問いかけ、そこから二人で話をふくらませていました。

共通点を探す

人は自分と共通点を持つ相手に引かれるものです。同じような考え方、育った環境などに気づいたら、相手に知らせるとよいでしょう。ただし、自分を会話の中心にしないこと。共通の基盤を確認し、共感を持つのに十分なだけ、自分のことを語るにとどめ、相手の話を聞くことを忘れずに。

相手に個人的なことを語ってもらうには、自分がまず話すという方法も有効です。ただし、あまり早い段階で、立ち入ったことを話すのは考えものです。相手は、あなたの話の重さに腰が引けてしまったり、急速に親しくなることに警戒心を持つでしょう。

ティーンエイジャーや子どもに過去の話をするときも、少しずつ話すほうが無難です。大人にも子ども時代があったと言われても、子どもは実感しにくいからです。子どもは、自分たちが直面しているような問題にかつて大人も直面したことがあったとは想像できないのです。できないからといって、子どもを責めてもしかたありません。子どもはそういうものです。それでも、彼らが直面している悩みを理解できると、伝えることはできます。一番いいのは、対等な立場で彼らの体験に耳を傾けること。それについて、あれこれ質問をし、自分の経験を振り返って、共感を示すことです。

じっくり耳を傾ける

相手が話をする気になったら、次のステップは耳を傾けること。聞いているフリではなく、本当に聞くことです。なんだ簡単なことじゃないか、と思われるかもしれません。けれども実際は、相手が話している間に、自分が話す番になったら何を話そうかと考えていることが多いものです。大げさに相づちを打ったり、身を乗り出す必要はありません。見えすいたポーズではなく、本物の関心を示すこと。あなたの人柄にそぐわない演技はやめましょう。

ときどきうなずいたり、相づちを入れる

注意を向けていることが相手に伝わります。調査によると、相手の話にうなずくインタビュアーは、うなずかない人より多くの話を引き出せます。「ふーむ」などと声を出すことも、同じような効果があります。

ときどき相手の言ったことをほかの表現に置き換えて繰り返す

相手の話の要点を別の言葉に置き換えると、相手の言わんとすることを、あなたがよく理解していることが伝わるはずです。タイミングとしては、質問をするときに前置きとして言うとよいでしょう。「あなたはアフリカに行きたくてたまらないんですね？　アフリカのどこに引かれるんですか？」とか「話を聞いていると、今学期になって学校でイライラすることが増えたようだね。前と比べて、どこが問題だろう？」などと。

適度に視線を合わせる

話し手が差し向けた視線は受け止めましょう。調査によると、人は話し手になっているときよりも、聞き手にまわっているときに相手の顔を見つめる傾向があるそうです。話し始めたときは視線をはずし、話し終えて相手の言葉を待つときに視線を合わせるのが一般的です。

あまりまじまじと見つめないこと。敵意を持っているか、相手の心の中に土足で踏み込むような印象を与えます。とはいえ、適度に見るのはよいでしょう。完全に視線を避けていると、興味がないか、神経質になっているか、自信がない印象を与えます。もう一つ注意してほしいのは、数秒間じっと相手の目を見つめたまま、やさしい笑みを浮かべると、性的に相手の気を引いているように受けとられることです。

目的意識は捨てよう

自分が望むような結論に会話を導いていこうという気があると、よい聞き手にはなれないものです。特に、友人や家族が感情の絡んだ厄介な問題を乗り越えようとしているときには、自分が状況をコントロールしようという考えを捨てなければ、よい聞き手にはなれません。そういう場合は、「なんとかしようと思わず、ただそばにいる」という姿勢がベストです。受け身で、心を開いて、耳を傾けるというのは、簡単なことではありません。自分にとって大事な相手がつらい思いをしていたら、なんとか〝解決〟してあげたい、〝悩みを解消〟してあげたいと思うものです。けれども、このアプローチには問題が多々あります。

まず、ほかの人がどう生きるべきか、あなたにわかっていて決められる、という間違った考えを前提にしていることです。第二に、相手のどんな悩みにも応えられなければならないというのは、あまりにも荷が重すぎます。そうした精神的な負担に直面すれば、悩んでいる人を避けたくなるか、たいした悩みではないと思い込みたくなるでしょう。第三に、感情の絡んだ悩みの最もよい解決法が、外から与えられることはまれです。最もよい答えは、悩んでいる人自身が見つけるものなのです。その代わり、苦しいときにそばにいて、親身になって、共感を寄せながら、相手の話に耳を傾けることで、とても大きな支えになれるのです。

話しているうちに相手の気持ちがほぐれ、ふと訪れた沈黙の中で、お互いの気持ちがふれあう手応えがあったら、その瞬間を逃さず「わかるよ、いまのあなたの気持ち」と言う。ただ、それだけでいいのです。

テレビを消そう

テレビは往々にして、会話を妨げます。正式に調査したわけではありませんが、結婚ラボで観察したかぎり、カップルの一方のシグナルに対して、もう一方がテレビに気をとられていて無視してしまうケースがよく見受けられました。

子どもについても、同じことが言えます。カイザー・ファミリー財団の調査によると、アメリカの八歳の子どもの三分の二以上が、自分の家では食事のときにテレビをつけていると答えています。食事時間は、親子のコミュニケーションに最適な時間のはずです。テレビに目が釘づけになっていたら、会話もうわの空になります。実際、親子の関係、学校生活の充実度、学校でどの程度トラブルを起こすかなど、子どもたちの不満を表す指標は、テレビをどれだけ見ているかに非常に関連があると、この調査報告は述べています。

家族の絆を守るためにも、テレビを見る時間を制限しましょう。テレビに気をとられて、パートナーや子どもの感情シグナルを無視していないか、自分の胸に聞いてみましょう。テレビを見るなら、一緒に楽しめる番組を選ぶこと。見終わったあと、その番組について話をしましょう。

エクササイズ　コミュニケーション・ゲーム

気持ちが通じ合うようなコミュニケーションを得るには、適切な言葉を使うだけでは足りません。非言語的なメッセージも大切です。また、同じ言葉でも、声のトーンやボディランゲージで、意味合いが違ってきます。このゲームは、非言語的な伝達スキルを磨くためのものです。一人でやってもいいし、夫婦、友人、同僚とやってみてもいいでしょう。

誰かと一緒にする場合は、あなたが送り手になり、相手に受け手になってもらいます。一度に一つずつ、まず質問とそれに続く三つの意味合いを黙読してください。

送り手が、三つのうちのどれかを選び、その意味合いが相手に伝わるようなトーン、ジェスチャーで、質問を声に出して言います。それを聞いて、受け手は、三つのうちのどれかを当てます。質問は、同僚、親子など関係別になっていますが、実際の関係にこだわらず、全部やってみても構いません。ひと通りやってみたら、今度は役割を交換してトライしてみましょう。

一人でやるときは送り手になり、三つの意味合いを伝えるよう、声に出して三通りの言い方で言ってみましょう。自分がどんなふうにメッセージを伝えているか、また受けとっているかを意識するきっかけになります。

同僚同士

1 「この仕事、手がかかるけど、大丈夫？」

意味合いＡ　あなたの同僚はその仕事を引き受けたにもかかわらず、放りっぱなしにしている。期限までに片づくかどうか心配だ。

意味合いＢ　あなたが忙しそうなのを見かねて、親切にも同僚がその仕事を手伝ってくれた。

意味合いＣ　ただ単に、期限内に終わるかどうか確かめたい。

2 「で、今日のプレゼン、どうだった？」

意味合いＡ　あなたはベストを尽くしたつもりだが、内容が複雑なだけに聞き手に伝わったかどうかわからない。そこで、いつも率直な感想を言ってくれる同僚に意見を求めることにした。

意味合いB　あなたは今日のプレゼンが大成功だったと思っており、「素晴らしかったよ。やるじゃないか」という答えを期待している。

意味合いC　とても緊張していたので、印象がよくなかったのではないか心配だ。安心させてくれるようなひと言が聞きたい。

親子

1　「お掃除するの？」

意味合いA　子どもが自発的に自分の部屋の掃除を始めたので、びっくりするやら、うれしいやら。

意味合いB　そろそろ部屋の掃除をする時期なので、やんわりと促す。

意味合いC　何度も掃除をしなさいと言ったのに、いっこうにしない。頭にきている。

2　「お小遣い、欲しい？」

意味合いA　お手伝いをちゃんとしないと、お小遣いはあげないという約束になっている。近ごろ、さぼり気味なので、その約束を思い出させたい。

意味合いB　子どもはおばあちゃんにお小遣いをたくさんもらったばかりなので、今週は渡さなくてもいいかもしれないと思い、聞いてみた。

意味合いC　出勤直前、まだ今週のお小遣いを渡していなかったことに気づき、あわてて財布をのぞいている。

友人同士

1「それを着ていくつもり？」

意味合いA　友人の服装はひどく悪趣味で、その格好でパーティーに行くのはどうかと思う。

意味合いB　そのパーティーには、フォーマルな格好をすべきか、カジュアルスタイルでいいのかがわからないので、友人の着ていくものを参考にしたい。

意味合いC　友人の服装はとびきりおしゃれ。その大胆なセンスは脱帽ものだ。

2「今夜、何がしたい？」

意味合いA　ただ単純に聞いているだけ。

意味合いB　友人はいつもあなたの提案に従うばかり。いい加減うんざりしたあなたは、たまにはそっちからアイデアを出して、と言いたい。

意味合いC　最近マンネリ気味なので、今夜はちょっと変わったことをしようと考えてきた。それを切り出したい。

3 「大丈夫？」

意味合いA　相手が急に元気をなくしたので、何かあったのか心配だ。
意味合いB　相手がおかしなことを言いだしたので、「気は確かか？」と言っている。
意味合いC　困難な挑戦をする人への声がけ。

夫婦

1 「嵐になるかな？」

意味合いA　嵐になったら、二人で稲妻を見られるので、嵐になってほしい。
意味合いB　明日出かけるので、天気がもってほしい。
意味合いC　情報が欲しいだけ。天気予報を見たのか知りたい。

2 「木曜の夜、残業するつもり？」

意味合いA　金曜にお客さんがくるので、木曜の夜に掃除をしたい。夫（妻）に手伝ってほしい。
意味合いB　木曜の夜は自分が残業なので、夫（妻）が早く帰るなら、子どもの世話を頼みたい。
意味合いC　金曜までに片づけなければならないことがあり、それを夫（妻）に思い出させたい。

3 「この部屋、寒くない?」

意味合いA　さっきから寒気がするが、本当に寒いのか、風邪をひいたのか知りたい。
意味合いB　部屋を暖めたいが、自分で立つのはおっくうなので、夫(妻)にエアコンをつけてもらいたい。
意味合いC　寒さを口実に体を寄せ合いたい。

この章では、表情やしぐさ、声のトーンなど、さまざまな伝達方法を見てきました。コミュニケーション・ゲームをやった人はお気づきでしょうが、それらは別々に使われるわけではありません。普通は、いくつかを組み合わせて、ほとんど無意識のうちに使われます。自分がどんな表情、どんなトーンで話しているか、ちょっと意識するだけで、自分の気持ちをもっとうまく伝えられるようになり、相手の気持ちもよくわかるようになります。

相手と分かち合える大切なものを見つける

数年前、家族とともに同じ地域に引っ越してきたときには、ロンもブライアンも、新しい土地で親友をつくろうとは思っていませんでした。思っていたとしても、互いを選ぶことはなかったでしょう。ブライアンは石油会社の重役で、環境保護活動家を目の敵《かたき》にしていました。ロンは環境保護団体の弁護士。石油業界の環境政策は「目も当てられないほどひどい」と、常々言っていました。そんな二人ですが、息子同士が大の仲よしになり、その縁で誕生パーティーやボーイスカウトの会合、サッカーの試合などでたびたび顔を合わせるようになりました。

そのうちに、いくつか共通点があることがわかってきました。二人ともスパイ小説好き。ＤＩＹとフォークミュージックが趣味でした。それ以上に、息子の教育に関する考え方が一致していました。野球の試合を見にいくのは、父と息子の大事なコミュニケーションだ、コンピューターは早くから学ばせたほうがいい、テレビを見る時間は制限する、などなどです。

よき父親であろうとする姿勢が共通していたので、ほかの面で考えが違っても、認め合えました。環境問題で考えが一致することは望めなくても、息子たちのために、家族ぐるみのつきあいを大切にする点では協力し合えました。共感できるところがあるからこそ、折にふれて互いに感情のシグナルを出し合います。「ジョン・ル・カレの新作を読んだかい？」「フェスのチケットが手に入ったんだ。よかったら一緒に行こう」「カブスカウトの世話係をやろうじゃないか」

このように互いの目標や価値観を知ることは、よりよい絆をつくるための第五のステップであり、総仕上げのステップです。人は深いところでわかり合っていれば、損得を度外視して、相手の夢がかなうよう力を貸すものです。それがまた、絆をいっそう深めることになります。

雰囲気のよい仕事場や家族についても同じことが言えます。それぞれの夢に向かって、あるいは共通の目標に向かって助け合う関係であれば、コミュニケーションを頻繁にとろうとし、互いに向き合うことが多くなり、結果的に絆はますます強まり、たとえ対立しても揺るがなくなります。

どうしたらそんな関係になれるのでしょう？　そのためにはまず、人が対立するのは、それぞれ違う理想を持っているからだということを認識することです。対立の最中に、隠された相手の理想が見えてくれれば、深いところで理解し合えます。もう一つ言えるのは、互いの夢や願望を語り、それが実現するよう応援し合うことです。さらに〝儀式〟、つまり人々の気持ちを一つにまとめる、なんらかの意味ある活動を通じても、深い絆をつむぐことができます。

違う理想を持つことによる対立

軋轢があるのは、関係がうまく行っていないからだと考えがちです。結婚がそのよい例です。たとえば、喧嘩の絶えない夫婦がセラピストに相談に来ます。「私たちはもうだめみたいです。つまらないことで喧嘩してばかりで」そう聞くと、セラピストは「たしかに、この二人はだめだろう」と考えるでしょう。夫が人間的に未熟か、妻が夫を操ろうとしているか。あるいは、夫が妻を支配したがり、妻は性格が悪いか。どちらか一方、または二人とも問題があって、それを直さなければならない、と。

このアプローチで見落とされているのは、人と人は、解消できない対立点を抱えたままでもよい関係をつくれるということです。私たちの調査では、夫婦間の意見の違いは、六九パーセントの確率で解消不可能です。金銭面であれ、家事、セックスであれ、二人の考えが違えば、その後もずっとその点では折り合えないままだということです。新婚当初に夫の金遣いが荒いことが夫婦喧嘩のタネになれば、二〇年後も同じことで揉めるでしょう。家事のことで意見が合わなかった夫婦は、四〇年後にも同じ喧嘩をしているし、夫婦の一方がセックスの回数が少なすぎると言い、もう一方が十分だと言っていれば、今後何年も二人の考え方はすれ違ったままでしょう。

つまり、喧嘩をするのは、どちらかに、また両方に人格的な欠陥があるからではないのです。同じ状況でも人によって意味づけが違う。そのことがコミュニケーションの妨げになっています。それでも、それぞれが物事にどんな意味を見いだしているか、根気よく話し合えば共通の土台に立つことができ、妥協点が見つかるかもしれません。

次のような対立について考えてみてください。

部下　「今夜は残業はできません。娘のリサイタルがあるんです」
上司　「このプロジェクトがどんなに重要か、きみはわかっているのか」
夫　「きみのいとこの結婚式に出ろだって？　その日は、ワールドシリーズのチケットを買ってあるんだ！」
妻　「野球より家族のほうが大事でしょ！」

こうした対立の根底にあるのは、過去の体験や感情の指令システムの違いなどです。対立するのは、どちらかが正しくて、どちらかが間違っているからではなく、双方が自分の価値観に従って生きているからです。言わば、どちらも〝理想を追い求める人〟なのです。二つ目の例で言えば、妻は家族を大切にすることが理想の生き方だと考えているし、夫はひいきの野球チームを応援することこそ自分の生き甲斐だと思っています。二人の理想は相容れませんが、自分がよいと思うことを実行しようとしている点は二人とも同じです。

相手が何を理想としているかを認識することは、絆づくりにとても大切です。「この問題では私たちの意見は違うけれど、私が真剣に考えているように、あなたも真剣だ。だから、私はあなたの考えを尊重する」――対立の最中に、そんなふうに言えたら、二人の絆はどれほど深まるでしょう。

そのためには、それぞれが何を大切に思っているかを言葉にして伝えること。そうすれば、お互いの理想がどこでぶつかったのかが見えてきます。それがわかれば、それぞれの要求をすり合わせて、歩み寄ることができるはずです。

相手の夢に気づく

お互いの夢や目標を応援することで、さらに絆は深まります。支え合う関係にあれば、対立や軋轢があっても、いまの関係に〝踏みとどまり〟、コミュニケーションを持ち続けようとします。こうした関係は、双方にとって生きる張り合いになっているからです。

意見の違いだけに目を向けていては、対立を解消することはできませんが、意見の違いの根底にある夢や目標、願望に目を向けることで、理解の糸口が見つかります。そうした夢や目標は、〝隠された意図〟と言い換えてもいいでしょう。根底にあるものが対立のもとなのに、多くの場合、それについてはほとんど話し合われません。たとえば、娘のリサイタルに行くために早退したがっている社員がいるとします。その人は仕事も大事だが、家族も大切にしたいと思っていますが、上司にはそんなことは言えません。やる気がないと思われて、昇給を見送られるかもしれないからです。一方、上司は生産性を上げたいと思っている。部署の業績が上がれば、チーム全員が恩恵を受けるからです。けれども、部下をプッシュしすぎれば嫌われる恐れがあるため、自分の思いをストレートに伝えられないかもしれません。このように、誰もが言葉には出さない思いを胸に秘めているのです。

意見がぶつかったとき、相手の主張を頭から否定するのではなく、相手の立場で考えてみる。相手の〝隠された意図〟を探ってみるのです。対立そのものを解決しようとするのではなく、それぞれの主張の背後にある価値観や目標を理解し合うことです。

過去の体験などを引き合いに出して、自分の思いを伝えることで、突破口が開ける場合があります。誰かとぶつかったときは、まず自分の胸に聞いてみる。「私がいま、こうだと強く主張するのはなぜだろう。そこにはどんなストーリーが隠されているのだろう。この問題に、私はどんな感情を抱いているのか。その感情に絡んだ私の夢や目標、願望は？」

この問いに対する自分なりの答えを相手に伝えるのです。そうすれば、膠着状態から抜け出せます。相手にとって大事なのは何かということがわかってくるからです。「そうだったんですか」「そういう事情があったのなら、あなたがそう感じるのは当然です」「あなたの立場なら、私だってそう思ったでしょう」といった言葉が出てくるようになります。

一例を挙げましょう。ナンシーとアマンダは会計事務所の総務アシスタントで、三年間デスクを並べて働いてきました。毎日顔を突き合わせて働いているので、お互いのこともよくわかり、気心の知れた仲になっています。

ただし、一つだけ、揉めている問題がありました。アマンダはだらしがなく、事務用品でも書類でも、使ったらその場に置きっぱなし。几帳面なナンシーには、これが我慢できません。

「ちょっと棚に戻しておけばすむことじゃない。どうして、それができないの！」

アマンダにしてみれば、塵一つ落ちていることを許さないような、ナンシーの潔癖さが我慢なりません。「書類をちょっとそのへんに置いたら、あなたは即座に片づけてしまうんだから。少し異常じゃないの」

そう言われればナンシーもむっとします。あるときなどは、あまりに腹が立って、上司へのメモにアマンダのことを「ずぼら女」と書いてしまいました。

それぞれが自分の立場にしがみついて、少しも自分を変えようとしない場合、こういうふうなののしり合いになりがちです。そうなると、ますます双方が意固地になり、ののしりがエスカレートして、故意に傷つけ合うところまで行ってしまいます――夫婦間でこういうことが起きると、下手をすれば離婚に至ります――ナンシーとアマンダの職場は小さな事務所なので、互いに別々のスペースで働くというわけにもいかない。二人は延々といがみ合いを続けていました。

あるときナンシーがふと思い立って、室内装飾の講座を受講することにしました。これは、私がふだん、クライアントに助言するような解決法ではありません。しかし意外にも、このことがきっかけで、二人の関係は変わりだしたのです。

ナンシーは授業を受けたことで自分の美意識に気づき、そのことをアマンダに話しました。整然としたスペースを美しいと感じる。そういうスペースにいると落ち着く、と。つまり、ナンシーは二人の対立の背後にあった夢を語ったのです。彼女は美術やデザインに興味がありました。画家やデザイナーにはなれなかったけれど、せめて生活の場で自分の美的センスを表現したかったのです。

アマンダはそのことを理解しました。ナンシーが口うるさく整理整頓と言うのは、自分を支配し、無能と決めつけるためではない。長年抱いてきたひそかな情熱を満足させたかっただけなのだ、と。

しかし、そう気づいたからといって、アマンダがすぐに整頓好きになったわけではありません。けれども、二人の言い争いからトゲは抜けました。それまでアマンダは、ナンシーに文句を言われると、それを自分の人格に対する批判と受けとっていました。彼女は子どものころ、母親によく叱られたのです。「なんてだらしないの。だめな子ねえ」

多くの子どもの例に漏れず、アマンダも母親の叱責を「私はだめな子なんだ、愛される資格がないんだ」というふうに受けとりました。ナンシーとの口論の背後にあったアマンダの思いは、「おまえはだめだ、無能だと決めつけないでほしい。私はちゃんと認められ、受け入れられて、気持ちよく働きたい」というものだったのです。

それに気づいたアマンダは、ナンシーに話しました。口論の背後にあった夢や思いを語り合うことで、二人の関係は変わりました。アマンダはナンシーにこう言えるようになりました。

「あなたにとって、整然としたスペースがとても大切ということがわかったわ。私もできるだけがんばってみる」ナンシーもこう言います。「私の言い方がきつくても、あなたをとがめているわけではないの。きついトーンにならないよう気をつけるね」

隠された夢

ナンシーとアマンダの対立では、背後にある夢や思いがわかりやすかったのですが、双方の夢と対立の関係はいつもはっきりしているわけではありません。人は願望や夢を自分に対しても隠していることがままあるからです。意識していない願望も、緊張やイライラをもたらし、対立の原因になりますす。

背後にある夢が隠されたままだと、同じ口論を何度も蒸し返すことになりがちです。なんとか解決しよう、妥協点を探ろうとしても、空回りするばかりで溝は埋まりません。

そんなときは、解決しようとするのをやめて、隠された夢を探ることです。そうすると、相手の気持ち――夢に絡んだ気持ちがわかってきます。それはいままで気づかなかったもの、心の奥底にそっとしまわれていたものです。たとえば、ある兄弟が家族経営の事業をめぐって長年揉めている。実は二人のうちの一方が、父親に愛されたいという願望を抱いていることが対立の根にあるかもしれません。ピアノのレッスンのことで、いつも喧嘩になる母親と一〇代の娘。その背後には、芸術家志望の夢を果たせなかった母親の思いが隠されているかもしれません。

どうしたら、隠された夢を察知できるでしょう。第6章で述べたように、会話に出てくる比喩に注意することも役立ちます。口論の中で、あなたと相手はどんなエピソードやシンボルを引き合いに出しますか？　その背後にどんな願望が隠されているでしょう。そこから、あなたなり相手が、自分自身をどうとらえているか、人生における自分の役割をどう位置づけているか、見えてきませんか？

心の奥にしまった願望を見つめ、話すことは勇気がいります。けれども、それによってお互いの立場が理解でき、歩み寄りが生まれ、絆は揺るぎないものになります。

夢に耳を傾ける

マイケルとレスリーはどちらも軍隊に勤務する若い夫婦です。最初に私のクリニックを訪れたとき、二人は結婚生活に不満を持っていました。家を売ることで揉めていたのですが、それよりも私が気になったのは、お互いの気持ちがすれ違っていたことでした。

最初は、借金の返済と財産の処分が話し合いの中心でした。二人は数年前に結婚したばかりでしたが、すでに新築の家を購入し、新車二台、ボート、ジェットスキー、そしてさまざまな家具を買い、一方で多額の借金を抱えていました。そんな状態で、二人の生活に大きな変化が訪れようとしていたのです。

マイケルが除隊になり、二人は他州に引っ越して、新しい仕事を始めることにしました。そのためには先立つものが必要です。マイケルは家と車を売って、借金の一部を返済し、トレーラーを買おうと考えていました。新しい土地に落ち着き、借金をきれいに返せるまで、トレーラーで生活すればよいというのです。しかし、レスリーはこの計画に猛反対でした。

私は二人に聞きました。「家を売ってトレーラーを買うということは、何を意味するかな。この際、借金の問題や賢い投資かどうかは棚に上げよう。生活がどう変わるだろう。それに対してどう感じている?」

マイケルは迷わず答えました。これまではよく考えずに浪費してきたけれど、これを機会に自分が家計をしっかり管理したい、と。「とにかく借金は返さなきゃ」

それは夫として、また将来の父親として責任をとりたいということかと聞くと、そうだと言います。しばらくは贅沢できないけれど、必ず家計を安定させ、貧乏暮らしから脱してみせる。それが自分の夢だというのです。

レスリーにとっては、事はそう簡単ではありませんでした。貧しい家庭で育った彼女にとって、家を売り、トレーラーで暮らすことは耐えがたいものでした。「いったんそこまで落ちてしまうともう這い上がれない。それが一番怖い」

マイケルがトレーラー暮らしはしばらくの辛抱だと言って聞かせても、レスリーは聞く耳を持ちません。〝良い妻〟でありたいし、夫の決意を支えたいけれど、トレーラー暮らしには抵抗があると言うのです。そして、不意に思い出したように、二年前の出来事を持ち出しました。マイケルが彼女のスポーツカーを売ったことです。

「私にとってあの車はすごく大切なものだった。子どものころ、貧乏のどん底にいたから。あの車を走らせていると、ああ、やっとここまできたんだ、もう惨めな思いをしなくていいんだって実感できた。それなのに、あなたはあの車を売ってファミリーカーを買った。いやがらせかと思ったわ。私を支配したいんだなって」

「いやがらせなんかじゃないよ」と、マイケルは言いましたが、支配欲については否定しきれませんでした。「ずっとそばにいてほしかったんだ……。きみは口癖のように言ってただろう？　私はいつ別れても平気なのよって。いつだってここから出ていける、その覚悟はできていると。僕は出口をふさぎたかったんだ」

「私は出ていく気なんかなかったわ。出ていこうとしたことがある？」

「それでも、心配だった。あの車を見ると……あれはきみに自由を保証するシンボルみたいで」

ここまでの話ではっきりしたのですが、いま二人が真っ先に解決しなければならない問題は、家の売却のことでも借金のことでもない。自由でいたいというレスリーの夢、二人で支え合って生きていきたいというマイケルの夢。この二つの夢に、どう折り合いをつけるかでした。どんな住まいに暮らすかは問題ではない。お互いの将来へのビジョンを尊重できるようにならなければ、二人の結婚生活は満足いくものにはならないのです。もう一つわかったのは、お互いの気持ちをもっと正直に話し合う必要があるということです。その出来事が起きてから二年もたって、「いやがらせかと思った」と言うようでは先が思いやられます。

マイケルとレスリーはその後、こうした問題について話し合いを重ねました。最後に私が会ったときには、二人はまだ一緒で、もうじき生まれてくるはじめての赤ちゃんを楽しみに待っていました。

信頼し、支える

対立している相手と夢を語り合うというのは、なかなかできることではありません。反対意見に対しては事実に基づいた反論をすべきだと、子どものころから刷り込まれているからです。口論に勝ち負けがあるのなら、できるかぎり正確で客観的な論拠を並べなければ、あなたのほうが負けということになります。しかし、こうした狭い見方では、夢を共有し、互いを理解することは不可能です。互いの立場をもっと広い視点でとらえ、夢や希望を探ることで、お互いのビジョンが一つになり、折り合えるラインが見つかります。

相手の夢に参加するかどうか、それどころか、相手の夢を認めるかどうかにかかわりなく、さまざまなレベルで尊重の気持ちを表すことはできます。たとえば――

- 夢について質問する――「どうしてそういう夢を持つようになったのですか」と聞く。夢を持つまでには、なんらかのいきさつがあり、ストーリーがあるはず。
- 理解を示す――「私はあなたと必ずしも同意見ではないけれど、あなたにとって、このことがとても大事なのはわかる」とか、「あなたの性格からすれば、そういうふうに感じるのはわかる」

と言うだけで十分。

- 気持ちのうえでサポートしたり、「あなたは正しい」と請け合う――「これほど熱意を持っているのは素晴らしいことだと思う」とか、「あなたと一緒にやることはできないけれど、私は一〇〇パーセント、あなたの味方だ」など。
- できる範囲で参加する――情報を集めたり、プランづくりを手伝ったり、助言をする。
- 試しに一緒にやってみる。
- 全面的な参加。相手の夢があなたのビジョンの一部になる。

次に挙げるエクササイズは、対立の最中でもそれぞれの思いを語り、妥協点を見つけられるようにするためのものです。

エクササイズ　対立の背後にある夢に気づく

このエクササイズは、身近な人と対立したときに試してみるといいでしょう。目的は、対立の背後にあるそれぞれの思いに気づき、相手の思いを尊重するにはどうすればいいか考えてみることです。これでうまく行かなければ、次の「膠着状態から脱する」のエクササイズを試してみてください。

揉めている相手と一緒にトライするためのエクササイズですが、感情シグナル日記を使って、相手がどんな反応をするか想像しながら、一人でやっても構いません。リハーサルをしておけば、相手と向き合ったときに、肩の力を抜いて相手の夢を尋ね、それが二人の関係にどう影響しているか話し合えるでしょう。相手が聞いてくれるなら、あなたの夢も話してください。大事なのは、対立ではなく、お互いの夢にフォーカスすること。あなたの夢はどういうものか物語仕立てで話してもいい。相手にもそうしてもらえるとさらに効果的です。

1　対立の根にある問題を一緒に見つける

あなたがいまの立場にこだわるのは、どういう夢があるからですか？　五分ほど黙って考えてみましょう。それはいま抱いている夢かもしれないし、消えつつある過去の夢かもしれません。多くの人が人生に望むことを挙げてみます。あなたの思いに近いものがありますか？

- 自由でありたい
- 安らぎを感じたい
- 自然に親しみたい
- 物事をコントロールできるという自信を持ちたい
- 自分探しをしたい
- 冒険をしたい

- 美しいものを見たり聞いたりしたい
- 心を見つめる旅をしたい
- 筋を通したい
- 褒められたい
- いまの生活と自分の過去を一貫性のある物語としてとらえたい
- 癒やされたい
- 家族のことをもっと知りたい
- 自分の可能性をすべて探りたい
- 美しく年を重ねたい
- 自分の創造性を引き出したい
- 自分の能力に自信を持ちたい
- 愛されていると実感したい
- 過去の傷を乗り越えたい
- 神に許しを乞いたい
- 失ってしまった過去の自分をもう一度見いだしたい
- 自分の前に立ちふさがる障壁を乗り越えたい
- 秩序だった環境が欲しい

- 精力的に仕事をしたい
- ボーッとできる時間と場所が欲しい
- のんびりしたい
- 自分にとって何が大事か、優先順位を考えたい
- やるべきことを片づけたい
- 自分の体の要求にもっと耳を傾けたい
- 他人と競争して勝ちたい
- 旅に出たい
- 一人になりたい
- 罪滅ぼしをしたい
- 大きな仕事を成し遂げたい
- 人生の一つの章に幕を閉じたい
- 何かに別れを告げたい
- 自分にとって必要なものを手に入れたい

2　いまの対立と、それに関わりのある夢について話す

一人がだいたい二〇分ほど話し、その間、もう一人は聞き役に回ります。

話し手が守ること――目的は自分の望みをはっきりさせて、相手に理解してもらうこと。対立を解決するために話すのではない。対立に関わりのある願望を正直に話すだけでよい。自分の話を自分で〝検閲〟しないこと。相手を喜ばせるためや摩擦を避けるために、表現を抑えたりしない。心を許した親友に話すように率直に話すこと。

聞き手が守ること――目的はただ、相手の望みを理解すること。対立を解決しようとしない。相手にどう反論するか、どうしたら相手を屈服させられるか、ということは考えない。相手が自分の望みを包み隠さず話せるよう、自分の判断は停止して、聞き役に徹する。親友の話に耳を傾けるつもりで。

話し手は次のような点を考えて、話すといいでしょう。

- この問題に関わりがあるあなたの人生への夢は?
- 相手との対立はどういうもので、この夢にどう関わるか
- あなたが必要としているものは?
- いまある選択肢について、あなたが抱いている感情をすべて挙げてみる
- 相手との争点となっている問題はあなたにとってどんな意味があるか
- あなたがいま直面している問題は、あなたにとってどんな意味を持つか
- あなたがとっている立場はどんな意味を持つか
- あなたがその夢を持つに至ったいきさつは? 生活のどこから派生したものか

・争点となっている問題が象徴するものは？
・この対立で、あなたが目指している事柄はどうすれば実現するか
・対立の背後に隠された夢があるだろうか。それはどんな夢か

3　それぞれが自分の夢を語りつくしたら、次のような点を考えてみる

・相手の夢に関心を向けられるか
・相手の夢で、実現してほしくないこと、実現したら困ることは？
・相手の夢に関心を向けられるなら、少なくともその一部でも応援できるか

一人ずつ、一〇分ほどかけて右の三つの質問に答えてみる。前項と同様に、一人が話すときは、もう一人は聞き役に徹し、話し終えてから役割を交替する。話すときには、次の点を念頭に置いて。

・物事をまるく収めるために、自分の夢をあきらめようとはしないこと
・自分が本当に望むことを正直に話す
・相手の夢が、受け入れがたい形で自分に影響を及ぼすと思うなら、はっきりそう言うこと

以上を試してみて、それでもまったく歩み寄りの余地がない場合は、次のエクササイズを試してみてください。膠着状態から抜け出して、対話に入っていくためのものです。

エクササイズ　膠着状態から脱する

どうしても譲歩できない場合、二人の対立の根底には、当人たちが思っているよりもはるかに奥深い問題があると考えられます。当事者の一方か双方にとって、自分を支える核心を揺るがすような問題です。しかし、解決が困難であるほど、裏を返せば、深い感情的なつながりが築けるチャンスでもあるのです。

膠着状態から脱するカギは、ささやかで一時的な妥協策を試してみることです。とりあえず相手の言い分を少しでも取り入れてみましょう。それによって、ほんの少しですが相互理解に近づけます。しかも、相手が自分の主張を尊重していることをお互いに実感できます。そこから膠着状態が解けていくはずです。次に挙げるステップを相手と一緒に試してみましょう。相手の反応を想像しながら、一人でやってみても構いません。そこで気づいたことを、折りを見て、もっと気楽な形で相手と話し合ってみましょう。

1　二人で話し合い、現在の対立の原因となっている問題をはっきりさせる。

2　それぞれが「これだけは、どうしても譲れない」と思う事柄のリストをつくる。リストはできるだけ短く。ここで譲ることは絶対できない、なんとしても耐えがたいという事柄だけに限定する。

3　それぞれが、ほんのわずかであれ、妥協の余地がある事柄のリストをつくる。このリストは前のものより長くする。自分がより多く譲歩すれば、相手にも譲歩を求めやすいということを忘れずに。

4　リストを見せ合う。

5　一部であれ、それぞれの要求が満たされる一時的な妥協策を二人で考える。

ある夫婦を例にとって、このプロセスが具体的にどう進むかを見てみましょう。

1　ケンとイーブリンは、白人の中流層の夫婦。娘のマデリンの進学をめぐって、対立している。イーブリンは、自分の母校でもある授業料の高い私立高校フォレストサイド校に入れたいと思っている。公立校よりずっと学力レベルが高いからだ。だがケンは、フォレストサイド校に行くと、娘がエリート意識を持ち、派手好きにならないかと心配だ。授業料が高いのも気になる。大学に行かせるために貯金をしておきたいので、高校ではそんなに教育費をかけたくない。

2　二人は「絶対譲れない」リストを作成した。イーブリンにとっては、それは学力レベル。「志望大学に行けるよう、レベルの高い高校に通わせたい」と主張した。ケンにとっては、黒人やアジア系、貧しい家庭の子もいる学校に通わせたいということ。「金持ちの白人だけの世界しか知らない子になってほしくないんだ」

3　妥協の余地がある点では、イーブリンはよい学校であれば、フォレストサイド校にこだわらなくてもいいと認めた。ケンは、授業料では譲ってもいいと考えた。

4　二人は互いのリストを見せて、話し合った。「フォレストサイド校に通わせたかったけれど……。そうね、学力レベルが同じくらいで、もう少し授業料の安い高校を探してみましょうか」とイーブリン。「フォレストサイド校はいくらなんでも授業料が高すぎるけど、いい環境であれば、多少お金がかかっても、マデリンのためになる。なんとかやりくりできるだろう」と、ケンも認めた。

いろいろ調べた結果、学力レベルが高く、多様な家庭の子どもが通っている私立高校が見つかった。授業料もフォレストサイド校より安い。

「私の母校に行かせたかったけど、でも、この学校でも、マデリンは充実した高校生活が送れそうだわ」と、イーブリン。「子どもを私立にやるなんて考えたこともなかったけど、たしかにこの学校ならマデリンにはいいかもしれない」と、ケン。

一学期が終わった時点で、もう一度考えてみることにして、二人はマデリンをこの学校に入学させることにした。

共有している儀式の意味を考え、新しい儀式をつくる

儀式は絆を固めるのに役立ちます。人と人を結ぶ儀式は、あなたの人生に秩序を与え、心の通う機会が定期的に持てるという安心感を与えます。家族で食卓を囲むことも、一つの儀式です。年に一度の夫婦二人だけの旅行やリゾート地などで開催される職場の研修セミナーなどもそうですし、朝出勤して同僚に「おはよう」と挨拶するような、ささやかなことから、ロイヤル・ウェディングのような格式高いものまで、さまざまな儀式があります。

何度も繰り返され、あらかじめ展開がわかっていること。誰もが自分の役割を心得ていること。こ

うした点では、儀式は日々の決まりきった習慣と同じですが、大きな違いが一つあります。儀式には象徴的な意味があるということです。朝、歯を磨くのは習慣ですが、出かけるときに子どもたちにキスをするのは儀式です。キスには意味が込められています。「ママ（パパ）はあなたを愛している。離れているときも、あなたのことを思っている」という意味です。

私たちはふだん、一緒に昼食をとったり、退社時に同僚に「お疲れさま」と声をかけたりといった、なにげない儀式で絆を確かめ合っていますが、誕生パーティー、会社の創立記念パーティー、祝勝会など、よりフォーマルな儀式もあります。そして、結婚式、葬式、クリスマスミサやイスラム教の断食月《ラマダン》のような非常にフォーマルな、手順の決まった儀式もあります。

どんな関係でも儀式は大事です。授乳と寝かしつけの儀式は、親と新生児の絆を育みます。そして、意図的にハグなどを家族の儀式として習慣づけることは、子どもが思春期に入るまで、親子の絆を保つのに役立ちます。

夫婦の場合は、ベッドでの営みや休暇を二人で過ごすこと、週末に家でワインを飲んでリラックスすることを儀式として習慣づけてもよいでしょう。

成人した子どもと親、きょうだい、祖父母、いとこなどが、誕生日や感謝祭、クリスマスなどで集まることも、人と人を結ぶ儀式です。

学校、スポーツチーム、職場の仲間、組合、政治団体など、より大きなコミュニティでも、儀式は団結を固めるのに役立ちます。高校のフットボールの試合で応援歌を歌うのは、「私たちはみんな同じ集団に属している。私たちはセントラル高校の生徒で、それを誇りに思っている」という気持ちのあらわれです。

なぜ儀式は人間関係に大きな力を持ち得るのでしょう。いくつか理由を挙げると――

儀式は、私たちが家族や友人、仕事仲間、より大きなコミュニティのメンバーと共有する文化的なアイデンティティや価値観を象徴するものだから

共通の価値観を言葉で表現することもできますが、儀式ではそれを行動で表現できます。ある一家（ここでは便宜的にロス家とします）の休日の過ごし方を例にとって考えてみましょう。

- 休日はいつもみんなで早起きし、ＳＵＶにスキーを積んで山に向かう――子どもたちは、「僕らはロス家の一員だ。僕らの家族は冒険やスポーツ、大自然を愛し、みんなでスキーを楽しむ」と考えるようになります。
- 休日はユダヤ教の礼拝所に行く――子どもたちは次のように思うでしょう。「僕らはロス家の一員だ。僕らの家族は、ユダヤ教の伝統を大事にしている。みんなで神に祈ること、この地域の人々とともに祈ることに意味があると考えている」
- 休日にはよくショッピングモールに出かける――子どもたちはこう思います。「僕らはロス家の一員だ。僕らの家族は、素敵な新しいものが好き。パパとママは一生懸命働いて、ちょっと贅沢な暮らしをエンジョイしている」

休日は家族一緒ではなく、それぞれが好きなことをして過ごすのであれば、別の形で家族が集まる機会を定期的に持つとよいでしょう。日曜の夕食でもいいし、ウィークデーの朝食でも構いません。儀式のような形で家族が集まる場がなければ、家族のつながりや一体感が失われることになりかねません。

儀式を行うことは、愛する人と心を通わせるために時間を費やすことだから

家族・友人・コミュニティで深い人間関係が築けない理由として、よく挙げられる事柄の一つが、時間がないことです。儀式を行うことで、この問題を解決できます。なんらかの儀式によって、定期的に一緒に過ごす時間を持てば、大切な人とのつながりを見失わずにすみます。たとえば「毎週水曜日の午後に一緒に散歩をしましょう」というものです。儀式は決まったものなので、実行しやすいという利点もあります。いつも同じ場所、同じことをするなら、場所探しなど面倒な手間が省けます。

それでも、スケジュールが完全に埋まっていて、時間がとれない場合は、日ごろ一緒にやっていることを形式ばらない儀式に仕立てるといいでしょう。サッカーの練習に行く子どもを車で送っていく時間も、貴重な親子のふれあいタイムです。それをちょっとした儀式に仕立てるのです。たとえば「今日、学校であった一番おかしかったことを話して」と毎回聞いてみる。一番うれしかったこと、一番

いやだったこと、一番悲しかったことでもいいでしょう。

儀式は複雑なものでなくていいし、時間をかける必要もありません。繰り返し行われ、進行がわかっていればいいのです。毎朝、夫がベッドにいる妻にコーヒーを運んでいく。これも立派な儀式です。

儀式は人生の移行期の感情に対処することに役立つから

移行期といっても、ささやかなものもあります。たとえば、保育所で子どもがママに「行ってらっしゃい」と手を振るときなど。一方で、結婚など大きな節目もあります。どちらの儀式も変化を受け入れるのに役立ちます。

「お疲れさま」と言って、同僚と別れる、子どもを寝かしつけるといった、ごく単純な儀式は、さほど意味を持たないように思えるかもしれませんが、大きな安心感を与えてくれます。子どもは一番大切な人との関係が安定しているとわかれば、安心して眠りにつきます。同僚は職場の人間関係は平穏だと感じ、明日もまたいい雰囲気で、気持ちよく働けると思うでしょう。

成人式や卒業式、結婚式、葬式など、公的な儀式は、人生の大きな変化を受け入れるのに役立ちます。友だちや家族とともに変化を心に刻み、自分はこの人たちに支えられていると思うことができるからです。最も支えを必要としているときに、人と人のつながりを実感できるのです。

儀式によって、対立しているときでも絆を保つことができるから

朝、出かける直前にパートナーか子ども、親と喧嘩したことはありませんか？　そんなとき、あなたはまだ気持ちが収まっていない状態で、選択しなければなりません。

a　いつものように肩を抱くなり、キスをして「行ってきます」の挨拶をする。

b　ぷいっとして、そのまま出かける。

ａを選んだ人は、そのちょっとした儀式のおかげで関係修復の一歩を踏み出せます。儀式は次のようなメッセージを伝えるからです。「私はあなたのことを怒っているけれど、私たちの関係は大切に思っているし、今回のことは話し合えば解決できると思っている」このように儀式で愛情を表現できないと、こうした気持ちがうまく伝わらず、関係がこじれにこじれることもあります。

私たちの文化には、対立する二派が和解するための儀式がたくさんあります。たとえばスポーツの試合終了後、両チームの選手が握手するのもそうです。オリンピックでは、政治や文化の違いを超えて、世界中のアスリートが技を競います。それが儀式の力というものです。夫婦や家族から国家という大きな単位まで、たとえ激しい対立があっても、儀式によって人と人を結ぶ絆が保たれます。

感情の指令システムを考えよう

どういう儀式を好むかは人によって異なります。好みを支配するのは、感情の指令システムです。

母性型は所属意識を表現した儀式を好み、指揮官型は団結を誓う儀式を好みます。

道化師型は娯楽や気晴らしになる儀式、探険家型はみんなで冒険に挑むような儀式を好みます。エネルギー管理型はリラックスしたり、スポーツを楽しむ儀式、衛兵型は全員が安心できるような儀式を好みます。官能型は？　マッサージやアロマセラピーのようなものかもしれません。ともあれ、絆づくりに儀式を役立てるなら、参加者の好みを考えて、それに合うよう工夫することです。

退屈な儀式を癒やしの場に

儀式は人間関係を向上させるポジティブな力も秘めていますが、ネガティブな力も持っています。他人を操作するためや、亀裂を広げるために、誰かが儀式を悪用する場合は、なおさらそうです。親戚の集まりや宗教儀式なども、マナーにこだわりすぎると、人間関係を壊しかねません。

誰か一人が儀式の準備を背負い込んでしまうことも、人間関係をこじらせます。親戚の集まりで、その家の主婦が料理やその他の準備を一手に引き受ける場合がよい例です。彼女はその役目を負担に感じ、自分だけが損をしていると思い込むでしょう。ほかの人たちにしても、パーティーを準備する楽しみを奪われていることになります。

参加者全員の心に残る儀式を演出するには、まず過去の体験を振り返ってみることです。子どものころの家族との食事、クリスマスの集まりなど。たいていの人は、一つや二つ、いやな思い出があります。子どもが出されたものを食べなかったために、食事の時間が重苦しい雰囲気になったこと。クリスマスの集まりで、ひねくれ者のおじさんが酔っ払ってくだを巻いたこと。忘れられた誕生日。死ぬほど退屈な宗教儀式などなど。一人っ子として育ったある女性は、親戚の大人に囲まれて食べるクリスマスディナーが、いやでたまらなかったと言います。彼女はクリスマスに自分の娘と同じ年ごろの子どもがいる家族を招き、子ども中心のゲームをすることにしました。このように、いまの価値観に合わせて、人と人を結ぶものとして、あなた流に儀式をつくりなおせばよいのです。

いままでのやり方を変えるときには、参加メンバーとあらかじめ話し合っておく必要があります。目的は、あくまで絆を深めること。勝手にやり方を変えたら、うまく行きません。

その場合、反対されても驚かないでください。変化を嫌うのは人間の常です。特に思春期から二〇代くらいの子どもは、意外にも変化に抵抗するものです。自分の自由が脅かされると感じるときはなおさらです。そうした場合は、「試験的に変えてみる」ことを提案するといいでしょう。「試しに来週は、夕食のときにテレビを消してみたらどうだろう？」とか「今年はプレゼントの交換をやめて、チャリティに寄付しましょう。よかったら続ければいいし、やっぱりもの足りないと思えば、また来年から復活させればいいわ」などと。

エクササイズ　あなたの儀式を見つめなおす

儀式の役割を果たすことが多い活動のリストを挙げます。その後に、こうした活動について、あなたがどう感じているかを尋ねた質問があります。どんな儀式を演出したいか、いまの儀式をどんなふうに変えたいか、思いつくままにどんどんアイデアや感想を書いてみてください。

儀式

- 目覚める、家族を起こす
- 朝食
- 昼食
- 夕食
- おやつ
- ベッドタイム
- 別れの挨拶
- 再会の挨拶
- 家計のやりくりに関連したこと
- 自宅に客を招く

- 特別な日（誕生日、記念日、その他）
- 家族が病気になったときの看病
- 気持ちをリフレッシュするためにすること
- 休暇をとる、日常からの脱出
- 旅行
- レクリエーション、ゲーム、遊び
- デート、ロマンチックな演出
- スポーツ観戦
- スポーツ活動への参加
- テレビを見る
- 映画鑑賞
- コンサート、演劇鑑賞などの文化活動
- 宗教的なお祭り、お祝い
- 人生の移行期の儀式（成人式、結婚式、葬式など）
- 家族や友人のダンス、ピアノなどの発表会を見にいく、スポーツ試合の応援に行く
- 趣味の活動
- 芸術活動

- 家事
- 地域活動、政治活動への参加
- チャリティ活動への参加
- 学校行事への参加
- 誰かの気持ちをなだめる
- 喧嘩のあとの謝罪、仲直り
- 出勤時
- 仕事中
- 退社時

考えてみよう

- あなたの育った家庭では、こうした活動はどんなふうに行われていましたか
- その活動が家族の絆を深める儀式になっていましたか
- その儀式はどんなものでしたか
- あなたはその儀式のどんなところが好きでしたか
- どんなところがいやでしたか
- どうすれば、もっとよくなると思いますか

- いまの生活で、こうした活動はどう行っていますか
- 儀式にしていますか
- 儀式になっている場合、あなたはそれに満足していますか
- この儀式が意味するもの、象徴するものは？
- この儀式は大切な人との絆を深めるのに役立っていますか
- お互いへのポジティブな感情を育んでいると思いますか。それともネガティブな感情ですか
- あなたにとって、またほかの参加者にとって、この儀式をもっとポジティブなものにするには、どうすればいいでしょう？

おわりに

ちょうどこの本の執筆を終えるころ、シアトルはマグニチュード6・8の地震に見舞われました。このあたりでは、五〇年ぶりの大地震でした。そのとき私はワシントン大学で、長年の同僚三人とミーティングをしていました。研究室があるのは、二階建ての古い木造の建物です。何が起きたのかを察知して、狭い出入り口に殺到した私たちは身をかがめて、古い建物が上げる凄まじい叫びにじっと耳を澄ませていました。足元で床が大きくうねり、今度は何が起きるのかと、生きた心地がしませんでした。

その日、家に帰ってから、揺れがきたときのことを思い出し、ああ、あの仲間たちがいてよかったと、しみじみ思いました。恐怖に震えているとき、同僚がそばにいてくれて、とても心強かった。いざというとき、人と人の絆がどれほど頼りになるか、それを実感させてくれた体験でした。私たちは一〇年、一緒に仕事をしてきました。一〇年間に数えきれないほどの感情シグナルを出し、受けとり、互いのシグナルに関心を向けてきました。その積み重ねがあったからこそ、危機に陥ったとき、ごく自然に互いを気遣えたのです。長年の絆とはそういうものです。

伴侶、友人、子ども、親族、同僚、どんな関係であれ、そんなふうにしてしっかりとした絆を築けます。調査でわかったのは、失業や和解できない対立、大規模な災害など、生活をひっくり返すような一大事がなくても、揺るぎない信頼関係は築ける、ということ。

そういう関係は、ひと晩〝腹を割って語り明かす〟ことで生まれるわけではありません。私たちが日々交わしているたわいもない会話、ちょっとした挨拶や冗談を何千となく積み重ねて、長い時間をかけて醸成されていきます。

「お疲れさん。大変だっただろう」

「うん。今日はまいった。あなたも疲れたでしょ」

「ちょっとね……何か飲もうか」

「いいわね。私も手伝うわ……」

日ごろのこうしたやりとりが、危機に陥ったときに、大いにものを言うのです。日ごろから互いを気遣う習慣ができていれば、どんなときでも、ユーモアや愛情で気持ちをなだめられます。相手の話に耳を傾ける習慣がついていれば、何かあったとき、とっさに相手の求めていることを察知できます。

地震の直後は、誰もが人に対してやさしくなりました。こういう経験をすると、自分もいつ死ぬかわからないと、あらためて思い知らされます。ふだんは意識していませんが、私たちの生活を支える基盤は案外もろいものです。たった一瞬で、何もかも壊れてしまうかもしれない。そう気づくと、家族や友人がとても愛《いと》おしくなります。

全米に散らばる親戚や友人が、安否を気遣って電話してくれたことも救いになりました。「おかげさまで、みんな無事です」何年も連絡をとっていなかった相手に、そんなふうに答えながら、人のぬくもりに胸が熱くなりました。特にうれしかったのは、ある旧友からの電話でした。彼は私を気遣って電話してくれたのですが、声の調子から、サポートが必要なのは彼のほうだと気づきました。「そっちはどうだい？」と水を向けると、「この一年は大変だったよ」と、彼は切り出しました。新しい仕事がなかなか軌道に乗らず、悪戦苦闘している、と。結局、私たちは一時間あまり話し込みました。それはバランスのとれた会話でした。一方的に助言するのではない、ギブ・アンド・テイクのやりとり。いつでもこんなふうに話せるから、遠く離れて暮らし、何年も会っていなくても、友だちでいられるのです。

なにも地震など起きなくてもいい。自動車事故や心臓発作がなくていい。大事件がなくても、人と人とのつながりの大切さを感じとることはできます。それをきっかけに、周囲の人たちとの関係を見直していく。それはあなたの気持ち次第です。小さいこと——にっこり笑う、声をかける、話しかけてきた相手にちゃんと関心を向けるなど——から始めればよいのです。本書を読んで、絆づくりの基本を理解し、実践する気になっていただけたら、著者冥利に尽きます。ここに書いたステップを実行すれば、人とつながるチャンスがいくらでも転がっていることに驚かれるはずです。そうやって周囲の人たちと絆をつむいでいくことで人生そのものがよい方向に変わっていきます。

いま私がセラピーをしているある夫婦は、自分たちの間の亀裂をグランドキャニオンにたとえていました。それだけの亀裂を埋めるのは大変ですが、まず相手の欲求を聞くこと、じっくり耳を傾けることから始めてみませんか？　と提案しました。前回の面談で、二人は何年かぶりに楽しい週末を過ごしたと話してくれました。

第二のハネムーンにでも出かけたのでしょうか？　いや、そうではありません。妻がスーパーに買い物に行くと言ったら、珍しく夫がついてきた、たったそれだけのことです。彼は、その朝、買い物に行くつもりはなかったのですが、妻が買い物に行くと言ったときに、自分を誘っているようなニュアンスに気づき、つきあうことにしたのです。買い物をしている最中、妻がふと思いついて、ペンキを買ってキッチンの壁を塗りなおしたいと言い出しました。これも夫にとっては予定外でしたが、妻がこのアイデアに夢中になっているのに気づいて、自分も乗ろうと即座に決心したのです。

二人は車でホームセンターに行き、記念すべき共同作業を開始しました。これをきっかけに、その後いろいろなことを二人でやるようになりました。互いの感情シグナルに気づき、それに関心を向けるようになりました。おかしな話ですが、この夫婦の場合は、ただそれだけで結婚当初のロマンチックな気持ちがよみがえったのです。

相手の感情シグナルに関心を向けることのメリットは多々ありますが、その一つは、一方が関心を向ければ、相手はさらにシグナルを出し、それに対してまた関心を向け……とよい循環が生まれることです。建設的な方向にちょっと押してやるだけでボールが転がりだし、どんどんよい方向に進んでいきます。

人はいつでも、どこでも、思い立ったその瞬間から、他者との関係を、ひいては自分の人生そのものをよい方向に変えられるのです。難しく考える必要はありません。ロス・パークが言っているように、〝ふれあいの瞬間のコレクター〟になればいいのです。はにかみがちな笑顔、遠慮がちな「こんにちは」、スーパーに一緒に行こうという誘い――ささやかな、一見、取るに足りないやりとりに、心を通わす糸口が見いだせます。

さらに、相手の〝感情の指令システム〟を理解することで、いっそう深いつながりが持てます。似たような場面で自分がいつも同じ反応をするのはなぜか、ほかの人が自分とは違った反応をするのはなぜか。それがわかってくれば、対立が起きても、うろたえたり、「もうこの人とはやっていけない！」などと思い込まずにすみます。違いは違いとして受け止めて、より深いハーモニーを織りなす。読者のみなさんには、そのための基本的な考え方がすでにおわかりのことと思います。

本書のステップを実践するにあたって、心がけてほしいのは、よく観察すること、あせらずに、忍耐強く待つこと、そして楽観的であることです。目と耳をよく働かせて、ほかの人の感情シグナルに関心を向ければ、最初は少し時間がかかっても、必ず効果が出てきます。そのころには、特に意識しなくても、関心を向ける習慣がついているでしょう。車の運転のようなものです。習いたてのころは、いろいろなことに注意を向けなければならないので、ひどく緊張します。制限時速、センターライン、バックミラーなど、とてもいちどきにはチェックできそうにないのですが、そのうちに慣れてきて、いちいち意識しなくても、安全かつスムーズに運転できるようになります。

感情シグナルを出し、シグナルに応え、人との絆をつくる。練習を積み重ねれば、それがあなたの性格の一部になります。そのときあなたは、一番大切な人たちと深く結ばれているという幸せを確かに感じるはずです。

※本書は『「感情シグナル」がわかる心理学』（２００４年、ダイヤモンド社）の新版です。割愛されていた部分のうち、本書では、必要と思われる箇所を新たに加え、改訂しました。

■著者紹介

ジョン・M・ゴットマン（John M. Gottman, Ph.D.）

ゴットマン研究所の共同設立者・共同所長、ワシントン大学（シアトル）の心理学教授。ニューヨーク・タイムズのベストセラーリスト入りした『結婚生活を成功させる七つの原則』（第三文明社）など著書多数。アメリカ国立精神衛生研究所の科学者賞（４回）をはじめとする数々の賞を受賞している。

ジョアン・デクレア（Joan DeClaire）

心理学、健康、家族問題を専門とするライター。シアトル在住。

■訳者紹介

伊藤和子（いとう・かずこ）

早稲田大学第一文学部卒業。創刊時よりニューズウィーク日本版の翻訳、編集、ナショナルジオグラフィック日本版の翻訳に携わる。訳書に、『不合理　誰もがまぬがれない思考の罠100』（CCCメディアハウス・共訳）などがある。

2021年12月３日 初版第１刷発行

フェニックスシリーズ⑫9

ゴットマン式《しき》 コミュニケーション術《じゅつ》
――自己診断テストでわかる改善と対策

著　者　ジョン・M・ゴットマン、ジョアン・デクレア
訳　者　伊藤和子
発行者　後藤康徳
発行所　パンローリング株式会社
〒160-0023　東京都新宿区西新宿7-9-18　6階
TEL 03-5386-7391　FAX 03-5386-7393
http://www.panrolling.com/
E-mail　info@panrolling.com
装　丁　パンローリング装丁室
印刷·製本　株式会社シナノ

ISBN978-4-7759-4259-8